Arthurs Tochter kocht

Collection
Rolf Heyne

Astrid Paul

Arthurs Tochter kocht

Mein B_Logbuch

Collection Rolf Heyne

Inhalt

Gebrauchsanleitung 7
Zuckersehnsüchte 11
Vorschriften 13
Allein 25
Lust 31
Ente mit Essig-Karamell-Sauce 33
Im Netz 37
Geteilt mit Unbekannt 39
Emily 46
Trauer 48
Es ist ein Mädchen! 50
Werbung 51
Kann ein Buch die Welt verändern? 56
Gefüllte Auberginen 59
Cebit 2010 77
Essen und Trinken hält Leib und Seele zusammen 80
Ochsenbacken in Portwein-Schokoladen-Sauce 82
Marinierter Ochsenschwanz mit Cranberries und Selleriepüree 87
Ein Foodblog ohne Essen 88
Kalbsrücken-Steak gefüllt mit Salbei und Landschinken in Cognacsauce mit Ofentomaten 98
Wikio und die Folgen 101
Ein Geburtstag am Meer 114
Der Blog unter wissenschaftlichen Gesichtspunkten 122
»Die Magie der ersten Sätze« 124

Überlebensstrategien 130

Spargelsalat aus Schlauch und Pfanne mit Wildlachs 135

Ärger 137

Roter Heringssalat mit Rindfleisch und Walnüssen 139

Blogger gegen Blogger 146

Brigitte für Blogger 151

Blogger für Blogger 158

Leser für Blogger 166

Blogger für Leser 168

Osso Buco vom Schwäbisch-Hällischen »Mohrenköpfle« und Morchel-Polenta mit gebrannter Rosmarinhaube 172

Social Life 175

Pressefrühstück 185

Kalbsbäckchen mit Balsamico-Rosmarinjus, Zitronenpüree und Parmesan-Rosmarinsegel 189

Arthur und Tochter 198

Ein Löffel geht auf Reisen 208

Begegnungen 212

Karamellisierte Tomaten auf Zucchinicarpaccio 216

Chili con carne mit Cola und Bier 218

Basilikumeis mit marinierten Erdbeeren in grünem Pfeffer 224

Und mit Essen spielt man doch! 247

Arme Ritter 257

Zusammenbruch 258

Neuanfang 272

Für Arthur

»Ich werde den Verdacht nicht los,
dass Abstinenzler die Sachen nicht mögen,
auf die sie verzichten.«
Dylan Thomas

Gebrauchsanleitung

Schön, dass Sie dieses Buch in der Hand halten! Ich freue mich, denn Sie glauben ja gar nicht, welche Angst mich umtreibt, dass es überhaupt gar kein Mensch liest, jedenfalls nicht, wenn er nicht mindestens dafür bezahlt wird. Oder es wenigstens geschenkt bekommt. Und jetzt Sie! Der Beginn war nicht einfach, so mittendrin war es nicht leicht, und das Ende war besonders schwer. Auf einmal schrieb ich ein Buch und suchte nicht weniger als einen Anfang. Wie sehr ich erste Sätze liebe, werden Sie im Laufe der Lektüre noch erfahren (halten Sie durch!), und so stand ich sehr unter Druck, einen unvergesslichen ersten Satz zu schreiben. Etwas im Sinne von »Nennt mich Arthurs Tochter«. Aber das ging natürlich nicht, dieser großartige Satz aus *Moby Dick* ist ja schon lange in Stein gemeißelt.

Während einiger Phasen des Schreibens hat dieses Buch mich völlig auf mich selbst zurückgeworfen. In dem Versuch, Ihnen zu erklären, woher ich komme und wer ich eigentlich bin, saß ich auf einmal wieder selbst ganz tief in meiner Vergangenheit, die ich in Teilen mehr oder weniger erfolgreich in den letzten Jahren verdrängt hatte. Aber ich glaube ganz fest, dass Sie nur dann verstehen können, warum ich bin, wie ich bin, wenn Sie ein bisschen wissen, woher ich komme und wieso ich mich schon seit so vielen Jahren mit dem Thema Essen beschäftige. Wie es eine Journalistin einmal so schön formuliert hat: Besessen vom Essen. Dieses Buch hat an mir gezehrt, es hat mich gefordert und mich vor große Hürden gestellt. Manchmal war ich abends wie leer geschrieben, habe mich gefühlt wie ein

Wadi, völlig ausgetrocknet, unfähig, noch einen einzigen klaren Gedanken zu fassen. Es hat lange gedauert, bis ich meinen eigenen Rhythmus gefunden hatte. Ich dachte immer, ich schreibe besser abends oder nachts. Aber schnell habe ich festgestellt, dass das eine etwas romantische Vorstellung von der Melancholie beim Schreiben ist. Produktivität geht anders. Und bei aller Liebe zum geschriebenen Wort – produktiv musste ich sein! Es gab ein Ziel, es gab einen Abgabetermin, und es gab meinen inneren Antrieb. Allein der hätte ein Stehenbleiben auf halbem Wege niemals zugelassen. Und wenn es längere Pausen gab, die oftmals beruflich bedingt waren, fiel der Wiedereinstieg jedes Mal so schwer, dass er mich mindestens einen, wenn nicht zwei Tage gekostet hat.

Aber mein Rhythmus festigte sich nach einiger Zeit. Schreiben wie ein Uhrwerk. Morgens Kaffee, dann Schreibtisch. Aufgeräumtes Drumherum. Keine Zettelwirtschaft, kein Krimskrams, nur der Laptop, ein Block samt Stift für Notizen, eine Blume, eine Duftlampe mit Rosmarinöl (konzentrationsfördernd) und ich. Täglich von 7.30 bis 13.00 Uhr. Dann eine Pause. Etwas essen und trinken. Bewegung. Joggen oder Spazieren. Yoga. 14.30 Uhr weiter. Vielleicht nachmittags eine Stunde Ruhe. Meistens nicht. Nicht immer habe ich in diesen Zeiten geschrieben. Manches Mal habe ich sinniert. Das eine richtige Wort gesucht. Gar nichts getan. Nur gedacht. Das waren die anstrengendsten Stunden von allen. Wenn die Wörter fließen, ist alles gut, das ist nicht anstrengend. Die Zeiten dazwischen, das sind die harten. Dann ist das Nichtaufstehen hart. Das Nichtaufgeben. Das Weitermachen. Das Bezwingen meiner selbst.

Schwierig erschien es mir auch, das digitale Medium in Print zu verwandeln. Ein Buch über das Bloggen zu schreiben, ist fast schon ein Widerspruch in sich. In meinem Blog habe ich alle Möglichkeiten, meine Gedanken mit mehr zu erläutern als mit Buchstaben und Wörtern. Mir bleiben Musikeinspielungen, Videoeinbindungen oder schlicht die Emoticons, um meine Gedanken besser auszudrücken, meine Worte besser zu erklären und Missverständnissen vorzubeugen. An mancher Stelle hier im Buch finden Sie den Satz: »Die Autorin grinst.« Das ist mein Versuch, Internetsymbole, die jeder kennt, in das Medium Buch zu transportieren. Ich hätte auch einige Male schreiben können, »Die Autorin runzelt die Stirn« oder »Sie rollt vor Lachen auf dem Boden«, aber ich wollte es nicht übertreiben.

Ich musste versuchen, eine neue Sprache zu finden. Inwieweit kann ich den leichten Plauderton des Blogs in ein Buch übertragen? Mein Blog ist unglaublich persönlich. Ich erzähle viel von mir und dem Leben, das ich führe. Das bedeutet aber auch, dass meine Leser ganz nah an mir dran sind. Und weil Nähe sich auch durch Worte ausdrücken kann, ist die Ansprache im Blog das respektvolle »Du«. So möchte ich es im Buch fortführen. Und wenn Du es so liest, dann sind wir zwei erst einmal ganz allein miteinander. Du mit mir und dem Buch und ich mit Dir. Und so sind wir uns nah.

Wie im Blog findest Du auch hier Rezepte. Ich wollte aber kein Kochbuch schreiben. So wie ich für mich betrachtet eigentlich nicht wirklich einen Foodblog schreibe, jedenfalls nicht im klassischen Sinne. Es ist ein Blog rund um den Genuss. Der liegt in vielen Bereichen des Lebens verborgen. Das kann Musik sein, ein gutes Buch, ein berauschendes Essen wie auch ein berührendes Gemälde. Mit all diesen Dingen beschäftige ich mich. Ich plaudere mit meinen Leserinnen und Lesern bei Gelegenheit auch gerne wochenlang über das »Nichtessen«, wenn ich meinen Blog drei Wochen mit meinen Fastenerlebnissen »füttere«. Und so ist dieses Buch. Eine kleine Plauderei über das Genießen und das Darüberschreiben. In meinem Blog nehme ich Dich seit nunmehr fast drei Jahren mit auf die Reise durch mein Leben. Lasse Dich teilhaben an Kochorgien, trinkfesten Zusammenkünften, Reisen in ferne Länder; und manchmal haue ich Dir auch voller Wut virtuell ein gequältes Masthähnchen um die Ohren. Über manches, was Du hier in diesem Buch lesen kannst, habe ich im Blog bereits berichtet. Manches Mal zitiere ich mich selbst, es macht unglaublichen Spaß, wenn man keine Angst vor Verstößen gegen das Urheberrecht haben und nicht auf der Hut sein muss vor Erben von Dichtern, die Blogger mit Abmahnungen und Unterlassungserklärungen überziehen, weil man ihren verstorbenen Lieblingsonkel zitiert oder ein »N« an die falsche Stelle rückt. Merke: Nicht jeder Knödel darf so in der Gegend herumrollen, wie es ihm gefällt. Insofern ist das Selbstzitieren eine vergleichsweise sichere Bank. Wenn ich mir selbst zu viel werde, verklage ich mich vielleicht auch mal, oder ich fordere mich zur Unterzeichnung einer Unterlassungserklärung auf. Wir werden sehen.

Wenn ich in diesem Buch von Bloggern spreche, meine ich immer, wenn nicht anders erwähnt, Foodblogger. Die Ansprache ist stets an sämtliche Leser aller nur denkbaren Geschlechter gerichtet, das Schreiben von Wortungetümen wie VorleserInnen, VerfasserInnen oder ÄhnlichemInnen ging mir während des Schreibens fürchterlich auf den Senkel, und um den Schreibfluss zu wahren, bin ich letztlich wieder dort stehen geblieben, von wo wir uns alle in unserer Sprache nicht wirklich wegbewegen. Aber Sprache macht Denken, und Du kannst Dir sicher sein, dass ich bei jeder männlichen Wortbezeichnung immer an alle Innen gedacht habe. Und überhaupt – der Verlag, für den ich hier schreibe, gehört einer Frau! So.

Zuckersehnsüchte

Es fing so schön an. Mit drei Jahren bestand mein werktägliches Frühstück aus zwei Scheiben Toast, bestreut mit Zucker. Wenn ich heutigen ernährungswissenschaftlichen Studien glauben darf, waren es wohl die darauf folgenden Insulinausschüttungen, die mich vor lauter Hyperaktivität mittags im Kindergarten nicht schlafen ließen, sondern mich zum Schaukeln an Schranktüren verleiteten. Das Bett war mir eine Qual, stilles Herumliegen mit dreißig anderen Kindern in einem großen Saal voller Klappbetten mit rot-weiß-karierter Tischdeckenbettwäsche blieb mir unmöglich. So zappelte ich mich durch die ersten Jahre meines Lebens, vom Zucker aufgeschaukelt, in ständiger Bewegung, jede einzelne Zuckerkalorie doppelt verbrennend. Und wurde dünner und dünner. Mittlerweile ging ich zur Schule, den Bauch morgens voller Zuckertoast, mittags hoffend auf verlorene Eier in Senfsauce, Fischstäbchen mit Spinat oder Schweineöhrchen mit Kartoffelpüree. Das Mittagessen wollte ausgiebig genutzt werden, denn abends traktierten mich meine Eltern mit grober Kalbsleberwust und Haferbrei –

beides war mir ein Graus. Die Abneigung gegen Kalbsleberwurst ließen sie mir durchgehen; Wurst war teuer und selber essen macht dick, wie Arthur stets zu sagen pflegte. Aber dieser Haferbrei! Da stand der Teller mit Pampe, und mir drehte sich der Magen um. Aufstehen verboten. Erst musste der Teller leer sein. Ich aß und würgte und konnte doch irgendwann nicht mehr. Der Machtkampf um meine kulinarische Ausrichtung ging in seine erste Runde. Man drohte mir, man schrie mich an, ich weinte und aß doch nicht. Wie ein Damoklesschwert über mir ruhte der Holzkochlöffel am Tisch, bereit, die Bestrafung zu übernehmen. Ich erbrach. Übergab mich vor Ekel, weinte, schämte mich, habe die Haue bis heute verdrängt. Aber den Haferbrei war ich los. Wenn auch nur vorläufig.

Der Gewichtsverlust versetzte meine Eltern in Sorge und brachte mich zum Arzt. Was auch immer dort besprochen wurde, man hat es nicht mit mir zusammen getan. So erfuhr ich irgendwann, dass ich zur Kur müsse. Ich wusste nicht so richtig, was eine Kur ist. Sicher so etwas wie eine Strafe für Kinder, die ihren Haferbrei nicht essen. Meine Eltern ließen mir die Wahl zwischen einem Aufenthalt in den Bergen oder am Meer. Bei Bergen dachte ich an ewiges Hinauflaufen, am Ende noch mit Gepäck, und außerdem hatte ich Sorge, nicht weit genug gucken zu können. So fuhr ich für sechs Wochen an die See. Ließ mich am Ankunftstag wiegen und für zu leicht befinden. Freute mich auf ordentliches Essen, denn nur wenn man viel vom Guten aß, würde man zunehmen, da war ich mir sicher. Wie förderlich morgendliche kalte Salzbäder für die Gewichtszunahme sein sollten, habe ich schon damals nicht begriffen. Ich denke bis heute, dass ich mir jeden Morgen ca. 300 Kalorien einfach weggezittert habe; Produktivität geht anders. Die Klinikleitung war völlig anderer Meinung, denn das Frühstück bestand im zweitägigen Wechsel aus Nutella-Brötchen und – Haferbrei. Da reiste ich Hunderte von Kilometer, überquerte die Nordsee – tief, schwarz und ängstigend wie das heraneilende Heimweh – und ließ Zuckertoast und Schweineöhrchen auf dem Festland zurück, um doch nur wieder am Anfang zu sein.

Vorschriften

Knapp drei Kilo schwerer reiste ich nach sechs Wochen wieder nach Hause – Schichtwechsel mit meiner Mutter, die ihrerseits zur Kur musste. Als sie zurückkam, hatte sie kein zusätzliches Gewicht, aber eine neue Lebensweise im Gepäck, die sie der gesamten Familie überstülpte wie eine Strumpfmaske. Engmaschig, kaum luftdurchlässig und oft kratzend. Schweineöhrchen waren jetzt tabu, wir wurden von nachlässigen Protestanten zu eifrigen Adventisten. Auf einmal änderte sich alles. Eine Kuh käute sich durch sieben Mägen und durfte gegessen werden, das Schwein galt als unrein und somit auch dessen Ohren. Beim Metzger war die Wurst tabu, selbst die von Arthur so geliebte Kalbsleberwurst enthielt Schweinefleisch und wurde nicht mehr gekauft. Das, was immer so selbstverständlich gewesen war, nämlich unsere tägliche Nahrung, stand auf einmal im Mittelpunkt der familiären Beschäftigung. Angelehnt an die jüdischen Speisevorschriften wurde unser Einkaufszettel drastisch zusammengestrichen. Ersatz folgte in Form neuer

Freunde, die, ebenfalls Adventisten, eine eigene Wurstfabrik hatten und die ganze Republik mit Rindfleisch-Care-Paketen versorgten. Alle paar Wochen klingelte der Postbote und brachte das, was der örtliche Metzger nicht wollte oder konnte: Wurstwaren aus 100 Prozent Rindfleisch. Leider brachte er auch jedes Mal eine graue Masse namens »Pfannenschlag«, die in Scheiben geschnitten in der Pfanne geschmolzen wurde, dabei immer noch unansehnlicher wurde und deren Geruch in mir den Haferbreiekel meiner frühen Jahre heraufbeschwor.

Irgendwann kauften meine Eltern das Haus, in dem wir bis dahin zur Miete gewohnt hatten, und rissen es gleich anschließend fast bis auf die Außenwände zwecks Sanierung nieder. Geschlafen wurde in diesen Monaten unter dem Dach in der früheren Dienstboten-Wohnung: ein Mini-Flur, der zum Wohnzimmer umfunktioniert wurde, und zwei winzige Zimmer. Eins für die Eltern, eins für uns drei Kinder. Gekocht wurde im Keller. In dem großen Gewölberaum, wo in großen Holzsteigen Kartoffeln und Äpfel lagerten, wo in der Osterzeit der große Steinkrug mit den Soleiern stand, dort war übergangsweise die Küchenzeile untergebracht. Nebenan im Saunabereich stand der Esstisch. Und wenn auch meine Mutter manchmal die Sauna zum schnellen Trocknen von Kleidung angeschmissen hat (Arthur arbeitete in einer Ölraffinerie, und so war offenbar immer ausreichend Energie vorhanden), Essen hat sie darin wohl nie warm gehalten. Höchstens heimlich. Und in eben diesem Keller, umgeben von grünen Kacheln auf dem Boden und an den Wänden, aß ich zum ersten Mal in meinem Leben Auberginen. Sie waren damals wie Brokkoli ein gänzlich neues Gemüse, das auf einmal in den Gemüseregalen der

Geschäfte zu finden war. Und so richtig wusste wohl noch niemand, wie man sie zubereitete. Meine Mutter schnitt sie klein, schüttete gefühlt einen Liter Olivenöl oben drauf und schmorte sie zu einer matschigen Pampe unter Zugabe von Knoblauch in unanständiger Menge. Dazu gab es wohl nichts außer einem Stück Brot. Diese Angewohnheit einer in Deutschland unerhörten Beigabe zu einem Essen hatten meine Eltern aus dem Italienurlaub mitgebracht. Wir tunkten, was das Zeug hielt. Und so unschön diese Masse auch aussah – an den verführerischen Duft erinnere ich mich genau. Bis heute lasse ich mich für ein Auberginengericht nachts wecken, und wenn ich auch ein paar feinere Varianten mag, am allerliebsten sind sie mir immer noch mit viel gutem Olivenöl bis zur Unkenntlichkeit verkocht. Wenn Du mich in ein Sternerestaurant einladen und mir gleichzeitig einen Teller wunderbar duftender Auberginenmasse unter die Nase halten würdest – ich könnte für meine Entscheidung nicht garantieren.

Irgendwann war der Umbau beendet, wir zogen aus Dachgeschoss und Keller aus und in die Wohnung zurück. Die Küche war nun größer und moderner, es gab einen Ofen mit Zeitschaltuhr – das war damals der neueste Schrei –, und der Esstisch wanderte in den großen Flur vor einen neuen Kamin und wurde so zum Mittelpunkt des bereits brüchigen Familienlebens.

Nachmittags gab es die Teestunde mit Arthur. Es war noch die Zeit, da hatten Familienväter regelmäßige Arbeitszeiten, kamen nachmittags um 17 Uhr pünktlich wie ein Uhrwerk nach Hause, begrüßten ihre Frau und die reizende Kinderschar mit Küssen auf die Stirn und widmeten sich dem Familienleben.

Arthur kam um 17 Uhr nach Hause, bis hierhin stimmt das Klischee. Meine Mutter turnte tagsüber durch die Cafés und Boutiquen der Stadt; die Hausangestellte, eine robuste Studentin der Tiermedizin, riss die Sofakissen auseinander, und wir Kinder tollten samt dem Familienhund, einem struppigen, lustigen Rauhaardackel namens Fanny, durch die Gegend. Wenn meine Mutter pünktlich war, gab es nachmittags Tee. Mit diesen wunderbaren Soft Cakes, von denen ich eine ganze Packung in Nullkommanichts hätte aufessen können. Ich war verrückt nach diesen Keksen und klaute sie packungsweise aus der Speisekammer. Wenn es keine Soft Cakes gab, waren es die Packungen mit After Eight. Ich habe, wie wahrscheinlich alle Kinder auf der Welt, die zart schmelzenden Täfelchen so vorsichtig aus den kleinen Papiertütchen gezogen, dass die Packung noch bis zum Schluss ganz voll aussah. Bei drei Kindern in der Familie ließ sich der Schuldige nie hundertprozentig ermitteln, denn schuldig waren wir alle. Wir haben uns als Kinder mit wachsender Hinterhältigkeit gegenseitig die Schokolade aus den Adventskalendern gefuttert. Alle drei brachten wir es bis zur Meisterschaft, die Perforation an den Papptürchen nach dem Schokoladendiebstahl wieder wie unversehrt aussehen zu lassen. Besonders perfide war das Leerräumen der Nummer 24, verbarg sich hinter diesem Türchen doch stets das größte Stück Schokolade.

Warm gegessen habe ich mittags in der Schule: eine wunderbare Angelegenheit, diese Ganztagsschulen. Zweimal in der Woche Unterricht bis 15 bzw. 17 Uhr, dafür war der Samstag schulfrei. In der Mensa gab es nichts, was mir schmeckte, außer dem Pichelsteiner Eintopf. Der hatte fettes Schweinefleisch als

Einlage, von dem ich zu Hause erzählte, ich würde es immer an den Rand legen. Alle anderen Fleischgerichte aß ich nicht, vor lauter Angst, der liebe Gott würde mir sonst aufs Dach steigen. In den samstäglichen Bibelstunden las ich die Geschichten und sah die Bilder eines rächenden Gottes, dem nichts entgeht. Hinter jeder Gewitterwolke vermutete ich damals den drohenden Weltuntergang in Form der Wiederkehr Jesu. Manches Mal bin ich bei sich zuziehendem Himmel voller Angst während des Spielens nach Hause gerannt und habe mich in Panik im Heizungskeller versteckt. Würde ich mit Pauken und Trompeten ins ewige Leben einziehen oder am Suppenfleisch scheitern?

Von meinen Klassenkameraden wurde ich zunehmend belächelt, später ausgelacht und dann gequält. Ich war das Kind mit den zu dünnen Beinen in zu kurzen Hosen, das Kind mit den samstäglichen Kirchgängen, das Kind, das keine Capri-Sonne auf Schulausflügen dabei hatte, sondern nur ungesüßten Tee. Das Kind, das nie das Gleiche essen durfte wie alle anderen auch. Dafür war ich das Kind mit der mondänsten Mutter auf Elternabenden, denen sie nur spärliche Besuche abstattete. Dann aber in großer Garderobe, mit High Heels und im Animalprint, wunderschön, aber fern von dieser Welt. Ihre Auftritte und ihr offen vorgetragenes Vorhaben, eine Ausbildung als Yogalehrerin zu machen, förderten mein Ansehen in der Klasse nicht. Außerdem war ich immer noch so unglaublich dünn, hatte nichts, was mich als Mädchen auswies, durfte keine langen Haare haben, weil Arthur seine »Asterix« so frech aussehend wie einen Jungen mochte und sie meiner Mutter nur lästig gewesen wären. Daher bekam ich noch mit dreizehn im Schwimmbad den Schlüssel für die Jungenumkleide in die

Hand gedrückt. So war ich in der Schule meistens alleine, rannte in den großen Pausen die großen Runden über den Sportplatz, um immer schneller zu werden, und wusste nur noch nicht so richtig, dass ich vor mir selbst und meinem Leben davonlief.

So wurde ich älter zwischen Auberginen, adventistischen Nudelsalaten mit Fleischwurstersatzprodukten und den Bergen von Kuchen und Torten, die meine Mutter buk. Und wenn es auch nicht mehr alles zu essen gab – von dem, was da war, gab es viel. Meine Eltern hatten nun einen so großen Freundeskreis wie nie zuvor. Ständig war das Haus voller Menschen, meine Mutter baute kalt-warme Buffets in mehreren Lagen, kochte literweise Kalbssülzen, schickte mich in den Ferien zu ihren neuen Freunden mit der Wurstfabrik, wo ich das Cornedbeef noch warm aus dem Produktionskessel löffelte, mich überfraß, erbrach und neben Haferbrei und Pfannenschlag ein weiteres kulinarisches »No go« für mich entdeckte.

Die Ölkrise erreichte unsere Familie, vielleicht hatte es meine Mutter auch mit dem Wäschetrocknen in der Sauna übertrieben, jedenfalls suchte Arthur sich eine neue Arbeitsstelle und zog testweise schon einmal vor in die Nähe von Neuwied. Nach einigen Monaten zogen wir alle nach. Ich kam aus Hannover, dieser immergrünen Stadt mit ihrem Maschsee, auf dem ich im Winter Schlittschuh lief, den Herrenhäuser Gärten, in denen ich die Nanas und die höchste Wasserfontäne Europas bewunderte. In Hannover wohnten wir in einer kleinen Privatstraße, die der Ölraffinerie gehörte, ich war behütet von adventistischen Maßregelungen, die mich zunehmend verwirrten, und zwei Straßenenden, die man noch mit Schlagbäumen verschließen konnte. Wenn ich aus meinem Fenster sah, brannte gegenüber die »ewige Fackel« in Arthurs Firma und leuchtete auch im Dunkel der Nacht hinein in meine Einsamkeit.

Meinen letzten Schultag in Hannover habe ich weinend und versteckt in der Schulbibliothek verbracht, mich festhaltend an Sätzen aus *Penny Wirbelwind,* davon träumend, so sein zu können wie sie. Normal. Wild und ungestüm. Geliebt. Und so kam ich ohne Zeugnis nach Hause, das musste am Tag danach von meinen Eltern abgeholt werden, mit mir im Schlepptau, die Demütigung wurde mir nicht erspart. Meine Mutter mondän wie immer, kopfschüttelnd über ihr Kind.

Wir zogen also um, und ich freute mich auf einen neuen Anfang. Vielleicht konnte mir hier gelingen, dass die anderen mich mochten – trotz komischer Frisuren und seltsamer Lebensgewohnheiten. Ich vermisste die Heimat trotzdem. Meine Mutter fuhr sogar noch für ihre Arztbesuche zurück nach Hannover, aber ich saß fest. Meine Geschwister lebten sich ganz gut ein, es gab viele Kinder in ihrem Alter rund um unser neues Haus. Arthur war kaum noch zu Hause; irgendwann fing er an, auch samstags zu arbeiten. Das musste in der adventistischen Gemeinde gerechtfertigt werden, am Sabbat hatte man zu ruhen. Aber man ließ sich wohl trösten durch den erheblich höheren »Zehnten«, den meine Eltern zu zahlen in der Lage waren, und so entging er den Gottesdiensten, die ich fortan mit meiner Mutter und meinen Geschwistern oft alleine besuchte. Ich verstand in der neuen Umgebung als Hannoveranerin kaum ein Wort, aber das erste regionstypische Essen, das mochte ich. Von seiner damaligen Zimmerwirtin brachte Arthur ein Rezept für Döppekoche mit nach Hause. Um so viel besser und saftiger als die Reibekuchen meiner Kindheit! Sozusagen ein »Reibekuchen hoch drei«. Natürlich ohne Speck, der kam ja vom Schwein. Wobei er wohl eine lässliche Sünde war, wenn man ihn nur klein genug schnippelte. Was man selbst kaum sieht, entgeht mit ein wenig Glück auch Gott.

Durch den Wechsel der Bundesländer hatten wir fast neun Wochen Sommerferien, und als die Schule wieder begann, stellte ich erschrocken fest, dass ich die neunte Klasse trotz guter Noten wiederholen sollte. Den Wechsel von einer niedersächsischen Gesamtschule auf ein rheinland-pfälzisches Gymnasium traute man mir nicht ohne Blessuren zu. Und so begann mein neues Leben mit demselben angeknacksten Selbstbewusstsein, mit dem das alte zu Ende gegangen war.

Meine Mutter wurde zunehmend nervöser, schlief schlecht, hatte Angstzustände. Spät erst erfuhr ich von ihrer Abhängigkeit von Schlaf- und Beruhigungsmitteln und dem nötigen Entzug. Mich verwirrten die zunehmenden Notarzteinsätze und ihre Angstzustände, der Spagat zwischen einem zerbrechenden Familienleben, meiner täglichen Anstrengung in der Schule um äußerliche Normalität und den samstäglichen »Hau-drauf-Predigten«. Meine Mutter kam mit dieser meiner Verwirrtheit und der Pubertät nicht zurecht, sie bestreikte den Umgang mit mir, und so kam ich mit dem Wechsel in die zehnte Klasse aufs Internat an die Nordsee.

Dort mogelte ich mich an Gottes Vorschriften vorbei, mengte das Fleisch unter die Kartoffeln und aß, wenn er nicht hinsah. Von dem, was jeden Samstag aus der Internatsküche auf die Tische kam und unter uns Schülern nur »Chronik der Woche« genannt wurde, hat er sich sicher ohnehin mit Grausen abgewendet. Das Internat war praktisch, weil samstags schulfrei war. Als Adventistin durfte ich ja am Sabbat die Schule nicht besuchen. Solange ich noch in Neuwied aufs Gymnasium gegangen war, hatte es damit immer Probleme gegeben. Auch Hausaufgaben waren tabu, erst sonntags hatte ich Klassenkameraden anrufen, nach dem Stoff des Samstags fragen und mich nach Hausaufgaben erkundigen dürfen. Während andere sonntags spielten oder anderen Freizeitbeschäftigungen nachgingen, saß ich zu Hause und musste den Unterrichtsstoff nacharbeiten. Mit vorzugsweise samstäglichen Doppelstunden in jeweils Mathe und Physik machte sich dieser Umstand schnell in meinen Leistungen bemerkbar.

Auf dem Internat blühte ich kurzzeitig auf. Ich spielte bereits seit Jahren Handball und gewann mit meiner Mannschaft die ostfriesischen Stadtmeisterschaften. Wie stolz ich darauf war, weiß ich bis heute. Ich hatte mich von einem »Rechtsaußen« zur Kreisspielerin hinauftrainiert und ging hocherhobenen Hauptes mit meiner Mannschaft aufs Spielfeld, zählte am Ende des Turniers meine blauen Flecken wie ein Cowboy die Kerben in seinem Colt. Ich fand Freunde, vor denen die Lehrer meine Eltern warnten, aber diese waren zu weit weg, um eingreifen zu können. Ich bekam kein Geld für Heimfahrten geschickt, also blieb ich auch an den Wochenenden dort, fälschte meinen Ausweis, stieg nachts mit anderen aus dem Fenster und machte Discobesuche. Dort spielte ich Moon-Patrol an überdimensionalen Daddelautomaten und tanzte zu Joan Jett und der Steve Miller Band auf einem von unten beleuchteten Tanzboden, der mit wabernden Farben gefüllt erschien. Ich rauchte wie ein Schlot, ließ aber die Finger von Alkohol und anderen Drogen. Malte mir die Augen schwarz, schmierte Zuckerwasser in meine Haare, damit sie besser nach oben standen, und schlief im Lateinunterricht ein. Gemeinsam mit ein paar anderen mauerte ich nachts den Eingang zum Lehrerzimmer zu. Stein auf Stein: Another brick in the wall. Versiegelte Duschkabinen und Wasserbecken mit Silikon, streute Seifenflocken, drehte sämtliche Wasserhähne auf und verriegelte die Tür zum Badbereich. Wartete, dass der Erste morgens öffnete. War jenseits aller erträumten Hanni-und-Nanni-Romantik. Das und noch mehr führte zum nachmittäglichen Nachsitzen, was nichts anderes bedeutete als Hausaufgabenbetreuung unter erschwerten Bedingungen. Mir war's gleich. Solange ich nur still war, interessierte auch dort niemanden, was ich tat. Und so las ich. Verschlang an den Nachmittagen Gedichte von Mascha Kaléko und träumte mich in andere Welten.

Nach einem Jahr war der Spaß vorbei: Ich sollte wieder nach Hause kommen. Vielleicht hatte meine Mutter sich wieder an mich erinnert, es gab allerdings auch laute Stimmen im adventistischen Freundeskreis, die meine Eltern warnten, ein Kind gehöre nach Hause und nicht in das Babel eines Internats, sie riefen Sodom und Gomorrha und beklagten mangelnde Moral außerhalb adventistischer Kontrollmechanismen. Wenn ich in den Ferien nach Hause kam, schlitzte meine Mutter den Innenstoff des Kofferbodens und -deckels auf, auf der Suche nach Beweisen für Drogensucht und sexuelle Aktivitäten. Briefe von Internatsfreunden wurden konfisziert, manchmal bekam ich sie zu lesen, aber eigentlich stand immer etwas darin, was einen Anlass gab, sie vor meinen Augen zu zerreißen. Ich war zu Hause und doch wieder ohne Heimat.

Ich wollte Maskenbildnerin werden, aber das durfte ich nicht, denn dazu brauchte man eine Ausbildung als Friseurin, und Friseurin wurde man einfach nicht als Arthurs Tochter. Ich wollte Jockey werden, schließlich war ich immer noch spindeldürr und konnte reiten wie der Teufel, aber ich wurde zu groß, und außerdem war das schließlich kein ordentlicher Beruf. Ich wollte Krankenschwester werden, aber dafür hätte ich auf eine adventistische Krankenpflegeschule nach Berlin gehen müssen, und die Eltern wollten mich nicht in den Sündenpfuhl der Großstadt lassen. Erschwerend gab es in der adventistischen Gemeinde Diskussionen, inwieweit das samstägliche Arbeiten in Pflegeberufen keine Sünde sei. Man wusste mal wieder nicht, wohin mit mir, und so wurde ich auf einer neuen Schule angemeldet, einer katholischen Ordensschule. Eine Schule, von der Arthurs Sekretärin sagte, die wüssten, wie man mit schwierigen Kindern umgeht.

Als Adventistin auf einer katholischen Ordensschule angenommen zu werden ist nicht leicht. Die gesamte Familie musste zum Vorstellungsgespräch, wir nahmen sogar den Dackel mit. Ein Nachmittag bei Bruder Wolfgang, dem Direktor, der mir eindrücklich in Erinnerung blieb: das dunkle Zimmer, das auch bei Sonnenschein nie wirklich hell wurde, der alte Schreibtisch, das große Kreuz. Dieser Mann, der in seinem Leben wohl nie jung gewesen war, aber bis in die Grundfesten seiner Seele gut war und aus strengen Augen bis auf den Boden der meinen blickte. Wir waren für ihn eine Familie wie von einem anderen Stern, aber er nahm mich auf unter der Voraussetzung, dass ich nicht am Religionsunterricht teilnehmen würde. Und so war ich plötzlich auf einer Schule mit nur fünf Klassen. In einem alten, schönen Gebäude, zu dem man erst durch einen großen Park laufen musste. Ich war unter strenggläubigen Menschen, die so voller Nächstenliebe waren, dass ich mich seit langen Jahren wieder geborgen fühlte. Ich musste zwar jeden Tag über eine halbe Stunde mit dem Zug dorthin fahren und vom Bahnhof noch ein gutes Stück laufen, jeden Morgen, zwei Jahre lang, auch bei Eiseskälte. Aber ich war glücklich. Brachte nur noch gute Noten mit nach Hause und ging endlich gerne zur Schule.

Als wir uns nach ein paar Jahren alle an das neue Leben gewöhnt hatten, wurde dieses meiner Mutter zu langweilig. Sie verließ die Familie, um ihre Jugend nachzuholen, ohne die Einschränkung durch eine Religion. So stand Arthur mit drei Kindern alleine da und fing an, sie zu bekochen. Der Döppekoche wurde zum Standard, der ging einfach und ließ sich gut vorbereiten sowie aufwärmen. Zur Abwechslung gab es an den Wochenenden Rumpsteaks. Da niemand mehr so richtig auf mich aufpasste und schon gar nicht auf das, was ich aß, probierte ich die Zuckertoastvariante meiner Kindheit wieder aus. Die Feststellung, dass sie ihren Zauber über mich verloren hatte, enttäuschte mich maßlos, und so ging ich mittags zu Freundinnen essen, deren Mütter Schnitzel brieten, in viel Fett. Dem schlechten. Ich aß heimlich meinen ersten Burger bei McDonald's und verbriet mein Taschengeld in einer Fettbude namens »Kochlöffel«. Dort gab es unsäglich schlechtes Kartoffelpüree und Nierengulasch. Alles so unglaublich verboten und so unglaublich gut.

Die Familie war zerbrochen, die Adventisten rümpften die Nase über die Ehescheiterer, und die ersten ledigen gottesfürchtigen Frauen standen schnell bereit, willens, den Platz meiner Mutter einzunehmen. Wohlweislich drehte Arthur den bigotten Weibern eine lange Nase und fand eine Partnerin, die das Leben zu feiern wusste und sich auch um meine jüngeren Geschwister kümmerte. Nur kochen konnte sie nicht. Und so kocht Arthur bis heute selbst, und das richtig gut.

Im Alter von knapp achtzehn Jahren zog ich aus den noch rauchenden Trümmern dessen aus, was mal mein Zuhause gewesen war.

Allein

Das erste selbstgekochte Essen in meiner eigenen Wohnung war ein Hühnerfrikassee in Currysauce mit Erbsen. Es stammte aus einer Fernsehzeitung, die ich mir damals regelmäßig kaufte, einer billigen, ich lebte vom Ausbildungsgehalt und musste sparen. Dieses Huhn, frisch, vom Markt, ehemals glücklich, war so voller Umami, dass ich aß und aß und aß und hinterher drei Tage lang Bauchweh hatte. Ich konnte nun zwar biblische Speisevorschriften im Schlaf aufsagen, aber das Maßhalten hatte ich noch nicht gelernt. Ich machte eine kaufmännische Ausbildung und wurde unglücklich. Mir bekam das Alleinsein nicht; nichts und niemand hatte mich darauf vorbereitet. Ich konnte nicht mehr beide Elternteile haben, auf dem Schlachtfeld ihrer Ehe ließen sie ihre Kinder zurück. Blutend. Entweder man war für den einen oder den anderen. Liebe gab es nie mehr gleichzeitig. Ich, die ihr ganzes Leben von strengen Regeln umgeben gewesen war, wurde orientierungslos und krank. Brach zur Selbstrettung alle Brücken hinter mir ab. Verlor Eltern,

Geschwister und Freunde. Versuchte einen verzweifelten Neuanfang. Nahm meinen ganzen Mut zusammen und marschierte in ein bekanntes Vier-Sterne-Hotel. Gaukelte dem Mitarbeiter am Empfang einen Termin beim Direktor vor, wurde vorgelassen und klagte mein Leid. Eine weitere Ausbildung konnte ich mir nicht leisten, so gab er mir einen Job als Commi (Commis de Rang) und zeigte mir den gangbaren Weg zur externen Prüfung vor der IHK auf.

Gegen alle Widerstände begann ich so auf Umwegen meine gastronomische Ausbildung und lungerte nunmehr immer in der Nähe der Hotelküche herum. Teilte meine Trinkgelder mit den Köchen und bekam so beim Personalessen stets eine Extrawurst. Lernte Entenbrust kennen, aß Wild und wild. Lernte, was ein Carpaccio war, wie man am Tisch den Gästen das Tatar zubereitet, setzte Hasenrücken auf die Haferbrei-Pfannenschlag-Liste und erweiterte meinen kulinarischen Horizont ohne Dogmen. Aß mich kreuz und quer durch die ständig wechselnde Speisekarte, ohne jemals selbst zu kochen. Wo auch, ich wohnte im Personaltrakt des Hotels, aß in der Hotelküche, saß abends in der Hotelbar und trug mein Geld zum Italiener oder Chinesen.

Dann wurde das Hotel verkauft. Der neue Eigentümer musste für Monate schließen, weil umfangreiche Umbaumaßnahmen für die Neukonzessionierung nötig waren. Alle Mitarbeiter bekamen die Kündigung. Ich bekam ein Gespräch. Und so packte ich kurz darauf meine wenigen Habseligkeiten zusammen und zog nach Baden-Baden. Dort arbeitete ich in einem seiner anderen Häuser, das direkt beim Südwestfunk lag und daher stets bekannte Persönlichkeiten aus dem Fernsehen beherbergte. Tagsüber arbeitete ich im Restaurant, nachts lernte ich für die Prüfung und schmiss die Hotelbar. Freiwillig. Es gab tolle Trinkgelder und interessante Menschen kennenzulernen. Einen Scheich zum Beispiel, der jeden Chivas Regal für DM 12,00 mit einem Hunderter bezahlte und immer sagte: »Stimmt so.« Das war die ultimative Trinkgeldnacht meines Lebens, denn der Herr hatte viele Drinks! Ich erlebte Selbstmordversuche von C-Prominenten, Fensterstürze von Schlagerstars, sah, wie bekannte Fernsehansagerinnen vor meinen Augen betrunken vom Barhocker fielen. Schlug mir die Nächte mit dem Sohn eines bekannten Musikproduzenten um die Ohren, der genau wie ich schnell weg wollte von allem und am schnellsten weg von seiner Familie. Wenn ich nicht arbeitete, ging ich feiern. Die Nächte waren lang, die Champagnerflaschen groß, die Tanzflächen in den Clubs klein und voller Prominenz. Mein Leben war immer noch leer.

In die nächste Sinnkrise stürzend, kehrte ich in die Heimat zurück, in die Nähe meiner zerbrochenen Familie. Kontaktlos. Trug meine Trinkgelder zur Bank, bekam noch einen Kredit obendrauf und eröffnete ein Café. Die Frühstückskarte war umfangreich und suchte ihresgleichen. Die Küche war groß, aber nicht bis zur Decke hinauf durchgehend gefliest, so dass mir das Gewerbeaufsichtsamt die Vollkonzessionierung versagte. Ich durfte Speisen also maximal unter Zuhilfenahme einer Mikrowelle aufwärmen, nichts aber auf einer Herdplatte zubereiten und schon gar nicht auf offenem Feuer. So kam ich auf das »Russische Frühstück«, das eine Dose Beluga-Kaviar und eine Halbliterflasche Wodka bereit hielt. In meiner persönlichen Frühstücksgeschichte immerhin dreimal geordert.

Den Trick zur Rühreierzubereitung für die normal veranlagten Frühstücksgäste gab mir der Beamte der Gewerbeaufsicht höchstpersönlich: Man nehme eine ausreichend große Tasse oder kleine Schüssel, schmiere sie mit Butter aus, kleppere ganz nach Wunsch zwei oder mehr Eier hinein, würze diese und stelle sie in die Mikrowelle. 1 bis 2 Minuten bei 600 Watt = Rührei. Was soll ich sagen? Es hat funktioniert! Ich war fortan die Rühreierqueen unter den Altstadt-Café-Besitzern. So schnell wie bei mir schleuderte fortan kein anderes Café die Rühreierportionen unter die hungrigen Gäste. Mittlerweile ist das Verfahren ein alter Hut und geistert durch sämtliche Internetforen; Ende der Achtziger war es eine echte Revolution.

Und so verbrachte ich meine Tage im Kreise meiner Gäste. Nichts war mir lieber als das. Das Wesen unserer Familie, die Gastfreundschaft, das Bewirten von anderen Menschen unter Zugabe von geistreichen Gesprächen hatte ich nun endlich auch wirtschaftlich umgesetzt. Ich war glücklich. Die Eröffnung fand im Oktober statt, noch vor Weihnachten war ich schwanger. Ich wurde noch glücklicher. Was sollte schon sein, ich war stark, und es gab nichts, was ich nicht schaffen würde. Ich arbeitete ohne Unterlass. Meine Gäste nahmen regen Anteil an meinem wachsenden Bauch, schleppten mir die Getränkekisten und schlossen die Bierfässer an. Sie verzichteten aufs Rauchen, damit ich mich nicht ihren Nikotinschwaden aussetzen musste. Sie machten Namensvorschläge und Pläne, ab wann mein Kind mit ins Geschäft würde einsteigen können.

Arthur dachte solide und schlug vor, den Kindsvater zu heiraten. Mir war das egal, ich wollte das Kind und fand mit dem Mann alles gut, so wie es war. Arthur ließ keine Ruhe. Sanfter väterlicher Druck, getarnt im Mantel des sorgenvollen Ratschlages. Sätze wie: »Du bist dann abgesichert, und Dein Kind auch ...« – »Kinder brauchen eine Familie ...« Kinder brauchen Familie, unbedingt. Und Sicherheit. Unbedingt. Ich zweifelte und heiratete trotzdem. Am Tag nach M.'s Entbindung gab ich aus dem Krankenhaus bereits wieder Getränkebestellungen auf, weil mein übergangsweise eingestellter Geschäftsführer mit der Kasse und ca. vierhundert CDs verschwunden war. Ich nahm mein Kind und ging tagsüber arbeiten. Machte Stillpausen in der Küche, während meine Gäste die Tische abräumten, froh, dass ich wieder da war. Aber eine Dauerlösung war das alles nicht. Und so verkaufte ich das Café, schweren Herzens, tröstete mich damit, dass mein Mann ein Hotel hatte, in dem es auch für mich immer genug zu tun gab, nahm dafür Neubauwohnung und Einbauküche in Kauf und machte mir fortan Gedanken um gesunde Nahrung. So wurde ich ökotestbio. Mixte meiner Tochter die Gemüsebreie selbst, lernte alles über die Vorzüge von Leinöl und schaute mit Verachtung auf die Gläschenmütter hinab. Wenn ich kochte, saß meine Tochter neben mir auf der Arbeitsplatte und rührte mit. Wir kochten, was sie mochte, und das war eigentlich alles. Sie sollte Spaß und Lust haben an allem, das war mir wichtig. Bis heute gibt es fast nichts, was sie nicht gern isst, es sei denn, es ist nicht frisch gekocht.

Aber ausgelastet war ich so nicht. Mein Mann war unzufrieden mit seiner damaligen Hotelpartnerschaft, und so machten wir uns auf die Suche nach einem neuen gemeinsamen Projekt. Wir waren kein Ehepaar, sondern Geschäftsfreunde. Ich bekam über meinen ehemaligen Verpächter den Tipp, dass im Westerwald eine »Perle« zu vergeben sei. Ein Hotel mit viel Historie, ein Schmuckstück der besonderen Art. Das Haus gehörte jener Privatbrauerei, mit der ich auch den Biervertrag für mein Café gehabt hatte, galt als das älteste steinerne Gasthaus in ganz Deutschland, urkundlich erwähnt erstmals Sechzehnhundertirgendwas. Der Andrang potenzieller Pächter für dieses besondere Haus war groß. Ich forderte die Unterlagen an und bekam ein vielseitiges Exposé, mit dem das Haus und die künftige Philosophie vorgestellt wurden. Ich schrieb ein vielseitiges Exposé zurück, in dem ich der Brauerei ihre künftigen Pächter und deren Philosophie vorstellte. Und so setzte ich einige Monate später meinen Namen unter das bis dato größte Projekt meiner Gastronomie-Karriere.

Die Aufgabenteilung war klar: Ich kümmerte mich um Hotel, Restaurant und Kind, mein Mann um die Küche. Jetzt waren mein Mann und ich keine Geschäftsfreunde mehr, sondern Geschäftspartner. Ich war die Repräsentantin nach außen, er nach innen. Ich wurde sogar Mitglied im Männergesangsverein, um das Haus und seine Betreiber im Wohlwollen der Westerwälder Bevölkerung zu verankern. Ich tat, was man so tut in dörflichen Gemeinschaften, als »First Lady« der Gastronomieszene. Wir arbeiteten bis zum Umfallen, nahmen uns keine Zeit für uns, am Ende kaufte ich mir sogar meine eigenen Geburtstagsgeschenke. Und schließlich waren wir keine Partner mehr, sondern Feinde. In einer Nacht voller Nebel, nach Wochen des Wohnens im Hotelzimmer, schnappte ich mir mein Kind, eine Tasche mit dem Nötigsten für uns beide, nahm 500 Mark mit und verließ die Sicherheit des täglichen Mittagessens. Arm wie eine Kirchenmaus, wusste ich auf einmal nicht mehr, wie ich mein täglich Brot bezahlen sollte, von der Wurst ganz zu schweigen. An das gemeinschaftliche Geld kam ich nicht heran. Ich hatte natürlich nicht besonders überlegt gehandelt mit meiner überstürzten Flucht. Musste den Geld- und Eigentumszugriff den Gerichten und ihren Vollziehern überlassen, und die arbeiten langsam. Viel zu langsam, wenn man völlig mittellos ist und nicht weiß, wie man das Geld für Kaution und Miete aufbringen soll.

Ich litt unter anonymen Drohungen von »guten Freunden« meines Mannes, die mich zur Rückkehr zwingen sollten. Flüchtete abermals. Zog mit meiner Tochter übergangsweise in ein anderes Bundesland, zu P., der Liebe meines Lebens, und bekochte ihn und seine WG-Mitbewohner mit Gulasch und Gemüsepfannen. Putzte die Küche von der Decke bis zur Fußleiste mal ordentlich durch. Hörte auf zu rauchen und kaufte mir vom Ersparten keine Schuhe, sondern einen Raclettegrill. Verkaufte Breitlinguhr, Weißgoldschmuck und Designerbrille und sicherte damit die Mieten der nächsten Monate. Fing das Rauchen für ein paar Jahre wieder an, aber den Raclettegrill habe ich immer noch und damit eine neue familiäre Weihnachtsessen-Tradition begründet.

Lust

Dann kam das Internet in erreichbare Nähe. In den Anfängen seines Daseins diente mir der Computer lediglich zum Spielen. Ich versank in *Monkey Island, Day of Tentakel* und den Abenteuern von Indiana Jones. Nebenbei brachte ich es zur ungekrönten, aber auch ungeschlagenen Königin des *3 D Space Cadet Pinball* unter Windows 98. Das Internet selbst kam nur zögerlich in mein Leben. Zuerst nur in Form von Fahrplanauskünften, die am Ende sowieso nie stimmten. Aber dann entdeckte ich *eBay*. Ich fing umgehend an, die durch Scheidung und Umzüge verloren gegangenen Dinge meiner Kindheit wieder zu ersteigern. Ein *Senso*-Spiel. *Hinterhalt* von MB. Comics von *Die Bibel im Bild*.

Nachdem ich mich bei *eBay* abgearbeitet hatte, entdeckte ich ein Kochforum, wo ich 2004 offizielles Mitglied wurde. Auf einmal war mein Leben voller Menschen, die meine Leidenschaft teilten und sich ebenso gerne wie ich selbst über Kochen und Essen austauschten. Ich brauchte einen Namen und nannte mich »girlfriend-in-a-coma«, angelehnt an einen wunderbaren Song der Band The Smiths. Der Name war cooler als »sabine384« oder »Schnucki4711«, und so fanden meine Beiträge schnell Gehör. Ich las von Wolfram Siebeck und seinem geradezu sagenumwobenen Buch *Alle meine Gerichte*, das als stets vergriffen galt. Der *Feinschmecker* aber veröffentlichte 2004 ein Sonderheft mit dem Namen »Siebecks Kochschule« und dem Untertitel »für Anfänger«. Wer gilt schon gerne als Anfänger? Ich jedenfalls nicht, aber eine Vielzahl der dort veröffentlichten Rezepte hatte es mir angetan. Und hatte ich in meinem ganzen Leben schon mal eine *Demi Glace* zubereitet? Eben. Und so betrachte ich bis heute den 25. Dezember 2004 als das Datum meines ganz persönlichen Erweckungserlebnisses, denn an diesem Tag kochte ich Siebecks Entenbraten mit Essig-Karamell-Sauce, der auch gleichzeitig meine erste Niedertemperatur-Erfahrung war. Ich, bzw. die Ente, benötigte eine Ofentemperatur von 80 °C. Hahaha! Ich hatte zu der Zeit einen Gasherd mit einem Ofen, der fing unter 180 °C gar nicht erst an. Eigentlich hatte er nur zwei Stufen: »aus« und »scheiße heiß«. So probierte ich zwei Tage, bis ich den richtigen Knick im gefalteten Topflappen samt in der Ofentür eingeklemmtem Holzlöffel herausgefunden hatte, kaufte mir ein Ofenthermometer und brauchte fortan stets nur noch ca. 2 Stunden Vorlauf, um die 80 °C zu erreichen.

Ente mit Essig-Karamell-Sauce

Du brauchst für dieses Gericht eine Barbarie-Ente, die so eben für zwei Personen reicht. Der knipst Du die Flügel ab, reibst sie ordentlich mit Salz und Pfeffer ein und brätst sie in einer Pfanne langsam und gemächlich rundherum goldbraun an. Achte darauf, dass die Ente auch später nicht mehr knuspriger und brauner wird, als Du sie jetzt brätst! Dann schiebst Du sie in einer Reine in den Ofen, den Du auf 70 °C vorgeheizt hast. Nein, mehr nicht. Das macht Dich nervös? Okay, weil Du es bist. Maximal 80 °C. Kein bisschen mehr. Können wir uns auf 75 °C einigen? Gut! Jetzt kannst Du erst einmal den Rest des Tages genießen. Jedenfalls die nächsten dreieinhalb Stunden oder auch vier, darauf kommt es nicht an. Es sei denn, Du bist schlecht vorbereitet! Aber als eifrige(r) Leser/in meines Blogs hast Du selbstverständlich immer, *immer* die jetzt nötigen Fonds auf Vorrat. Schließlich habe ich bereits ausführlich beschrieben, wie einfach das geht. Wenn nicht, hast Du jetzt die Hektik. Kalbsfuß auftreiben, Knochen rösten, 72 Stunden köcheln lassen, entfetten, das ganze Programm ... Aber das ist nur für die Anfänger! Du öffnest jetzt nämlich ganz gemütlich ein Glas Kalbsfond. Wenn möglich, auch noch eines mit Geflügelfond. Ersatzweise machst Du vom Kalbsfond zwei Gläser auf. Aus ca. 400 Milliliter Kalbsfond (der ja schon schön puddingsteif eingekocht war) machst Du jetzt erst einmal *höchstens* 200. Mach wenig aus viel, das ist hier wieder die Devise! Laaaaangsam einkochen, Du hast doch Zeit! Verlängere ruhig noch einmal mit ein wenig Weißwein. Macht nix. Du brauchst nur Zeit. Du bist bei 200 Millilitern? Noch zu viel! Reduzier nochmal um 50 ml. Gut? Dann nochmal 50 weniger! Jetzt ist's gut. Probier mal. Haut's Dir schon die Geschmacksnerven weg? Noch nicht ganz? Wart's ab! Stell das Bisschen kalt. Mindestens dreieinhalb Stunden. Okay, Du kannst Dich jetzt an eine der geilsten Saucen machen, die je Deine Sinne betört hat. Dafür brauchst Du – mit meinem großen Herzen für Saucenliebhaber habe ich die Mengen bereits um ein Drittel hochgerechnet –:

3 EL weißen Zucker
3 EL Sherry-Essig
3 EL Glace de viande, den hast Du eben aus Deinem Fond gekocht!
Ach, Du hast ein Demi glace zubereitet?
Macht doch nix, ist alles das Gleiche!
300 ml Geflügelfond (oder Kalbsfond, geht genauso gut)
1 ordentlicher Schuss Weißwein (trocken, gut, mindestens 200 ml)
eiskalte Butter zum Binden

Du zerlässt den Zucker in einem Topf und lässt ihn karamellisieren. Ohne Induktion empfehle ich Dir einen Topf mit sehr schwerem Boden, dann brennt nix an. Dann löschst Du mit dem Essig, dem Geflügelfond und dem Weißwein ab und lässt alles wiederum um die Hälfte einkochen. Vorsicht, das schäumt ordentlich hoch, versau Dir nicht den Herd! Jetzt kannst Du die Ente aus dem Ofen holen. Was für ein Gedicht! Die Brust saftig, die Keulen trotzdem durch. Du bestreichst sie ordentlich mit einem Teil der Sauce und schiebst sie unter den Ofengrill. Dafür musst Du die Augen allerdings wieder öffnen, die Du vor Wonne beim Probieren der Sauce geschlossen hast. Gräme Dich nicht, das Beste kommt noch ... Während die Ente glaciert, montierst Du einige Stücke eiskalter Butter in die Sauce. Jetzt probiere noch einmal. Wenn Du Deinen weggeflogenen Kopf wieder aufgesetzt hast, kannst Du die Ente tranchieren und mit zuvor blanchierten, dann in französischer Salzbutter geschwenkten Zuckererbsen servieren.

Ich war verloren im Saucenuniversum. Konnte es etwas Sinnlicheres geben als Saucen? Als kleine, sämige Tropfen, die sich in Mundwinkeln sammeln und dem Partner mit der Zunge sanft abgeküsst werden können? Etwas Sinnlicheres als das Ablecken der Finger, mit denen man den Saucentopf ausgewischt hat? Gutes Essen und Saucen sind wie Sex. Sinnlich, romantisch, manchmal wild. Im besten Falle ausufernd. Man isst, schleckt den Teller ab, stößt den Tisch um, stürzt den Wein hinunter und fällt übereinander her. Dann hat man gut gekocht und gut gegessen!

Das nächste Siebeck-Rezept folgte auf dem Fuße. Ein ganzer Lachs in Schalottensahne. Himmel auf Erden und heilige Mutter der Saucenkalorien, verlasst mich nicht! Ich kaufte meinen ersten Lachs am Stück, der hatte ca. 4,5 Kilo, kostete damals den mich schockierenden Betrag von über 70 Mark und bekam den Namen »Fred«. Und Fred hieß von da an jeder dieser Lachse, für deren Bewältigung ich uns jedes Jahr Gäste zum Essen einlud. Ich zog in eine Wohnung mit einem großen Esszimmer und einer Küche, die so riesig war, dass ich noch ein Sofa hineinstellen konnte. Fred gab es fortan jedes Jahr an einem der Weihnachtsfeiertage; er wurde von uns wie ein Baby quer vor dem Bauch durch die Fußgängerzone vom Händler zum Auto getragen. Passiert ist es uns auch, dass wir an einem unserer damaligen Lieblingslokale haltmachten, nur »schnell ein Glas Sekt, Liebling, ist doch Weihnachten«, nette Leute kennenlernten und fünf Stunden später mit Lachs vor dem Bauch zu Fuß nach Hause gelaufen sind. So machte dann Fred II. eine kleine Rast im Kühlhaus der Wiesbadener »Haltbar«. Fred III. hat uns schon beim spontanen Uhrenkauf begleitet, der Verkäufer dachte, wir hätten ein Baby auf dem Arm und wollte das niedliche Wesen mal sehen ... Seinen Blick vergesse ich nie!

Ich fing an, vom Essen zu träumen, und wachte manchmal von Düften auf, die mir durch meine Traumnase strichen. Aber dieses Forum, in dem ich Mitglied war, das war nicht sinnlich. Da gab es Mitglieder, denen bedeutete Kochen mit allen Sinnen, eine Busentorte zu backen. Ich blieb, alternativlos, aber immer frustrierter. Las mit, wie andere Leute mit kulinarischen Ambitionen oberhalb von Gurkensalat sich im täglichen

Klein-Klein eines Internetforums aufrieben. Wurde lustlos. Mit wem sollte ich teilen und mich austauschen? Aber auch damit war ich nicht allein, die ersten Kochbegeisterten entdeckten das Bloggen. Als ich die ersten Blog-Links von bereits »Abtrünnigen« der Kochseite bekam, war ich wie elektrisiert. Das wollte ich auch!

Im Netz

Weißt Du, was ein Blog ist? Ich wusste es 2009 nicht wirklich. Irgendwie hatte ich eine diffuse Vorstellung von vornehmlich in Amerika betriebenen persönlichen oder aber politischen Internet-Tagebüchern. Mir war die offizielle Definition laut Duden völlig egal. Nach dieser ist ein Blog – laut Duden »das« oder »der«, beides ist möglich – ein Tagebuch. Zusammengesetzt aus den Wörtern »Web« und »Logbuch« ist es eine Tagebuchaufzeichnung per Internetpublikation. Das war mir viel zu statisch. Für mich wurde schnell klar, dass es die ideale Plattform sein würde, um meinen eigenen Gedanken und Assoziationen rund um das Essen und den großen Raum, den es in meinem Leben einnimmt, ungehinderten Lauf zu lassen. Es gibt Blogs, die werden gefüttert mit den Gedanken ihrer Schreiber, ohne dass ein Austausch mit den Lesern stattfindet. Manche haben Kommentarfunktionen, manche nicht. Manche schreiben nur über Produkttests, berichten über zweifelhafte Neuentwicklungen der Lebensmittelindustrie und testen im nächsten Beitrag Windeleinlagen gegen Inkontinenz in den Wechseljahren. Ich wollte Kommunikation. Ehrlich, echt und nah dran. Unzensiert von Forenbetreibern, nur ich selbst als Moderator meines eigenen Tuns. Füllmasse meiner Sehnsucht nach kulinarischem Austausch im Freundeskreis, der mir kaum gelang.

Den Blog anmelden, einrichten, loslegen – das war ein Vormittag. Internetrecherche, Anleitungen von anderen Usern, testen von Layouts, lernen, was ein Widget ist – alles im Schnelldurchlauf. Am 11. Juli 2009 war »Arthurs Tochter Kocht« online. Ich hätte gerne eine wunderbare und spannende Geschichte zur Entstehung des Namens. Allein – die gibt es nicht. Die Namensfindung war eine Sache von fünf Minuten, der Name kam einfach zu mir, nicht ich zu ihm. Aber vielleicht gibt es eine Erklärung. Die Beziehung zwischen Arthur und mir war lange Jahre sehr schwierig und von vielen Verletzungen auf beiden Seiten geprägt. Für mich heute unvorstellbar, haben wir mit Unterbrechungen viele Jahre unseres Lebens kein Wort miteinander gesprochen. Heute sind dies die verlorensten Jahre in meinem Leben, und der Gedanke daran, dass ich sie nicht zurückholen kann, verursacht in mir eine dunkle und tiefe Traurigkeit. Wenn ich so zurückblicke, dann war der Sommer 2009 eine Zeit, in der wir uns eben wieder annäherten, seit ein paar Monaten. Vielleicht entsprang die spontane Namensgebung also dem großen Glücksgefühl, das ich in mir trug. Wieder Arthurs Tochter sein zu können, hat mein gebrochenes Tochterherz repariert. Zu seinem fünfzigsten Geburtstag habe ich Arthur in einer dem englischen Königshaus würdigen Zeremonie auf der Burg Nassau zum Ritter schlagen lassen. Mit einem ca. 5 Meter langen Schwert; und ich dachte wirklich für einen Moment, sie erwischen ein Stück vom Ohr.

Es ist dann aber alles gut gegangen, und die Urkunde zeugt noch heute von diesem schönen Erlebnis. Ich denke, zu seinem Achtzigsten schenke ich ihm ein Wappen und zum Neunzigsten einen Drachen. Und so hat mich dieser Name schon immer an die legendäre Tafelrunde erinnert. Die Liebe zu meinem Vater und die Lust auf Tafelrunden voller kulinarischer Genüsse haben diesen Namen zu mir getragen.

Da saß ich nun mit meinem Blog und schrieb drauflos. Am Computer meiner Tochter, da ich in diesen Monaten keinen eigenen besaß. So waren die Zeiten engen Grenzen unterworfen. Ich schrieb ins Blaue. Die erste Veröffentlichung war ein Rezept für ein Gelbe-Bete-Sorbet mit Feldsalat und Wildschweinschinken. Ich genoss es, kein Rezept schreiben zu müssen, sondern einfach nur zu beschreiben, wie ich es gemacht hatte. Zu der Zeit war ich eine große »Us de lameng«-Köchin. Mittlerweile hat es sich ein wenig gelegt, das Kochen nach guten und anspruchsvollen Rezepten fördert und fordert das eigene Können und Wissen, wie man es sich kaum vorstellen kann.

Geteilt mit Unbekannt

Ich schrieb und schrieb und schrieb. Bis die ersten Menschen anfingen, zu lesen, was ich da schrieb. Anfingen zu kommentieren. Der so sehnlich gewünschte Austausch war da! Und meine Berichte wurden immer ausufernder. Gleichzeitig brach sich eine lange verschüttete Leidenschaft wieder Bahn: Das Schreiben um des Schreibens willen. Schon in der Schule hatte ich die dort gelesenen Lektüren entweder umgeschrieben, oder, wenn mir das Ende nicht gefiel, die Protagonisten neuen Ufern zugeführt. Nebenbei hatte ich in der 6. Klasse im Handstreich einige Vorlesewettbewerbe gewonnen und wollte fortan Schriftstellerin und Vorleserin werden. Das Vorlesen und Geschichtenerzählen ist in meiner Familie eine schöne Tradition. Wenn meine Mutter zu einer ihrer zahlreichen Kuren fuhr, las Arthur mir jeden Abend ein Kapitel aus meinen damaligen Lieblingsbüchern vor. *Der kleine Wassermann* und *Die kleine Hexe* versüßten mir jedes Einschlafritual. Meine Tochter war noch keine fünf Jahre alt, da hatten wir uns bereits vorlesenderweise durch sämtliche Kinderbuchklassiker gearbeitet. Ich las und las und las und war glücklich, diese Tradition auf der Bettkante weitergeben zu können.

Lieblingsstellen wie diese aus Erich Kästners *Emil und die Detektive:* »Als Emil fünf Jahre alt war, starb sein Vater, der Herr Klempnermeister Tischbein. Und seitdem frisiert Emils Mutter. Und onduliert. Und wäscht Ladenfräuleins und Frauen aus der Nachbarschaft die Köpfe. Außerdem muss sie kochen, die Wohnung in Ordnung halten, und auch die große Wäsche besorgt sie ganz allein. Sie hat den Emil sehr lieb und ist froh, dass sie arbeiten kann und Geld verdienen. Manchmal singt sie lustige Lieder. Manchmal ist sie krank, und der Emil brät für sie und sich Spiegeleier. Das kann er nämlich.« Da wird auch schon wieder gekocht.

Und heute blättere ich mit meiner Tochter allmonatlich in der neuen *Neon,* wo wir uns stets gemeinsam auf die Bilderrätsel stürzen – und was soll ich sagen, wir sind richtig gut. Nur in der Septemberausgabe 2009 wussten wir kaum weiter.

Nach Kinderbüchern wurde dort gefragt. Aber die Helden meiner Kindheit waren nicht dabei, von den ihrigen nur wenige, sie ist fast auch mit den meinen vertrauter. *Post für den Tiger,* das konnten wir noch wissen, schließlich lieben wir Janosch, den Rest aber kannten wir nicht. Und so schlich ich ans Bücherregal und zog sie heraus, Pünktchen, Anton, Emil, Konrad, die dicke Berta, Negro Caballo und die anderen. Und las ...

Da schlich die Wärme in mich hinein, die Kästner in jeden seiner Sätze gelegt hat. Zu einer Zeit, als auf Kinder noch vornehmlich eingedroschen wurde, ist er ihnen bereits mit Liebe, Verständnis und Humor begegnet. Und ich erinnerte mich an die Zeit, als ich gerne so schlagfertig sein wollte wie Pünktchen. Gerne auch so reich, schließlich war die Wohnung so groß und die Küche so weit von ihrem Kinderzimmer entfernt, dass sie auf dem Weg dorthin immer schon wieder Hunger bekam. Oder so mutig wie Emil, der eine ganze Taschenräuberbande auffliegen lässt, mit Hilfe seiner Freunde. Oder so fürsorglich wie Anton, der für seine Mutter Salzkartoffeln und Rührei kocht, wenn sie krank ist. Und sie ist oft krank. Dabei schauen ihm dann Pünktchen und der kürzlich rasierte Dackel »Piefke« über die Schulter und denken, potzblitz, was für ein Junge! Da hatte es Konrad ein bisschen besser, der bekam von seinem Onkel immerhin Fleischsalat mit Himbeersauce und nachmittags auf dem Weg in die Südsee, bei einem Abstecher ins Schlaraffenland, Finger aus Frankfurter Würstchen angezaubert.

Und für die mutigen Kinder aus den Romanen von Kästner und für die Helden meiner Kindheit gab es dann Brot, Speck und Spiegelei. Ich gebe zu, die Eier in warmer Butter bei 70 °C im Ofen gemacht zu haben – undenkbar für Anton oder Emil.

Immerhin brauchten sie so ca. 40 Minuten, und über die Energiekosten darf man dann natürlich nicht nachdenken. Sicher hätten die Jungs auch nicht über die Konsistenz eines perfekten Dotters sinniert, und selbst Hervé This war damals noch nicht so weit, darüber nachzudenken. Aber es hat den Vorteil, dass man Zeit hat, in der Küche sitzen und *Der 35. Mai* lesen kann! Dicke, schwarze Regenwolken heißen bei uns immer noch »Muhme Rumpumpel«, und ich esse wohl vor allen Dingen deshalb nie ein Gericht mit Neunauge, weil dieses seltsame Tier mir schon in der Geschichte vom kleinen Wassermann unheimlich war. Mittlerweile stehen alle Neunaugenarten auf der Roten Liste, so dass ich mir ziemlich sicher sein kann, ihm nicht mehr auf Speisekarten zu begegnen. Auch wenn es sich dort hinterlistigerweise oft unter dem Namen »Lamprete« getarnt hat. 2012 hat der Verband Deutscher Sportfischer das Neunauge zum Fisch des Jahres ernannt, obwohl es streng genommen gar kein Fisch ist. Da durch die Überfischung der Meere das Neunauge kaum noch eigenes Futter findet, macht es sich mittlerweile sogar über Urlauber in der Ostsee her. Im August 2009 konnten Internet-Nachrichtenportale mit »Blutige Neunaugen-Attacken in der Ostsee« aufmachen. So hat sich dieses aalartige Tier seinen Ruf ganz selbst versaut und mir gegenüber alle kindlichen Vorurteile bestätigt.

Noch heute lese ich P. zum Einschlafen vor, mit Vorliebe lustige Lektüre, so dass wir uns manchmal in den Schlaf lachen. An einem Sonntagnachmittag lagen wir im Bett, und ich las ihm in einem Zug *Seide* von Alessandro Baricco vor, nur damit er es auch kannte. Es hat mich schon immer wahnsinnig gemacht, die Leidenschaft für mich berührende Texte nicht teilen zu können, und so unterwarf ich ihn mit meiner Vorleseleidenschaft einem sanften Zwang. Und wenn ich auch Romane von epischer Länge liebe, mag ich die Kürze von Geschichten. Aber keine Kurzgeschichten seltsamerweise. Ich liebe lange Geschichten in kurzen Kapiteln. Wie die Stadtgeschichten von Armistead Maupin. Dort gibt es Kapitel mit weniger als hundertfünfzig Wörtern. Vielleicht hat mich die Liebe zu diesen Geschichten mehr inspiriert, als mir bewusst ist. Vielleicht ist mein Blog auch eine Stadtgeschichte. Ein halbes Leben in kleinen Kapiteln.

Nun schrieb ich also meine Texte selbst und konnte sie teilen. Mit Unbekannt. Und so schrieb ich wohl bereits einige Wochen, als ich mir plötzlich Gedanken um die Zahl meiner Leser machte. Die nächste Recherche über Zählsysteme begann. Von da ab stierte ich gefühlte drei Stunden am Tag auf den sich nur langsam bewegenden Besucherzähler. Fünfzig am Tag, yeah! Bis ich feststellte, dass ich meine eigene IP wohl besser ausschließen müsste, damit sie nicht mitgezählt wurde. Die Besuchszahlen schrumpften auf enttäuschende dreizehn oder vierzehn. Ich ließ mich nicht unterkriegen, ganz im Gegenteil. Rückblickend war mir vieles, was heute so nett mit SEO (Suchmaschinenoptimierung) umschrieben wird, völlig schnuppe und ist es im Grunde genommen auch noch bis heute. Aber in gleichem Maße wie mein Durchhaltevermögen stiegen die Leserzahlen langsam, aber kontinuierlich an. Heute bin ich total entspannt, was das angeht, und schaue nur noch alle paar Tage mal nach, wie viele Leser sich für welchen Beitrag interessieren. Viel wichtiger ist mir, wie lange einzelne Menschen ihre Zeit mit dem Lesen meines Blogs verbringen. Wie sehr vermag ich sie zu fesseln? Macht es einen Unterschied, ob ich nur kurz ein Rezept einstelle oder die große Runde über eine Geschichte dazu drehe? Interessanterweise sind es gerade die langen Geschichten, an deren Ende oder auch nur mal en passant mittendrin sich ein Rezept verbirgt, genau die beliebtesten. Diese Geschichten werden heruntergeladen und in einer solchen Menge über ein von mir installiertes System ausgedruckt, dass ich manchmal schon glaubte, jemand anderes mache aus meinem Blog sein persönliches Buch. Und auch wenn ich vielleicht einige Leser aufgrund der Länge meiner Beiträge nicht erreiche, viele berühre ich wohl gerade deswegen. Es gab bereits Vermutungen, dass ich russische Vorfahren haben müsste. Das würde natürlich einiges erklären.

Viel schwieriger aber, als die Technik zum Blog zu lernen, war es, meinen Lieben zu Hause zu erklären, was ich da eigentlich auf einmal trieb. Tatsächlich ließen sie mich in Ruhe machen, aber der Umfang der Zeit, die ich am Computer verbrachte, war ihnen zunehmend suspekt. Bloggen, so wie ich es betreibe, kostet viel Zeit. Die Auswahl der Bilder, das Schreiben der Texte, die immer länger wurden ... Alles in allem verbrachte ich die Abendstunden zunehmend nicht mehr im Kreise meiner Familie, sondern vor meinem neuen Laptop, und schrieb mir einen Wolf. Der Unmut wurde immer größer und ich immer sturer. Es gab Streit und Beschwerden, die Auseinandersetzungen wurden heftiger und lauter. Insgesamt muss ich aber sagen, dass P. und M. eine unglaubliche Geduld mit mir und meinem neuen Hobby hatten. Vielleicht dachten sie zu Beginn, das legt sich alles wieder, denn ich kann durchaus sprunghaft sein. Aber irgendwann mussten sie resignierend zur Kenntnis nehmen, dass sich gar nichts mehr legte. Irgendetwas trieb mich an und sorgt bis heute dafür, dass ich mir die Zeit für meine Leidenschaft immer wieder nehme. Mal mehr und mal weniger, angepasst an die Zeit, die mir meine berufliche Tätigkeit ließ und lässt, aber ein Grund, warum ich jemals aufhören könnte, fällt mir nicht ein.

Doch während meine Familie meine Aktivitäten im Netz mit zunehmendem Stolz verfolgte, musste ich feststellen, dass in meinem näheren Freundeskreis niemand dieses Hobby mit mir teilte. Ganz im Gegenteil war es ihnen wohl sogar etwas suspekt. Die Offenbarung nach außen an Unbekannt wurde relativ argwöhnisch, im besten Fall gleichgültig zur Kenntnis genommen. Meine Freude über steigende positive Resonanz stieß auf Desinteresse. Das stimmt mich manchmal bis heute traurig, aber doch in gleichem Maße weniger, wie meine virtuellen Freundschaften sich vertiefen und in besonderen Momenten sogar in meinem realen Leben Einkehr halten. Allerdings fällt es mir zunehmend schwerer, dieses reale vom virtuellen Leben zu trennen. Virtualität hat mein Leben nicht nur verändert, sondern vor allem in großem Maße wundervoll bereichert, und für mich sind beide Bereiche schon lange zu einem Ganzen verschmolzen. Ich möchte mich immer weniger erklären (müssen), und ich möchte nicht länger auf der Suche sein nach dem einen Begriff, der mein Verhältnis zu allen meinen Freundinnen und Freunden beschreibt. In einem Interview, das Katharina Hönk 2010 mit mir geführt hat, war ich noch mitten in der Begriffstrennung, die für viele Menschen in meinem Umfeld so viel wichtiger war als für mich und mich manchmal an die vielbeschworene Trennung von Kirche und Staat denken ließ. Damals habe ich für mich den Begriff »Genussfreunde« geprägt und damit doch nur wieder den Genießern in meinem privaten Umfeld Unrecht getan. Und so ist es einfach mit den Freunden aus dem Netz wie sonst auch. Man lernt sich kennen, verbringt einen gemeinsamen Weg miteinander, der genau so lang oder kurz sein kann wie sonst auch – und warum soll er nicht ein Leben lang dauern? Freundschaften brauchen Zeit und Kraft, der Ort aber, wo sie geschlossen wurden, der ist für das gemeinsame Glück völlig unerheblich.

Emily

Ende 2009 bekam ich einen Anruf von jemandem, der jemanden kennt. Dieser zweite Jemand war Frank Domnick von der Firma Domnick (heute Komet) in Baden-Baden, die sich gerade anschickte, die Privat- und Restaurantküchen der Welt mit Thermalisierern zu erobern. Ein Thermalisierer ist ein Gerät, in dem ein Wasserbad über einen langen Zeitraum sehr konstant auf der gewünschten Temperatur gehalten werden kann. Um den Verkauf der Geräte anzukurbeln, sollte in Zusammenarbeit mit dem Kornmeyer-Verlag ein Kochbuch zum Thema »Sous-vide« erscheinen. Sous-vide ist ein viel älteres Verfahren, als es manchem scheinen mag. Bereits in den Siebzigerjahren wurden in dem französischen Restaurant *Les Frères Troisgros,* das bereits 1968 seinen dritten Michelin-Stern erhielt und bis heute trägt, die ersten Versuche gemacht, im Vakuum verpackte Lebensmittel zu garen. Das Restaurant, das sich heute *Maison Troisgros* nennt, befindet sich übrigens in Roanne am

Oberlauf der Loire, grob gesagt auf halbem Weg zwischen Lyon und Clermont-Ferrand. Das Sous-vide-Verfahren ist im eigentlichen Sinne eine Technik des Niedertemperaturgarens, ohne dass das Gargut während der Zubereitung mit »verwässernden« Elementen wie Wasser oder Luft in Berührung kommt. Neben einem ganz besonderen »Mundgefühl« bringt es einen besonders intensiven Geschmack an die Speisen, ja, es arbeitet ihren Eigengeschmack in geradezu verblüffender Weise hervor. Meine persönlichen Erfahrungen mit Sous-vide beschränkten sich zu diesem Zeitpunkt auf einige Versuche in Kochkursen; das entsprechende Gerät besaß ich nicht. Und nun wurde ich gefragt, ob ich Interesse hätte, an diesem Kochbuch mitzuwirken. Die Autorenliste war beeindruckend: Nils Henkel, Björn Freitag, Jean-Marie Dumaine, um nur die zu nennen, dich ich besonders verehre. Und so hielt »Emily« in meiner Küche Einzug. Leihweise nur, noch ein Gerät aus der Vorserie, das so nie in Produktion gegangen und nicht vergleichbar ist mit den derzeit am Markt erhältlichen. Ich nannte sie liebevoll »Praktikantin auf Zeit« und habe die Erlebnisse mit ihr und die Machtkämpfe, die »die Kleine« mit anderen Küchengeräten auszutragen hatte, in einigen Blogbeiträgen verarbeitet. Schweren Herzens musste ich irgendwann wieder von ihr Abschied nehmen, aber man trifft sich immer zweimal im Leben. Und so traf ich viele Monate später ihren Erfinder, der mir natürlich nur zu gerne eine ihrer neuen hochglänzenden »Schwestern« verkauft hätte. Aber ich blieb stur. Wollte nur sie. Blieb geduldig. Und bekam sie wieder.

Am 3. Juni 2010 hielt ich das 464 Seiten dicke Buch in den Händen und platzte fast vor Stolz. Auf den Artikel dazu im

Blog bekam ich fünfzehn Kommentare, absolut belanglos in ihrer Anzahl, wenn ich sie mit Kommentaren auf andere Artikel vergleiche. Dies, gepaart mit einigen Reaktionen in meinem persönlichen Umfeld, machte mich kurzfristig nachdenklich, konnte aber meine große Freude nicht wirklich trüben. Allerdings nahm ich mich ein wenig zurück, und bis heute gibt es wohl viele in meinem Freundes- und Bekanntenkreis, die von diesem Kochbuch erst erfahren, wenn sie *dieses* Buch hier lesen. Und das müssen sie, denn jetzt ist es mit der Zurückhaltung vorbei. Von *diesem* Buch werde ich jeder und jedem erzählen, mir doch egal, ob es jemand hören möchte. (Die Autorin grinst, während sie das schreibt!)

Trauer

Am 3. Oktober 2008 brach meine Welt zusammen. Unser Freund Bond kehrte nach einer tagelangen Flucht vor sich selbst aus Frankreich in seine Schweizer Wohnung zurück. Schloss die Tür. Legte sich ins Bett. Und schoss sich in den Kopf. Und jetzt sitze ich hier, im Herbst 2011 und mir fehlen noch immer die Worte.

In der Nacht zum 3. Oktober 2009, als sein Todestag sich erstmals jährte, betrank ich mich maßlos und wusste noch immer nicht, wohin mit mir und meiner Traurigkeit. Bis heute frage ich mich, wer eigentlich wann und warum das große und laute Wehklagen in unserer Gesellschaft abgeschafft hat. Wann hat das aufgehört mit dem Haareraufen, Schreien, Klagen und Niederschmeißen auf das Grab der Verstorbenen? Warum ist

Trauer so gesittet? Und so leise? Es gibt Tage, da möchte ich noch immer jedem ins Gesicht schreien, dass mein Freund nicht mehr lebt. Aber ich hatte meine eigene Klagemauer, und so schrieb ich meine Trauer auf. Das tat mir gut, dieses Herausschreien in eine öffentliche Welt. Mein Freund ist tot!

Seitdem weiß ich, dass mir mein Blog viel mehr sein kann als eine Ansammlung von Rezepten. Er ist Ausdruck meiner Stimmungen und Erlebnisse. Der beschwingten und der traurigen. Und er macht mein Leben und alle, die daran teilhaben, unvergesslich. Manchen Menschen macht dies Angst. Mir nicht. Alles, was ich öffentlich schreibe, wird in den Tiefen des Internets immer zu finden sein, selbst wenn ich selbst schon lange nicht mehr existiere. Das weiß ich, und das will ich so, so sehr, dass mir manchmal die Ängste anderer ganz fremd werden. Für mich ist es ein schöner Gedanke, dass etwas von mir bleiben wird. Mehr als ein Grab und ein Stein. Vielleicht ist Bloggen auch die Sehnsucht nach der eigenen Unvergänglichkeit. Was bleibt von uns, wenn wir mal gehen? Wenn ich an die Menschen denke, die ich verloren habe, wäre es mir ein großer Trost, wenn ich heute noch von ihnen lesen könnte. Früher hatte man Briefe der geliebten Menschen in kleinen Schächtelchen im Schreib- oder Nachttisch liegen. Wer hat nicht schon Liebesbriefe gesammelt und diese in Momenten voller Melancholie gelesen? Wem wurde nicht schon einmal warm ums Herz beim Betrachten alter Familienfotos? Ich schleppe seit meinem fünfzehnten Lebensjahr eine Box mit mir herum, in der sich alte Kinokarten finden, Ansichtskarten von Freunden, verblassende Polaroids, eine Locke meiner Tochter kurz nach ihrer Geburt. Wir sammeln Erinnerungen, damit wir die Vergangenheit, aber auch uns selbst fühlen und festhalten können.

Es ist ein Mädchen!

Ich muss für den kleinen Moment eines Wimpernschlages wahnsinnig gewesen sein und ließ am 5. Oktober 2009 zusätzlich den Blog »Arthurs Tochter Geht Aus« das Licht der Öffentlichkeit erblicken. Bevor Du jetzt das Buch hektisch zur Seite legst – ruhig bleiben, es gibt ihn nicht mehr. Er ist nicht gelöscht, und die zehn oder fünfzehn Restaurantkritiken, die ich dort veröffentlicht habe, sind im Prinzip immer noch abrufbar. Aber nicht mehr öffentlich. Mein selbst entwickeltes Bewertungssystem war letztendlich zu starr, um den individuellen Gegebenheiten der verschiedenen Restaurantbesuche angemessen Rechnung tragen zu können.

Die Idee war, Restaurants aus meiner Lebenswirklichkeit heraus zu bewerten. Nicht nur die Highlights zu dokumentieren, die Besuche in den bekannten und besternten Tempeln der Genüsse, sondern auch den Alltag. Der kleine, feine Landgasthof, die Gutbürgerlichkeit zwischen Kachelofen und Bratkartoffel, das Essen weit unterhalb der hohen 3-stelligen Beträge für ein Menü. Aber dabei kamen mir zwei Dinge ganz gehörig in die Quere: mein Alltag, dem ich bereits jede freie Minute für »Arthurs Tochter Kocht« abrang, und die Tatsache, dass wir ständig in die gleichen Restaurants gehen. Mit einigen der Gastgeber sind wir befreundet. Möchte ich meine Freunde kritisieren und noch dazu öffentlich bewerten? Ach nein, lieber nicht. Und während ich noch überlegte, wie und ob ich das Projekt fortführen könnte, bekam ich die ersten Anfragen, daraus eine größere Plattform zu machen. Als Gegengewicht zu den großen Bewertungsportalen im Netz. Mit einer Öffnung für andere »Tester«, um bundesweit bewerten zu können, eine App zu entwickeln und Werbeeinnahmen zu generieren. Dazu kamen die Anfragen diverser Restaurantführer, ob ich Bewertungen schreiben wollte. Natürlich fühlte ich mich geschmeichelt. Aber ich war auch realistisch genug, es nicht zu tun. Manchmal schreibe ich noch über besonders schöne Erlebnisse in der Gastronomie, und vielleicht werde ich eine andere Form finden, mich intensiver journalistisch damit auseinanderzusetzen, aber nicht in der Form eines Forums oder Portals. Mein Blog bietet mir jede Plattform, die ich brauche, er ist mir eine Stätte für Genüsse, Trauer und Heldenverehrung gleichermaßen. Warum sollte ich ihn beschneiden?

Werbung

Ungefähr ein halbes Jahr nach meinem ersten Blogeintrag bekam ich die ersten Anfragen von selbsternannten Webmastern sämtlicher Couleurs zu Linktauschaktionen aller Art. Für mich war das alles völlig neu, den Sinn und Unsinn von Links, Backlinks und anderen seltsamen Internetpartnerschaften musste ich mir erst ergoogeln. Zwar hatte ich keinerlei Interesse, war aber eitel genug, mich geschmeichelt zu fühlen. Überhaupt halte ich uns Blogger für unglaublich eitel. Das ist keinesfalls negativ gemeint, denn ohne Eitelkeit und eine gehörige Portion Vertrauen in die Allgemeingültigkeit der eigenen Meinungen und Ansichten würde wohl niemand von uns seine Gedanken so öffentlich machen. Vielleicht sollten manche ihr Hobbyhandwerk mit etwas weniger Verbissenheit betreiben – viele Bloggertexte liegen mir tonnenschwer auf den Augen, während ich sie lese. Aber den (Ge)Werbetreibenden und ihren verlängerten Armen, den PR-Agenturen, sind diese Gedanken schnuppe. Da zählt die vermeintliche Reichweite des Blogs und einer Platzierung von Links, um sich in den Suchmaschinenergebnissen nach oben zu arbeiten. Und so landen Anfragen für Fleischwerbung in Vegetarierblogs, die für Tütensuppenprodukttests beim »Ich mache alles selbst und wer das nicht macht, ist doof«-Blogger. Oder bei *Arthurs Tochter Kocht* der Vorschlag, selbstgeklöppelte peruanische Traumpüppchen zu verlosen.

Die großartigste Geschichte war im Sommer 2011 die unaufgeforderte Zusendung von einem gefühlten Kilo Käse. Im Prinzip war das eigentlich ganz nett aufgezogen: Eines Tages brachte der Postbote eine rot-weiß karierte Picknickdecke mit freundlicher Postkarte; wenige Tage später wuchtete er eine Styroporbox die Treppe hinauf, in der sich eine Picknick-Kühltasche befand und in dieser ein bereits schwitzend vor der Sommerhitze kapitulierender Kühlakku und verschiedene Produktproben eines bekannten Käseherstellers. Diese Proben verströmten einen derartigen Käse-Hautgout in der kompletten Wohnung, dass ich den ganzen Krempel schnell wieder hinuntergeschleppt und in der Tonne vor dem Haus entsorgt habe.

Es gibt Blogger, die sind bei Packstationen angemeldet. Wenn dort so eine Menge Käse tagelang vor sich hingammelt, ehrlich, ich würde für die Verkehrssicherheit nicht mehr garantieren. Manche Packstationen stehen an Bahnhofsgleisen, ich würde wahrscheinlich rückwärts im besten Falle *hinter* den Zug stürzen, müsste ich dort ein solches Paket aus dem Fach ziehen. Besonders ärgerlich sind solche unaufgeforderten Zusendungen, wenn man den ganzen Tag arbeitet, die Karte vom Transportunternehmen im Briefkasten vorfindet und sich am nächsten Tag abstrampelt, um noch vor Arbeitsbeginn oder mal eben schnell in der Mittagspause diesen Mist abzuholen, um den man nie gebeten hat.

Das soll PR sein? Gute? Da hat man noch Glück, wenn es sich bei den unaufgeforderten Zusendungen nur um dreißig Packungen eines Nudelherstellers handelt. Oder Erdnüsse. Das Zeug kann man immerhin noch verschenken, die WG der studierenden Tochter oder die »Tafel« im Ort freuen sich. Gerne gehen Nudelproben auch an Blogger, denen eine industriell produzierte Nudel nur bei Androhung von körperlicher Gewalt und Entzug der Bürgerrechte ins Haus käme. Mensch, ihr Agenturen: Bitte denkt doch mal für zwei Minuten nach! Wir Food-Blogger lachen uns tot über diese Aktionen, und im besten Fall schreiben die Bekanntesten unter uns nichts über Euch. Aber intern machen wir uns alle über Euch lustig! Wenn jemand meinen Blog zum Beispiel aufmerksam liest, dann weiß er relativ schnell, dass ich ein unglaublich verfressener Mensch bin, der Wert auf gute regionale Produkte legt und dazu noch gerne mehr guten Rotwein trinkt, als er nach Hause schleppen kann. Man würde bei mir also mit einem Blumenkohlabo für die nächste Wintersaison beim örtlichen Gemüsebauern oder auch mit einer Flasche Granato von Foradori eine sehr viel sinnvollere Tür einrennen, als mit tonnenweise Industriekäse, der in der Sommerhitze zerfließt.

Aber es gibt auch andere Agenturen. Die guten. Für die ein Blogger das Ohr am Puls der Zeit hat und die sich über regen Austausch freuen. Damit kann ich persönlich gut leben, denn davon profitieren beide Seiten in gleich hohem Maße. Das sehen nicht alle Foodblogger so. Viele tragen das hehre Ziel der objektiven Berichterstattung (hahaha!) wie eine Rüstung um sich herum. Auf allen Seiten steht »Nicht anfassen!« oder »Vorsicht! Bissig!«. Was eigentlich »verbissen« heißen soll, das traut sich nur keiner so offen zuzugeben. Als wäre das, was ein Blogger schreibt, jemals objektiv. Wie könnte es objektiver sein als der Mensch, der hinter diesem Text steht? Jede journalistische Tätigkeit ist subjektiv eingefärbt. Auch ohne dass über einem Artikel »Kommentar« steht, gibt er doch immer nur die persönliche Sichtweise des Verfassers wieder. Genau dafür wird jeder journalistisch Tätige bezahlt. Wenn er Glück hat, gut und regelmäßig. Sollte ich einem Redakteur der Zeitschrift *essen & trinken* die Fähigkeit zu Berichterstattung absprechen, weil er dafür bezahlt wird, Restaurants zu testen? Ist nur der arme Künstler ein guter? Der arme Poet im Dachkämmerlein wie in einem Gemälde von Carl Spitzweg? Unabhängig-subjektive Berichterstattung funktioniert ganz im Gegenteil nur mit guter Bezahlung. Finanzielle Unabhängigkeit befreit den Kopf und lässt gute Berichterstattung erst zu.

Wie viel Journalist ist ein Blogger? Ich glaube, dass die alten Muster und Begriffe das nicht mehr ausreichend erklären können. Das Feld ist zu groß geworden, und den klassischen Journalismus, wie man ihn aus den »guten alten« Print-Zeiten kennt, gibt es kaum noch. Kaum ein Redakteur ist noch mit einem festen Vertrag an ein Medium gebunden. Und so geht es dem Blogger eben auch: Er ist ungebunden, nur seinem eigenen Medium, dem Blog, verpflichtet. Und im Idealfall ziemlich frei im Kopf, weil finanziell unabhängig, weil Blog = Hobby. Ein Hobby, das zugegebenermaßen unglaublich viel Zeit kostet. Und ein großes Standing erfordert. Ich habe in der Zeit meiner Bloggerei viele Blogs kommen und gehen sehen. Einige dümpeln nach einer stürmischen Anfangsphase noch ein wenig vor sich hin, werden von den Betreibern alle paar Monate noch einmal gefüttert, um dann wieder für einen längeren Zeitraum in Tiefschlaf zu fallen. Jeder aber, der seit mehr als einem Jahr dabei ist und kontinuierlich (sagen wir mal, mindestens vier bis sechs anspruchsvolle Beiträge im Monat) schreibt, wird mir recht geben, was den Zeitaufwand angeht.

Rein theoretisch könnte also ein Blogger in dieser Zeit auch locker zwei gut bezahlten Nebenjobs nachgehen. Die, bei denen der Tag sowieso immer achtundzwanzig Stunden hat, sogar drei. Wenn er nun mit seinem Blog in Form von Werbung ein wenig Geld verdienen möchte – so what? Wie sagt Karlsson vom Dach so schön: »Das stört doch keinen großen Geist.« Die Aufregung, die darüber von manchen Bloggern veranstaltet wird, ist für mich nicht nachvollziehbar. Da wird eine Entrüstung an den Tag gelegt, dass man glauben könnte, jemand habe in einer Werbeanzeige die rechte Niere seiner Großmutter zum Kauf angeboten. Lieber klare, kommunizierte Werbung als die in die Augen springende »Bauchfett weg noch bis Weihnachten«-Werbung oder blinkende Einspieler, die in großen Lettern in Blogtexten prangen. Ich selbst habe mich bisher gegen Werbung in meinem Blog entschieden. Auch Produkttests führe ich nicht durch, weder offen noch versteckt. Ich bespreche ab und zu mal ein (Koch)Buch, aber das war es auch schon. Und wenn doch – vielleicht arbeitet *Arthurs Tochter Kocht* irgendwann mal mit Sponsoren zusammen. Es gibt keine Leseverpflichtung für Blogs, die man nicht mag. Ehrlich! Man muss sie nicht lesen, nicht kommentieren, nicht in den Reader aufnehmen, einfach gar nichts. Man kann sie einfach in Ruhe lassen und akzeptieren, dass der Mensch dahinter einen anderen Weg eingeschlagen hat als man selbst.

Kann ein Buch die Welt verändern?

Gutes Essen ist mir wichtig. Wobei ich zunächst einmal die »gute« Herkunft dessen meine, was auf meinem Teller liegt. Doch auch das beste Bioprodukt kann so grottig zubereitet sein, dass man es nur noch in die Tonne treten möchte, daher meine ich in diesem Zusammenhang nicht den Geschmack, der auf der Art der Zubereitung basiert. 2009 erschien *Eating animals* von Jonathan Safran Foer, aber da meine Sprachkenntnisse den Lesegenuss eines englischsprachigen Buches nicht zulassen, musste ich auf die deutsche Ausgabe *Tiere essen* warten, die am 19. August 2010 in den Handel kam. Im Internet kursierten die ersten Vorabrezensionen, ich beneidete Kollegen wie Stevan Paul, die schon vor der Veröffentlichung ihre Probeexemplare erhielten und darüber schreiben konnten. Durch diese Veröffentlichungen wusste oder ahnte ich, dass dieses Buch in der Lage sein würde, Veränderungen herbeizuführen.

Auch ich habe immer mal wieder vegetarische Phasen in meinem Leben gehabt. Zugegebenermaßen kurze, aber es gab sie.

Es gibt viele Untersuchungen, die deutlich zeigen, dass Vegetarier auch sonst einen anderen Lebensstil pflegen als ihre karnivoren Kollegen. Sie rauchen sehr selten und trinken kaum Alkohol. Angeblich. Ich kenne einige Vegetarier, die stehen mir in meiner Leidenschaft für gute Weine in nichts nach. Regelmäßiger Sport und das Erlernen von Entspannungstechniken wie Yoga machen sie dazu weniger stressanfällig. Kurz gesagt, Vegetarier verhalten sich insgesamt gesundheitsbewusster als ihre dem fleischlichen Genuss zugeneigten Mitmenschen. Allerdings stelle ich es mir reichlich schwierig vor, den Einfluss von Eisbein oder Brukerschem Frischkornbrei statistisch sauber zu trennen. Annähern kann man sich der Sache durch Kontrollgruppen von Menschen mit möglichst ähnlichen Verhaltensweisen und gesundheitlichen Voraussetzungen.

Insgesamt gibt es fünf weltweit anerkannte prospektive Studien mit Kontrollgruppen: zwei amerikanische, zwei britische und eine deutsche, nämlich die Heidelberger Vegetarierstudie. Alle fünf gingen der Frage nach, ob Vegetarier länger leben im Vergleich zu gesundheitsbewussten Mischköstlern. Die Daten der insgesamt 76 000 Teilnehmer wurden in einer Meta-Analyse neu zusammengefasst und ausgewertet.

Das Ergebnis: Vegetarier sterben seltener an Herzinfarkt (24 Prozent weniger Tote in der Vergleichsgruppe). Bei den Todesursachen wie Schlaganfall, Magen-, Dickdarm-, Lungen-, Brust-, und Prostatakrebs ergeben sich dagegen keine signifikanten Unterschiede, ebenso wenig wie in der Gesamtsterblichkeit. Spätestens beim zweiten Lesen fällt auf: Da kann etwas nicht stimmen! Wenn der häufige Herzinfarkt um 24 Prozent abnimmt, die Gesamtsterblichkeit sich aber nicht ändert, dann müssen die Vegetarier um 24 Prozent mehr an etwas anderem ungefähr im gleichen Alter gestorben sein. Aber woran? Leider wurde das von den Forschern weder untersucht noch weiterverfolgt.

Da hilft nur ein gründlicher Blick auf die einzelnen Studien. Und tatsächlich konnten die durch die Meta-Analyse verdeckten widersprüchlichen Ergebnisse so aufgedeckt werden. Zum Beispiel die kalifornischen »Siebenten-Tages-Adventisten«. In deren Gemeinschaft lag die Gesamtsterblichkeit der Vegetarier tatsächlich um 20 Prozent niedriger. Die britischen Studienteilnehmer wiederum lebten nicht länger als ihre fleischessende Kontrollgruppe; in einer zweiten britischen Studie lag ihre Sterblichkeit sogar um 11 Prozent höher!

Auch die Heidelberger Vegetarier starben im Schnitt früher als die Nichtvegetarier: Ihre Sterblichkeit lag um 17 Prozent höher. Sie hatten zwar ein Minus von 55 Prozent bei den Herzinfarkten, aber 69 Prozent mehr Schlaganfälle. Außerdem starben sie doppelt so oft an Magen- und Prostatakrebs. Vegetarier leben also nicht automatisch länger als Nichtvegetarier. Vielleicht kommt es ihnen nur länger vor (Quelle der Zahlen und Studien: *Lexikon der populären Ernährungsirrtümer*).

Trotzdem gibt es Tage, da kann ich kein Fleisch ertragen und auch keinen Fisch. Da muss ich mich im Gemüse aalen und dabei wahnsinnig gesund-lebend fühlen. Und ich kann nicht glauben, dass das meine Lebenserwartung signifikant verkürzt. Zur Not ziehe ich auf meine alten Tage noch nach Kalifornien. Mit Adventisten kenne ich mich ja bekanntermaßen aus. Neben Wirsing sind Auberginen mein erklärtes Lieblingsgemüse. Manchmal einfach in wahren Strömen von Olivenöl in sich zusammengefallen mit nichts dazu und manchmal ein bisschen »aufwendiger«, gefüllt mit sich selbst aus dem Ofen:

Gefüllte Auberginen

Die Auberginen waschen, halbieren und mit einem Esslöffel aushöhlen. Die ausgehöhlten Auberginenhälften im Ofen bei 160 °C in einem Bräter mit 3 EL Olivenöl anschmoren. Das Innere in Würfel schneiden und in Schalotten und Olivenöl andünsten. Wenn es weich ist, Schmand und etwas Gemüsebrühe hinzugeben. Dann würze ich mit Pfeffer, Salz, viel frischem Thymian und Waldhonig. In einer extra Pfanne mit 1 EL Olivenöl röste ich einen Körnermix aus Kürbiskernen, Sonnenblumenkernen, Pinienkernen. Manchmal auch Walnüsse. Diese hacke ich im Mixer klein und gebe sie mit in die Masse, mit der ich dann die mit Salz und Pfeffer gewürzten Auberginenhälften fülle.

Bei 180 °C schiebe ich sie für ca. 40 Minuten abgedeckt in den Ofen. Dann nehme ich den Deckel ab und bestreue sie mit geriebenem Manchego, der noch ein paar Fäden Waldhonig obenauf bekommt. Goldbraun überbacken gibt es sie dann mit rotem Reis, in den ich etwas Olivenöl rühre. Er passt mit seinem feinen Nussgeschmack sehr gut zu den Auberginen. Eine Sauce brauche ich ausnahmsweise nicht, alles ist saftig genug. Als Anleitung zur Zubereitung gibt es von mir ein kleines Video bei *Youtube*, das ich in kurzer Zeit als spontanes Geschenk für meine Schwester angefertigt habe. Sie bekam es am Heiligen Abend auf CD gebrannt als Geschenk, gemeinsam mit einer gebackenen Aubergine. Wenn Du es Dir ansehen möchtest, der Film heißt *Arthurs Tochter Kocht! Kleiner Auberginenkochkurs für meine Schwester* und wurde bis heute 2227-mal angesehen, in meinem Blog noch etwas öfter. Er ist damit nicht mehr als ein Fliegenschiss im *Youtube*-Universum, aber es ist meiner.

▸•◂

Fleisch essen also: Gutes Fleisch habe ich immer mit Genuss gegessen. Viele Jahre (noch die meisten) in meinem Leben habe ich mir jedoch über seine Herkunft keine Gedanken gemacht. Ich habe harte Zeiten erlebt, in denen ich nicht wusste, wie ich meiner Tochter morgens das geliebte Milchbrötchen für 45 Pfennige bezahlen sollte. Da denkt man nicht über die Herkunft der Gyrospfanne nach, die man sich mühsam vom Mund abspart. Oder vielleicht doch? Aber dazu komme ich später. Ich habe zu dieser Zeit jedenfalls nicht darüber nachgedacht. Wenn jemand mir damals ein Buch wie *Tiere essen* in die Hand gedrückt hätte – vielleicht wäre ich heute Vegetarier, entsprungen aus Geldnot. Vieles, was in diesem Buch steht, habe ich gewusst. Nicht alles in diesem Ausmaß, und vieles spiegelt die amerikanische Wirklichkeit der Fleischerzeugung wieder, die von der deutschen – noch – weit entfernt ist. Aber die Tatsache, dass von den laut Statistischem Bundesamt und der Landwirtschaftskammer Niedersachen 2009 in Deutschland geschlachteten 56 415 489 Schweinen, 3 803 554 Rindern und Kälbern und 584 952 800 »Gebrauchsschlachtküken« 99 Prozent in Massentierhaltung erzeugt wurden, verursacht mir Übelkeit. Das ist (bei 99 Prozent) 638 720 125 Mal unglaubliches Leid.

Sechshundertachtunddreißigmillionensiebenhundertzwanzigtausendeinhundertundfünfundzwanzig Mal Leid, Todesangst und Blut.

Ich selbst kaufe nicht grundsätzlich »Bio«. Zum einen geht mir Regionalität eindeutig vor, und die Klimabilanz eines Bioapfels aus Neuseeland lässt mich schaudern. Ich weiß, dass es Rechnungen über den CO_2-Fußabdruck eines solchen Apfels gibt, die ihn in seiner Energiebilanz besser dastehen lassen als den über Wochen oder gar Monate gekühlt gelagerten Kollegen aus Deutschland. Aber ich denke, das Grundproblem ist, wenn auch plakativ, deutlich. Dann geht in vielen Biobetrieben immer noch der Gedanke an rechtsdrehende Mondumlaufbahnen über den pfleglichen Umgang mit Lebensmitteln und Kunden. Ich weiß, das klingt ein bisschen ketzerisch, aber eine verdreckte Rübe schmeckt nicht gleich besser, sie sieht nur beschissener aus.

Überhaupt bin ich der Meinung, Bio schmeckt man nicht zwingend. Respektvolle Erzeugung, Mischkulturen im Anbau, gepflegte Böden – all das kann man riechen und schmecken. Ein Siegel – zumal wenn es mit bis zur Unkenntlichkeit weichgespülten Kriterien daherkommt wie das EU-Bio-Siegel – interessiert mich erst einmal weniger. Ich versuche daher, unseren Bedarf an Lebensmitteln weitestgehend bei den Erzeugern vor Ort zu decken. Damit geht einher, dass ich natürlich ein durch und durch saisonal orientiertes Einkaufsverhalten pflege. Ich brauche im Spätsommer den Spargel aus Peru nicht und auch nicht die Paprika aus Israel. Natürlich bin ich keine Heilige, und Dogmatiker sind mir immer verdächtig. Meine Auberginen kommen aus Italien, der Reis aus Italien, der Safran aus Österreich. Manchmal kaufe ich Tomaten aus Frankreich, wenn die heimische Ware noch nicht so weit ist. Aber alles, was geht, kaufe ich beim Gemüsebauern vor Ort.

Meine Hähnchen kommen von einem landwirtschaftlichen Kleinbetrieb, den der Inhaber im Nebenerwerb betreibt. Sein Geflügelhof ist klein und soll auch klein bleiben. Wenn er größer wird, übertritt er die Schranken für einen landwirtschaftlichen Kleinbetrieb; die Bestimmungen und Vorschriften, die er dann umzusetzen und einzuhalten hätte, würden ihn finanziell ruinieren. Und so sind weder die Hähne noch die Gänse und auch nicht die Eier »bio«. Aber sie sind gut und im Einklang mit der Natur erzeugt worden. Die Hähnchen rennen von morgens bis abends durch die Gegend, so dass das Fleisch am Ende nichts für Gebissträger ist. Die Eier schmecken unvergleichlich – manchmal sind sie noch ein bisschen verdreckt, aber ein kleiner Hühnerschiss an der Schale ist mir allemal lieber als die »Alibi-Feder«, die in jeder industriell erzeugten Eierpackung zu finden ist und das Bild vom glücklichen Huhn heraufbeschwören soll.

Apropos Huhn! Der Wiesenhofskandal! Welcher? Ich meine den letzten. Bei *Youtube* findest Du den Film *Das System Wiesenhof*, der in der Sendung *ARD exklusiv* vom 31. August 2011 gesendet wurde, obwohl man sich weiß Gott Mühe gab, die Ausstrahlung zu verhindern. Es gibt aber auch Filme aus dem Jahr 2010 von *Peta,* und das Thema Fleischerzeugung war und ist immer wieder in verschiedenen Medien präsent; daher hielt ich den Aufschrei der Entrüstung, der im August 2011 durch die Reihen der Verbraucher ging, in Teilen für verlogen. Ich verstehe einfach nicht, wie man im Supermarkt für € 2,99 ein ganzes Hähnchen erstehen kann und sich dann auf einmal bei den in den verschiedenen Reportagen gezeigten Bildern vor Ekel windet. Es muss den Leuten doch klar sein, was für ein System hinter solchen Preisen steckt!

Wobei mir gleich noch etwas einfällt: Wenn Du ein Huhn kaufst, kauf es im Ganzen. Verzichte auf die praktischerweise abgehackten Keulen in der Großpackung oder in der Auslage der Supermarkt-Metzgerei-Theke. Und bitte: Kauf nicht immer nur Hühnerbrüste. Die Brust bleibt hier, bereits schick enthäutet – bloß nicht mehr zu viel Ähnlichkeit mit dem Tier erzeugen, von dem sie stammt. Der Rest vom Huhn geht nach Afrika und versaut den dortigen Geflügelbauern die Preise. Das Geflügel in den hiesigen kreaturquälenden Großbetrieben wird so billig erzeugt, dass die »unschönen Reste«, die die deutschen Verbraucher nicht essen wollen (zum Teil die Keulen; die Rücken und Flügel sowieso) nach Afrika exportiert werden und trotz der Kosten für Verpackung, Kühlung und Transport dort immer noch mit Gewinn verkauft werden können. Und – das ist das Perfideste am System – immer noch billiger sind als das Huhn vom örtlichen Erzeuger. Der muss seinen Betrieb aufgeben und nagt am Hungertuch, seine Kinder können nicht mehr in die Schule gehen, die Frauen müssen betteln, die Töchter sich prostituieren. Da bleibt mir vor Entsetzen und Wut der Geflügelknochen im Halse stecken.

Und wenn Du tatsächlich nur die Brust oder nur die Keulen essen willst – mach das doch! Frier Dir den Rest ein. Koch Dir daraus einen tollen Hühnerfond oder eine Suppe. Mach ein Frikassé. Probier mal die fantastischen Sot-l'y-laisse (zu Deutsch: »Ein Narr, wer sie liegen lässt«, und das zu Recht). Ich schwöre Dir, Du wirst den Hühnerrücken lieben!

2010 wurden von der deutschen Fleischwirtschaft 59,3 Millionen Schweine geschlachtet und verarbeitet (Quelle: Landwirtschaftskammer Niedersachsen). Eine Vielzahl von ihnen wurde und wird zur Schlachtung nach Osteuropa gekarrt, weil die dortigen Schlachtereien mit absoluten Dumpingpreisen locken. Dazu schreibt die Landwirtschaftskammer Niedersachsen: »Ungeachtet dessen planen führende deutsche Fleischzentren weitere Wachstumsschritte. Die führenden zehn Unternehmen wollen dabei insgesamt schneller wachsen als der Marktdurchschnitt. Sollte die geplante Übernahme von Tummel durch Tönnies erfolgen, würde die Nummer 1 in Deutschland einen Marktanteil von 28 % erreichen. Der Strukturwandel in der deutschen Schlachtbranche beschleunigt sich also weiter. Kleine und mittlere Betriebe werden aufgeben oder durch Fusionen übernommen werden. Die Wege zu den Schlachthöfen werden sich tendenziell vergrößern und zu steigenden Vorkosten beitragen und damit die Gewinnspannen der Mäster verringern.«

Zu Tönnies ein Auszug aus *Wikipedia* (im Februar 2012): »Der hohe Anteil von Niedriglohn-Beschäftigten hatte die Firma Tönnies in das Rampenlicht der politischen Diskussion gerückt. Darüber hinaus hatte die Beschäftigungspolitik des Unternehmens – nicht zuletzt wegen der Unterbringung der Arbeiter in Sammelunterkünften – am Standort Rheda-Wiedenbrück zu bundesweiter Kritik geführt. Nach eigenen Angaben beschäftigt das Unternehmen seit einiger Zeit einen externen Beauftragten, der den Zustand der Sammelunterkünfte überprüft.

... Im Jahr 2007 nannte der Staatssekretär im Bundesarbeitsministerium Gerd Andres auf einer Pressekonferenz die Firma Tönnies als Beispiel für unhaltbare Zustände in der Fleischindustrie. Andres betonte, das Unternehmen beschäftige in seinem Werk am Standort Rheda-Wiedenbrück 2000 osteuropäische und 250 deutsche Mitarbeiter. Andres folgte wenige Wochen nach seinen Äußerungen einer persönlichen Einladung von Tönnies, besuchte den Stammsitz in Rheda-Wiedenbrück und äußerte sich danach sehr positiv über das Unternehmen.

Seit September 2007 stand das Unternehmen unter dem Verdacht des Betruges. Die Staatsanwaltschaft ermittelte. Im Zuge des Verfahrens wurde deutlich, dass der Betrugsverdacht von Wettbewerbern in der Fleischbranche eingefädelt wurde. Gleichzeitig konnte Tönnies nachweisen, dass ein Mitarbeiter des Eichamtes vorsätzlich Waagen manipuliert hat, um den Vorwurf des Betruges zu festigen. Das Nachrichtenmagazin *Der Spiegel* recherchierte in diesem Zusammenhang intensiv und warf die Frage auf, inwieweit die verschiedenen Vorwürfe nicht Teil einer Kampagne des größten Wettbewerbers Vion N.V. seien, der scheinbar mit einem Versuch einer Übernahme gescheitert war. Am 15. Dezember 2010 gab das Landgericht Essen bekannt, dass es keine Anklage wegen Betrugs zulässt und die Anklage der Staatsanwaltschaft Bochum endgültig abgewiesen hat. *Spiegel online* bezeichnete die Einstellung als ›Herbe Niederlage für die Staatsanwaltschaft Bochum‹.

Im April 2008 berichtete das ARD-Magazin *Report Mainz,* dass bei Tönnies Mitarbeiter videoüberwacht wurden. Mit flächendeckenden Kameraüberwachungen sollen laut Zeugenaussagen Betriebsangehörige selbst in Umkleidekabinen und auf Toiletten gefilmt worden sein. Die Firma Tönnies räumte gegenüber *Report Mainz* die Videoüberwachung teilweise ein und begründete sie mit Hygienekontrollen. Die Reinigung der Hände und das Anziehen der Schutzkleidung werde überwacht. Gefilmt würden ›Garderobenräume, ... keinesfalls aber Dusch- oder Umkleidekabinen.[‹] In allen Fällen erfolgt die Überwachung durch sichtbare Kameras. ... Die Arbeitnehmervertreter sind ebenfalls informiert und haben diesem System ausdrücklich zugestimmt.‹ Allerdings gibt es bei Tönnies laut Gewerkschaft weder einen Betriebsrat noch eine andere gesetzlich legitimierte Arbeitnehmervertretung. Das Unternehmen beobachtete seine Mitarbeiter mit über 200 Kameras in allen betrieblichen Einrichtungen, auch in Dusch- und Umkleidebereich. Die Beweislage war so eindeutig, dass Tönnies einem Bußgeld von 80 000 € zustimmen musste.

Im November 2009 berichtete *Report Mainz,* dass die Staatsanwaltschaften Oldenburg und Bielefeld wegen des Verdachts auf Bestechung und Steuerhinterziehung gegen Subunternehmer von Tönnies ermitteln. Nach Angaben der Staatsanwaltschaft sollen die Unternehmen Schmiergeldzahlungen an Tönnies in Millionenhöhe als Betriebsausgaben deklariert haben. Die Schmiergelder sollen gezahlt worden sein, um von Tönnies bevorzugt Werkverträge für Billiglohnkräfte zu erhalten. Des Weiteren berichtet das Magazin, dass die Staatsanwaltschaft Bielefeld wegen Bestechung und Steuerhinterziehung gegen einen weiteren ehemaligen Tönnies-Subunternehmer, einen in Litauen lebenden deutschen Geschäftsmann ermittelt.«

Aber es ist nicht nur das Fleisch und seine Erzeugung, die mich umtreibt. Das Brot bzw. der Umgang mit diesem ist mir eine Herzensangelegenheit, und sie passt vortrefflich zum 2011 in den Kinos gezeigten Film *Taste the waste*.

Der Verbraucher verlangt stete Verfügbarkeit eines großen, teilweise nicht mehr überschaubaren Sortiments. Das führt zu Tonnen von weggeschmissenen Lebensmitteln, die ständig über den Bedarf hinaus produziert werden. Du kannst Dich natürlich mal nachts an die Container eines Supermarktes schleichen und über die Mengen an vernichteten Lebensmitteln jammern. Du kannst aber auch abends an das Regal des Bäckers im Vorkassenbereich Deines Lieblingssupermarktes treten, Dir die Auswahl ansehen und dann hochrechnen, wer die zur Verfügung stehende Ware bis Geschäftsschluss noch kaufen soll bzw. wird. Wirtschaftlich arbeitende Bäckereien haben feste Quoten für die Ware, die weggeschmissen wird. Diese Quoten, die sogenannten Retouren, schwanken zwischen 8 und über 20 Prozent pro Filiale. Ich weiß das so genau, weil ich im Rahmen meiner beruflichen Tätigkeit mit für diese Quoten verantwortlich war. Je nach Standort wird also im Vollbesitz geistiger Kräfte und unter Anwendung komplizierter Verfahren betriebswirtschaftlichen Rechnens das weggeschmissene Lebensmittel im Voraus mit einkalkuliert. Aufgeschlüsselt auf einzelne Warengruppen, weiter aufgedröselt bis hin zu den Prozenten von Körner- oder Mischbroten wird vorgegeben, wie viel Prozent des Tagesumsatzes im Müll landen müssen. Nicht können. Müssen. Die Verpflichtung zur Produktion von Müll aus Lebensmitteln ist in diesem Bereich unumstößlich.

Natürlich kann man nicht bis auf das letzte Brot oder Brötchen planen, wie viel abends noch in der Ladentheke sein wird. Aber eine Retoure von ca. 3 Prozent, ohne dabei Umsatzverlust in Kauf nehmen zu müssen, liegt absolut im Bereich des Möglichen und Machbaren, wenn man gut ausgebildete Mitarbeiter beschäftigt, die das Warenmanagement beherrschen, ihre Kundschaft kennen und einigermaßen wissen, was wann in welcher Menge in ihrem Geschäft verkauft wird.

Das ist aber nicht gewollt. Gewollt ist immer mehr: mehr Auswahl, mehr Kunden, mehr Umsatz, mehr Gewinn. Ja, und manchmal ist eben auch weniger gewollt. Weniger Lohnkosten zum Beispiel. Das führt dann dazu, dass Du eben *keine* gut ausgebildeten Mitarbeiter mehr hast, die kannst Du nämlich nicht mehr bezahlen, und außerdem kommt vielleicht irgendwann von der Unternehmensleitung die Vorschrift, gar keine gelernten Kräfte mehr einzustellen.

Und so werden in unserem Land jeden Abend Tonnen von »Müll« produziert, die absolut zu vermeiden wären. Wegschmeißen müssen das alles nach Ladenschluss Mitarbeiterinnen (in der Regel sind es Frauen), die teilweise zu Stundenlöhnen von 6 Euro brutto arbeiten, viele davon alleinerziehende Mütter, die für sich und ihre Kinder gerne noch ein Stück mit nach Hause nehmen würden. Aber weil die Unternehmensleitung den Verdacht hat, die Mitarbeiter könnten bewusst noch höhere Retouren verursachen, damit auf jeden Fall etwas für sie über bleibt, dürfen diese Mitarbeiterinnen natürlich keinen Krümel davon haben. Mein persönlicher Vorstoß, wenigstens samstags den übrig gebliebenen Kuchen, der montags nicht mehr verkauft wird, an die Mitarbeiterinnen zu verschenken, zog viele Warnungen meiner Kollegen und Vorgesetzten mit sich: Meine Mitarbeiterinnen würden mich »linken«, und ich würde das ergebnisbereinigt noch bereuen. Auch »Gutes vom Vortag zum halben Preis« oder Ähnliches ist nicht (mehr) erwünscht. Die Angst vor dem Kunden, der dann nur noch das »ja noch Gute vom Vortag« kauft und somit weniger Umsatz bringt, ist zu groß. Damit ist auch die Überlegung vom Tisch, ab z. B. 20 Uhr Teile des Sortimentes preisreduziert zu verkaufen. Immerhin haben die Supermärkte in vielen Bundesländern mittlerweile bis 22 Uhr geöffnet, manche sogar noch länger. Hier ist die Sorge zu groß, die Kunden könnten gezielt nur noch nach 20 Uhr einkaufen, was Umsatzverluste zur Folge hätte. Lieber wegschmeißen, lautet das Gebot der Stunde.

Und wenn abends um 20 Uhr das vorgegebene Sortiment nicht in ausreichender Menge zur Verfügung steht, können die Supermärkte die Pächter abmahnen, was bis zur Kündigung der Pachtverträge führen kann. Der nächste Vorkassen-Bäcker steht schon bereit, glaub mir. Dazu kommt, dass teilweise die Bezirksleiter der Supermärkte über ihre Prämien an den Erträgen der Pächter im Vorkassenbereich beteiligt sind. Der Druck kommt von vielen Seiten.

In Hochglanz-Unternehmensbroschüren wird darauf hingewiesen, dass die übrig gebliebenen Produkte den Tafeln zur Verfügung gestellt werden. Die Wirklichkeit sieht oft anders aus. Die langen Containerreihen, in die die LKWs in großem Stil die Backwaren entsorgen, stehen gleich hinter den Produktionsgebäuden. Von dort geht alles maximal noch in die Futtermittelindustrie. Oder es wird verbrannt, so dass mit ein bisschen Glück immerhin noch Wärmeenergie daraus erzeugt werden kann.

Was also tun? Eines gleich vorweg: Ich habe keine Lösung für das große Ganze. Wenn ich mir vorstelle, alle würden von heute auf morgen ihre Einkäufe in den Supermärkten, Großbäckereien und bei konventionellen Metzgern einstellen – nicht auszudenken! Unzählige Menschen würden ihre Jobs verlieren. Nicht nur in den Betrieben selbst, auch die Zulieferer müssten so viel Federn lassen, dass sie am Ende nackt und ohne einen Pfennig da stünden. Und doch und trotzdem – da oben genanntes Szenario nicht zu befürchten steht und alle Umwandlung langsam und von unten nach oben vor sich gehen sollte, mein Aufruf an Dich:

Denk nach! Immer! Überleg Dir, wo Du einkaufst. Denk darüber nach, wer es Dir so perfekt produziert hat. Reflektiere die Produktionsbedingungen. Überlege, wie viel der Mensch als Lohn erhalten kann für ein Produkt, das immer zum unschlagbar günstigsten Preis angeboten wird. Überleg Dir, woher es kommt. Vom Ende der Welt? Dann schau nach, ob Du es nicht vielleicht auch in Deiner Nähe bekommst. Warte auf die richtige Jahreszeit. Lass den Apfel mal wieder schrumpelig sein, die Banane etwas kleiner und die Gurke krumm. Nichts und niemand auf dieser Welt sollte perfekt sein müssen. Nicht Du, nicht Dein Nachbar und auch nicht Deine Lebensmittel. Konsumiere weniger, aber das in vollem Bewusstsein, wem Du Dein Geld gibst. Auch und gerade, wenn Du nur wenig davon hast. Kein Geld haben ist Mist. Ich weiß das, weil ich es schon erlebt habe. Und ich weiß auch, wie sehr dann die Produktionsbedingungen in den Hintergrund treten. Billig muss es sein, sonst kommt man nicht über den Monat. Aber ein Umdenken in kleinen Schritten, das geht. Versuch's mal.

Und die Wohlmeinenden mit gesichertem Einkommen fordere ich ganz entschieden dazu auf, in ihrer unverhohlen vorgetragenen Arroganz, mit der sie auf der Suche sind nach der besten Trüffel, der Salzbutter mit dem schönsten Kristall und der von Jungfrauenhänden zusammengestellten Gewürzmischung, doch bitte nicht zu vergessen, dass dieses Verhalten für viele andere jenseits der persönlichen Vorstellungskraft liegt.

Und für alle gilt: Sei respektvoll. Mit den Menschen, die mit ihrer Hände Arbeit produzieren, was Du essen möchtest oder was Du am Körper trägst. Mit dem Tier, das zu keinem anderen Zweck am Leben ist, als Dir zur Nahrung zu dienen. Und sei respektvoll mit Dir selbst.

So rannte ich mit der Lektüre des Buches von Foer bei mir selbst eine sehr weit offen stehende Tür ein. Und doch hat es dazu geführt, dass wir über einige Wochen kein Fleisch gegessen haben. Ohne eine bewusste Verzichtserklärung uns selbst gegenüber war ich Fleisch-overdosed, sozusagen. Und da ich in unserer Familie für den Einkauf von Lebensmitteln zuständig bin, saß ich am längeren Gemüsehebel. Interessanterweise haben wir in der Familie nie wirklich darüber gesprochen, und es ist meinen Lieben daheim auch gar nicht richtig aufgefallen. Der beste Beweis dafür, dass vegetarische Ernährung ohne Verzichtsgefühle machbar ist.

Eigentlich. Denn erstens wäre ich immer ein Ovo-lacto-pesco-Vegetarier, also jemand, der kein Fleisch, aber Fisch isst, und zweitens mag ich Fleisch unglaublich gerne. Eigentlich. Neulich habe ich mir ein Stubenküken gekauft, und während ich es füllte, wurde mir schlecht. Vor meinem Auge entstand das Bild eines kleinen gelben puderfedrigen Lebewesens, das mir, wenn es mir begegnet wäre, Rufe des Entzückens entlockt hätte. Wahrscheinlich hätte ich angefangen zu gurren oder zu tschirpen, um es anzulocken. Und sicher hätte ich versucht, es auf die Hand zu nehmen, den Flaum zu streicheln. Es zu essen wurde undenkbar. So geht es mir immer häufiger. Natürlich passiert das weniger, wenn das tote Tier bei der Zubereitung nicht im Ganzen vor mir liegt. Und ich bin mir daher sicher, dass das bis zur Unkenntlichkeit betriebene Zerteilen von Tieren zur Präsentation in Fleischtheken nicht nur der Praktikabilität dient. So manch einer würde sicher etwas weniger Fleisch essen, wenn er die Begegnung mit dem Tod im Ganzen hätte.

Auf der anderen Seite ist mein Wahlspruch: »Erhalten durch Aufessen«. Viele alte Nutztierrassen sind verschwunden, unser Gemüse stirbt den gleichen Artenvielfaltstod. Die Welternährungsorganisation schätzt den Verlust von Kulturpflanzen in den letzten hundert Jahren auf ca. 75 Prozent. Die wirtschaftliche Haltung von Tieren ist nur möglich, wenn sie verkauft werden können. Wenn Du Fleisch magst, iss es auf. Mit Genuss. Und zweimal in der Woche könnte tatsächlich ausreichend sein, versuch's einfach. Die Massenproduktion von Fleisch ist nicht nur moralisch verwerflich und voller Quälerei für das Tier, sondern auch bis in ihr letztes Glied schlecht für die Menschen, die in diesem Kreislauf der Qual ihr Geld verdienen möchten. Im Blog habe ich dazu eine kleine Geschichte geschrieben, die ich gerne hier wiedergeben möchte. Heruntergebrochen auf das ganz kleine, einzelne, hilflose menschliche Glied in der Kette. Martin.

Es trifft sich gut, wenn Du in Deiner direkten Nachbarschaft einen Metzger hast, der sich das gute Fleisch auf die Fahnen geschrieben hat. Nun, magst Du einwenden, liegt das nicht im Wesen eines Metzgers begründet, sozusagen als berufsimmanenter Hintergrund? So sollte es wohl sein. Und wer zerlegt Dir die Schweine, die Du am Ende ihres kurzen, gequälten Lebens im örtlichen Supermarkt für € 2,99 pro Kilo in der begasten Plastikpackung erhältst? Sind das noch Metzger? Den Beruf des Fleischhauers gibt es bereits seit dem Mittelalter; in Gilden organisiert, waren die Mitglieder abgesichert und überaus angesehen. In meiner Heimatstadt Hannover gibt es bis heute die Knochenhauergasse, die ihren Namen bereits 1587 von den dort ansässigen Fleisch(Knochen)hauern erhalten hat. Heutige industrielle Fleischzerleger aber wirken genauso oft seelen- und namenlos wie die Tiere, die sie töten und zerlegen, auf dass diese zu Hauf in unseren unersättlichen Mündern und Mägen landen. Der Teufelskreis ist unendlich, und in seinem Wesen liegt begründet, dass der Anfang schwierig zu finden ist.

Aber nach der Bömmelschen Methode stellen wir uns jetzt mal ganz dumm, aber gleichzeitig einen Bauern mit vielen glücklichen Schweinen vor. Der will nicht nur, der muss verkaufen, sonst kann er weder seine Angestellten, noch die Raten für den neuen Transporter mit obenliegender Nockenwelle bezahlen. Zu unserem Bauern kommt eines Tages der Abgesandte eines großen und überaus wichtigen Schlacht- und Verarbeitungsunternehmens und sagt ihm: »Lieber Schweinebauer, Deine Schweine und Ferkel sind ja ganz niedlich, aber viel zu teuer und zu fett! Wenn Du weiterhin an uns verkaufen willst, musst Du deutlich billiger werden und vor allem mehr magere Schweine in kürzerer Zeit liefern.«

Was soll der arme Schweinebauer also machen? Das Unternehmen des Abgesandten in Nadelstreifen hat den letzten Schlachthof in der näheren Umgebung schon lange aufgekauft und stillgelegt. Selbst schlachten – mein Gott, das darf er natürlich nicht, wenn das die EU wüsste und überhaupt, wo soll er die nötigen Kontrollnummern für sein Fleisch herbekommen, das kauft ihm am Ende ja keiner mehr ab! Und so schaut er in die hungrigen Gesichter seiner Familie, in das fordernde Gesicht des Sachbearbeiters der »Ich-bin-Gierig-Bank«, schlachtet die letzten Schweine seiner im Freien lebenden Robust-Rasse und baut einen Stall für die Rosa-Mager-Schweinegroßproduktion. Dort züchtet er im Akkord krankheitsanfällige Ferkel, deren größte Degenerationen weder er noch seine Schweine selbst erleben, weil diese schlachtalterbedingt selten älter als sechs bis acht Monate werden. Die Krankheiten, die in diesen ersten Monaten auftreten, behandelt er mit Medikamenten, die ihm von der Industrie zur Verfügung gestellt werden, für die er diese Kreaturen heranzieht. Aber wir haben uns ja dumm gestellt, und daher denken wir darüber nicht weiter nach.

Unser Bauer aber, der denkt wohl. Und rechnet. Schon wieder 80 Prozent des Bestandes krank und medikamentenbedürftig, wo soll das hinführen? Die Quoten drücken, die Nadelstreifen drängeln, die Kinder brauchen neue Schuhe. Da trifft es sich gut, dass der lang gediente Geselle in den wohlverdienten Ruhestand geht. Landwirtschaftliche Hilfskräfte kosten Geld, die Sozialversicherungsbeiträge drücken, das muss auch billiger gehen. Billiger geht immer. Und billiger heißt in unserem Fall Martin. Martin ist 43 Jahre alt, hat eine Frau und zwei Kinder – genau wie unser Bauer. Aber Martin ist leider arbeitslos, weil der Geschäftsführer seiner früheren Firma sich in seinen Expansionsrechnungen verkalkuliert hat und – uuups – 250 anstelle der geplanten 25 Millionen für die Neuausrichtung des Standortes brauchte. Dann hat er seinen Fehler eingesehen und 300 Mitarbeiter in die Arbeitslosigkeit und sich selbst in den abgesicherten Modus des »Ich orientiere mich mal neu« entlassen. Aber wir haben uns bereits vor ca. 410 Wörtern dumm gestellt und denken darüber nicht weiter nach.

Zum Glück hat Martin Steuerklasse III, seine Frau gibt als ehemalige Lehrerin noch ein wenig Lateinnachhilfe in der Nachbarschaft und fängt so einen Teil der Differenz zwischen Martins vorherigem Einkommen und seinem Arbeitslosengeld wieder auf. Trotzdem drängt die Zeit. Das Arbeitslosengeld bekommt Martin für zwölf Monate; wenn er bis dahin nichts gefunden hat, stürzt er in Hartz IV, die Nebeneinkünfte seiner Frau werden mit einberechnet und die Wohnung ist eh 1,75 qm^2 größer, als das Amt für vier Personen erlaubt. Da sieht Martin in der Zeitung die Anzeige unseres Bauern. Landwirtschaftliche Hilfskraft gesucht. Prima, denkt er sich und stellt sich bei unserem Bauern vor. Nun – vorgestellt hat Martin sich das alles etwas anders, aber besser als nichts, denn die Miete muss bezahlt werden, die Frau träumt schon in Latein mit deutschen Untertiteln, und die Kinder brauchen Geld für die jährliche Kursfahrt.

Unser Bauer braucht Geld für Ferkel-Medikamente und die Schuhe seiner Kinder, und so bietet er Martin 1400 Euro brutto. Weihnachts- und/oder Urlaubsgeld kann er leider nicht zahlen, so gerne er auch möchte. Dafür soll Martin bitte sechs

Tage in der Woche bei ihm arbeiten, davon zwei Sonntage im Monat, denn klar, so einem Schwein ist der Wochentag seines kurzen, leidvollen Lebens völlig egal. Was soll Martin also machen? Uns braucht er nicht fragen, wir haben uns dumm gestellt vor ca. 610 Wörtern.

Also fängt Martin an. Er mag den Bauern, der Bauer mag ihn, und das Klima auf dem Hof ist gut. Am Ende des Monats überfliegt unser Bauer seine Abrechnungen frohen Mutes, weil er durch die Einstellung von Martin so viel Geld gespart hat. Für einige Monate bekommt er vom Arbeitsamt sogar einen fünfzigprozentigen Zuschuss zu den Lohnkosten, weil Martin trotz einer Facharbeiterausbildung als schwer vermittelbar galt. Am Abend öffnet der Bauer mit seiner Frau eine Flasche Sekt und bestaunt die neuen Schuhe seiner Kinder. Leider gibt die EU dann aber eine neue Richtlinie heraus, nach der unser Bauer die Spaltenbreite in den Ferkelkoben um 0,2 cm verringern sowie die Wärmeleistung der Rotlichtlampen (als Ersatz für die Körperwärme der Muttersauen) erhöhen muss. Der Gedanke an die nächste Umstellung auf Energiesparlampen lässt unseren Bauern bereits taumeln. Aus diesem Grund – und nur aus diesem, und obwohl er Martin so sehr mag – kann er ihm natürlich die per Handschlag abgemachte Jahresprämie in Form einer halben zerlegten Sau nicht zahlen.

Martin aber lässt sich nicht unterkriegen. Was soll er auch machen? Seine Frau spart, wo sie kann, seine eigenen Kinder und die in der Nachbarschaft haben mittlerweile das kleine Latinum und die Älteste jobbt neben der Schule im örtlichen Café. Am Wochenende sind sie bei Freunden zum Grillen eingeladen, sein Fleisch soll jeder selbst mitbringen. Bei Martin ist der Monat bereits am 20. beendet, und so greift er im Supermarkt zum begasten Schweinenackensteak für € 2,99/kg. Aber wir haben uns vor 863 Wörtern dumm gestellt und denken über Martins Problematik nicht weiter nach.

Cebit 2010

Auf der Cebit 2010 sollte eine Podiumsdiskussion zum Thema »Lebensmittel im Web 2.0« stattfinden. Ein Weinblogger, den ich zu der Zeit nur aus dem Netz kannte, hatte mich den für die Diskussion Verantwortlichen zur Teilnahme vorgeschlagen. Zu der Zeit hatte ich einen Siebzig-Wochenstunden-Job und überhaupt keine Zeit. Aber die kleine Rampensau in mir war flink erwacht, pumpte Energie in Form von Adrenalin durch meinen Körper und schickte mich nach einem frühen Feierabend um 18 Uhr auf die Reise ins verschneite Hannover. Nach einer Nacht bei meinem Bruder fuhren P. und ich am nächsten Tag auf das Cebit-Gelände, erwartungsfroh und auch ein bisschen aufgeregt. Wir schlenderten durch die Gegend, suchten uns die Webciety-Area, begrüßten die anderen Diskussionsteilnehmer, lauschten Nerd-Vorträgen zu Themen, von denen ich noch nicht einmal die Überschriften verstand, und warteten auf Sascha Lobo. Der war mit seinem Vortrag vor uns dran, und sorgte dafür, dass der Zuschauerraum aus allen Nähten platzte. Als er ging, nahm er die meisten Zuschauer leider mit, aber ein versprengtes Häuflein blieb und harrte tapfer aus. Innerlich bebte ich; allerdings hat mir hinterher jeder gesagt, man hätte es an meiner Stimme nicht gehört. In meiner eigenen Wahrnehmung habe ich mich fünfundvierzig Minuten durch diese Diskussion gezittert. Zu Beginn war ich so aufgeregt, dass ich sogar die falsche URL meines Blogs angegeben habe. Im Hintergrund der Bühne war eine große Wand mit Fernsehgeräten, auf denen die Tweets zu dieser Diskussion liefen. Ich war fasziniert von dieser Form des Austausches, allerdings waren wohl einige Tweets ziemlich anzüglich in den Beschreibungen meiner Person, so dass die *Twitter*-Übertragung zwischenzeitlich abgeschaltet wurde. Vielleicht war es also ganz gut, dass ich nicht gewusst hätte, wie ich es im Nachhinein noch lesen konnte.

Vielleicht war ich zu der Zeit sogar schon bei *Twitter* angemeldet, ich weiß es gar nicht. Immer mehr stelle ich fest, dass *Twitter* nicht mein Medium ist. Ich lese die Tweets einiger Menschen unglaublich gerne, und am allerliebsten die monatlichen Zusammenfassungen einiger Blogger zu ihren Lieblingstweets. Aber selbst auf 140 Zeichen hochintelligent oder hochkomisch zu sein, ist meine Sache nicht. Ich nutze es als Nachrichtenstrom für mich selbst, habe in der Hauptsache die Kanäle von Zeitungen, Nachrichtenkanälen oder Politikern abonniert. Kurz gesagt ist *Twitter* für mich mehr ein Lese- als ein Mitmachmedium. Am Anfang habe ich auch gar nicht begriffen, wie das alles funktioniert. Was ist ein hashtag? Was passiert beim @? Wer liest mich eigentlich wann und warum? Warum möchte ein Herrenausstatter aus Solingen oder ein Bestattungsunternehmen aus Wuppertal meine Tweets abonnieren?

Am Ende der Diskussion kam eine junge Frau auf mich zu und sagte mir, dass sie meinen Blog nicht kenne, dass sich das aber jetzt ändern würde, weil ich ihr so aus dem Herzen gesprochen hätte mit meinen Ansichten zu gutem Essen und dessen

Verbreitung im und durch das Netz. Ich bin mir sicher, dass ich in diesem Moment um zwei Zentimeter gewachsen bin. Mindestens! Noch am gleichen Nachmittag fuhren wir wieder zurück, Freunde aus dem Netz besuchen. Selbstverständlich kann man sich nach einem solchen Online-Tag nicht mit Menschen verabreden, die man schon das halbe Leben kennt, womöglich so ganz klassisch schon in der Grundschule kennengelernt hat.

Der Besuch hatte eine schöne Vorgeschichte: Ich pflegte seit ca. 2005 eine nette online-Bekanntschaft mit einer Frau aus einem Weinforum. Wir wussten bereits lange voneinander, dass wir nicht weit auseinander wohnen und uns wohl auch außerhalb des geschätzten Forums viel zu erzählen hätten. Und so freute ich mich sehr, als mich eines Tages eine Rundmail von ihr erreichte, mit der sie uns und noch ein paar andere nette Menschen zu einem vergnüglichen Wein-, Essen- und Spaßabend zu Hause einlud.

Mit P. im Gepäck, den ich immer noch mehr liebe für diesen Großmut und die Abenteuerlust, mit der er meine wilden und spontanen Verabredungen mit »Unbekannt« erträgt, stand ich um 20 Uhr bei wildfremden Leuten vor der Tür, geschniegelt und gebügelt, wie man das so macht für den ersten Eindruck. Wir freuten uns und waren auch ein wenig aufgeregt und erwartungsfroh ob der Menschen und Situationen, die uns an diesem Abend begegnen würden. Treppe also hoch, Gastgeberin gedrückt ... einem etwas unverständlich konsterniert blickenden Gastgeber das Weingeschenk in die Hand drückend, eroberte ich den Wohnungsflur. Still war es. Keine Musik. Keine anderen Menschen. Ich begriff nichts. Hinter mir sagte die Gastgeberin ganz lieb: »Fünfter März.« Haha, denke ich mir, muss ich sie gleich mal fragen, was sie damit meint. Sie sagt wieder: »Fünfter März.« Ich stand bereits im Wohnzimmer und wusste immer noch nicht, wovon sie sprach. Hinter mir gingen bei meinem Mann alle Laternen auf, und was er dachte, das möchte ich hier nicht wiederholen, es war nicht so ganz schmeichelhaft in Bezug auf meine Eignung zum Führen eines Kalenders. Ich fing an zu begreifen. Aber ich wollte es nicht verstehen, das konnte doch unmöglich wahr sein! Der Gastgeber sagte: »Naja, wenn Ihr schon mal da seid, wir kochen Probe für den Fünften, kommt halt rein.« Ich betete um den sprichwörtlichen Abgrund, der sich auftun möchte. Die Erde hielt still, und so ergriff ich das rettend dargebotene Glas Crémant.

Du wirst es Dir bereits denken – es wurde ein großartiger Abend, der in eine ebenso großartige Freundschaft mündete. Und so kamen wir, angemessen durch Virtualität beschwingt, an diesem Abend, dem richtigen!, aus Hannover zurück und hatten echten Menschen viel zu erzählen. Das sind für mich die großartigsten Augenblicke, wenn das virtuelle Leben sich im realen aufhält. Umgekehrt findet es bereits sehr häufig statt, manches Mal bestimmt sogar zu ausufernd.

Essen und Trinken hält Leib und Seele zusammen

... aber wie der Hobby-Aphoristiker Dr. Rolf Handke zu sagen pflegt: »Ich esse, so viel ich kann, und gehe trotzdem immer mehr auseinander.«

Oder wie Arthur zu sagen pflegt: Selber essen macht dick. Diese Gefahr besteht ganz eindeutig – umso mehr, wenn die Köchin sich auf Gäste vorbereitet, die sehr kurzfristig nicht kommen können. Was tut die Köchin? Sie verlässt ebenso kurzfristig Küche und Herd, um sich per Telefon neue Gäste einzuladen. Die potenziellen Besucher haben aber alle schon ... Oder sie marinieren seit heute früh Entenbrüste und möchten gleich selber kochen, aber sonst ja immer gerne, vielen Dank! Da hilft nur essen, so viel man kann, auch auf die Gefahr hin, dass man auseinandergeht. Eigentlich will man sich ja dann alles auf zwei Tage verteilen – aber wenn es doch so lecker ist, dass man am Ende einfach die Knödel direkt in den Topft taucht, um nur keinen Tropfen der köstlichen Sauce zu verpassen ...

In meinem Blog gibt es eine kleine Statistik. Dort sehe ich, welcher der veröffentlichten Artikel in einem gewissen Zeitrahmen wie häufig gelesen wurde. In der Regel veröffentliche ich die beliebtesten zehn der vergangenen dreißig Tage. Du findest sie in der Seitenleiste des Blogs, und der Link dahinter führt Dich direkt dorthin. Manchmal schaue ich aber auch, welche Artikel die beliebtesten seit Bloggründung sind, und da gibt es einen, der ist stets unter den ersten fünf, und das ist mein Bericht samt Rezept zu Ochsenbacken. Dieses wunderliche Fleisch habe ich vor circa fünf Jahren das erste Mal zubereitet. Ungefähr zu dieser Zeit erlebten die Ochsen- und Kalbsbäckchen eine unglaubliche Renaissance in guten Restaurantküchen. Mir waren sie vorher jedenfalls noch nie begegnet, und ich bin mir sicher, dass sie in meiner Kindheit kein Thema waren. Unfassbar eigentlich in einer Familie, die so sehr auf Rindfleisch konzentriert war. Man müsste zur Strafe Kopfnüsse an die Adventisten verteilen, dass sie kein Rezept dazu in ihre *Die Gute Nachricht* gedruckt haben, die moderne Bibelinterpretation adventistischer Gottesdienste. Auf die erste Seite hätten sie gehört, um mit dem Gedanken an das Sabbat-Mittagessen nach dem Gottesdienst diesen in akuten Fällen von Langeweile schneller vorbeigehen zu lassen. Irgendwann habe ich mir todesmutig dieses merkwürdige Fleisch beim Metzger bestellt. Der hat gestrahlt; endlich hatte er jemanden gefunden, der seine Begeisterung dafür teilte. Ich glaube, seit diesem Tag fühlt er sich mir freundschaftlich verbunden. Im Backengeiste sozusagen. Dieses Fleisch ist fast wie Leder. Unvorstellbar, dass es nach circa fünf Stunden Schmorzeit so weich ist, dass man es mit dem Löffel zerteilen kann.

Ochsenbacken in Portwein-Schokoladen-Sauce

Die Backen, die vom Metzger meistens aufgeschnitten kommen, nur dürftig parieren. Lediglich die dicke Fettschicht, die fast ein wenig aufgeworfen-blasig wirkt, wird von mir entfernt. Alles andere, scheinbar so Feste wird sich auflösen und in Zartheit verwandeln. Die Backen pfeffern und salzen und mit Küchengarn wieder in Kugelform zusammenbinden. Das ist kein Muss, sie sehen hinterher einfach nur schöner aus und lassen sich besser aufschneiden. Theoretisch kannst Du sie auch kleinschneiden und ein Gulasch aus ihnen machen. In einem Bräter in Olivenöl von allen Seiten kräftig anbraten, herausnehmen und Wurzelgemüse anrösten; am Ende etwas Ketchup dazugeben.

Die Backen wieder hineinlegen, alles mit Port- und Rotwein ablöschen und einkochen lassen, etwa dreimal, bis von jedem mindestens eine Flasche geleert ist. Mit Kalbsfond auffüllen, bis das Fleisch bedeckt ist, die Lorbeerblätter hinzufügen und bei höchstens 120 °C für mindestens 4 ½ Stunden in den Ofen schieben. Die Backen aus dem Topf nehmen und warmstellen. Den Fond durchsieben und auf ein Drittel einkochen lassen. In einem Topf 1 EL Tomatenmark mit einem Schuss Ketchup anrösten, mit einem Schuss Cognac ablöschen und 3 EL von mindestens 10 Jahre altem Aceto balsamico dazugießen und sirupartig einkochen lassen. (Nicht Balsamessig nehmen, mit dem schmeckt die Sauce sauer!) Diese Reduktion zur Sauce geben und ihr noch ein Stück Valrhona-Schokolade spendieren. Die Backen aufschneiden und in der Sauce durchziehen lassen. Damit hast Du eine der unglaublichsten Saucen gekocht, die der Essig-Karamell-Sauce von Siebeck in nichts nachsteht.

Dieses Backenrezept, in zigfacher Abwandlung, mal mit Schokolade, mal ohne, mal mit Rosmarinjus, mal mit Serviettenknödeln als Beilage, mal mit Zitronenpüree, mal gar nicht vom Ochsen, sondern vom Kalb, hat mich unter den Liebhabern dieses Fleisches ein wenig berühmt gemacht. Immer und immer wieder wurde es von meinen Leserinnen und Lesern nachgekocht, und zu keinem Rezept habe ich so viele Dankesbriefe und E-Mails erhalten wie zu diesem. Ein Rezept, das sich ganz deutlich aus der Virtualität des Blogs gelöst hat und wie kein anderes dafür sorgt, dass Menschen in persönlichen Kontakt mit mir treten. Die Veröffentlichung dazu im Blog am 17. September 2009 bescherte mir erstmals Kommentare oberhalb der Zwanziger-Grenze und wird heute noch etwa dreißigmal in der Woche aufgerufen. Und wieder war es eine Sauce, die mich schwelgen ließ und mir erneut die Sinnlichkeit des Kochens vor Augen führte.

Das andere Ende vom Tier ist genauso gut und wird in deutschen Küchen genauso vernachlässigt. Aber wie die Backen auch, erlebt es eine Renaissance in der Gastronomie, die auf die heimischen Herde schwappt. Das ist der Ochsenschwanz. Ich staune immer wieder, wie diese Fleischteile, entweder zäh wie Leder oder knochig wie eine Hundehütte, sich in solche Köstlichkeiten verwandeln können. Und sie sind auch noch günstig! Sowohl Backen als auch der Schwanz, genau wie die Wade, gehören zu den günstigsten Fleischteilen. Alle Welt will Filet und ist bereit, dafür ein kleines Vermögen zu bezahlen. Mir ist das ein Rätsel. Nichts beruhigt meine angespannten Nerven so sehr, wie ein über Stunden geschmortes Stück Fleisch mit köstlicher Sauce.

Ich habe einen Geschäftstermin. Muss von der rheinhessischen Kleinstadt via Mainz an den Flughafen Frankfurt. Um Nerven und Umwelt zu sparen, fahre ich mit dem Zug. Auftritt in der »Bahnhofshalle« der Kleinstadt, mit dem Wunsch, eine Fahrkarte nebst ICE-Zuschlag ab Mainz zu kaufen. Schwere Vorhänge vor dem Schalterglas. 9.03 Uhr. Ein Schild setzt mich von der Frühstückspause der Schalterbeamten in Kenntnis.

Auf zum Automaten, um schon mal den Fahrschein nach Frankfurt zu kaufen, den Zuschlag benötige ich erst ab Mainz. »Dieser Automat wurde umgerüstet, Zahlung nur noch mit € 5,00 oder € 10,00 Scheinen möglich sowie Münzgeld«. Kein

Münzgeld im Portemonnaie, kein Schein kleiner als € 50,00. Die Regionalbahn rollt ein, auch kein Schaffner weit und breit. Herzklopfen, schwarzfahren.

Sechs Minuten Aufenthalt in Mainz. Das muss reichen für Gleiswechsel und Fahrscheinkauf. Ich stürze die Rolltreppe hoch, schubse die Linksstehenden zur Seite, die dort nichts verloren haben, lasse meinen suchenden Blick durch die Halle schweifen. Da! Ein Fahrkartenautomat! »Dieser Automat wurde umgerüstet, Zahlung nur noch mit € 5,00 oder € 10,00 Scheinen möglich sowie Münzgeld.« In rekordverdächtiger Geschwindigkeit zische ich zum Reisezentrum. Hinein gelange ich nicht, die Menschenansammlung für die immerhin zwei geöffneten Schalter ist zu groß. Ich haste zurück an den Informationsschalter, bitte um Wechselgeld für den Automaten. Desinteressiertes Achselzucken, kurzer verbaler Wutausbruch meinerseits. Um mich zu beruhigen, fasst mich ein DB-Bediensteter am Ärmel und zerrt mich zurück in das Reisezentrum, spricht eine Kollegin von schräg über die Abtrennung hinweg am Schalter an und bittet sie um das Wechseln des Fünfzig-Euro-Scheins. Aber gerne doch, jedoch ist es ihr unmöglich, die Scheine unkonventionell hinüberzureichen, mein Schein zappelt in der Luft, wird ignoriert. »Bitte kommen Sie hintenherum an der Absperrung vorbei an den Schalter.« Ich fühle mich schikaniert und hoffe auf eine Verspätung meines Zuges. Rase über Koffer und umstürzende Reisetaschen, werfe meinen Schein auf den Tresen, reiße ihr das Wechselgeld aus der Hand, im Eiltempo zurück an den Automaten. Dort steht »Mutti« und studiert die Städteanzeige. Keine Rücksichtnahme mehr! Kurzer Ellenbogenstoß, Verwünschungen ertragend, Städtecode eingegeben – der Automat will meinen Zehn-Euro-Schein nicht. Im dritten Anlauf gelingt es mir, einen Fahrschein zu kaufen, wobei mir der Zuschlag immer noch fehlt. Ich rase die Treppe herunter auf das Gleis und springe in Westernmanier in den bereits losrollenden Zug.

Derangiert lasse ich mich in einen Sitz fallen und bestelle bei der Zugbegleitung einen Nachlösezuschlag. Die Kraft, mich gegen die Nachlösegebühr zu wehren, fehlt mir. Die Begleiterin ist jung, nett und lustig, ihr mobiles Druckerterminal »frisst« meinen Zuschlag, derweil rollen wir schon im Fernbahnhof des Flughafens ein. Sie lacht, meint, dass sie mich gar nicht gesehen hätte, und will meinen Geldschein nicht haben. Ich steige aus, atme tief ein und gehe zu meinem Termin.

Zwei Stunden später. Geplante Rückreise. Kein Fahrkartenautomat, nirgends. Ich fahre zum zweiten Mal an diesem Tag schwarz. Im ICE. Vertiefe mich in mein Buch, lasse den Zugbegleiter gemächlich an mir vorbeiziehen, dränge mich nicht auf. Umsteigen in Mainz, vier Minuten für Gleiswechsel und Fahrkartenkauf, wenigstens für das letzte Teilstück; die Regionalbahn wartet schon. Zwei Automaten für den Nahverkehr. Einer setzt mich per Schild in Kenntnis: »Dieser Automat wurde ...« Der Nachbar ist vom alten Schlag, kann aber mit meinen Zwanzig-Euro-Scheinen auch nichts anfangen, vielleicht gefallen ihm die Farben nicht, vielleicht sind zu viele Knicke im Schein? Zu wenige womöglich? Mit mittlerweile professionellem Blick registriere ich die Abwesenheit eines möglichen Zugbegleiters und fahre tiefschwarz in die rheinhessische Provinz zurück. Dort esse ich die Reste von einem am Vortag zubereiteten Ochsenschwanz mit Selleriepüree. Angelehnt an ein

Rezept von Cornelia Poletto; auch Frau Poletto weiß, wie man Menschen mit Saucen glücklich machen kann.

Marinierter Ochsenschwanz mit Cranberries und Selleriepüree

Du brauchst dazu:
1,2 kg Ochsenschwanz
1 Flasche trockenen Rotwein
600 ml Portwein Ruby
eine Handvoll frischen Thymian,
Rosmarin, 2 Lorbeerblätter
Wurzelgemüse, in Würfel geschnitten
½ Knolle Knoblauch

Den zerhackten Ochsenschwanz habe ich vom größten Fett befreit und aus den genannten Zutaten eine Marinade zubereitet, in der das Fleisch 24 Stunden ruhte. Am nächsten Tag wurde die Marinade abgesiebt, die Fleischstücke etwas trockengetupft und in einem Bräter unter Zugabe von Tomatenmark kräftig angebraten. Dann mit etwas Mehl abgestäubt und mit der Marinade aufgegossen. So kam alles bei 150 °C für drei Stunden in den Ofen und eine weitere auf den Herd, weil ich den Backofen zur Zubereitung des Selleriepürees brauchte. Aus den noch warmen Ochsenschwanzstücken wurde das Fleisch herausgelöst, der Schmorsud durch ein feines Sieb gegossen und reduziert. Mit etwas Salz und Pfeffer abgeschmeckt und die Fleischstücke hineingegeben. Mit in die Sauce wanderte noch eine Handvoll getrockneter Cranberries. Im Original verlangt Frau Poletto Senffrüchte, die sind in der rheinhessischen Provinz nicht aufzutreiben.

Das Püree – niemals mehr habe ich mein Selleriepüree anders zubereitet als so:

1 geschälte Knolle junger Sellerie in kleine Würfel geschnitten, auf ein mit Alufolie ausgelegtes Backblech gegeben und mit Olivenöl beträufelt, gesalzen und gepfeffert. Ca. 35 Minuten und 160 °C hat es gebraucht, bis die Würfel weich waren. Sie wurden dann mit Butter, Milch und etwas frischer Sahne püriert und ergaben eines der köstlichsten Selleriepürees, die ich je gegessen habe.

Ein Foodblog ohne Essen

... ist eine klitzekleine Herausforderung. Ich habe dies ganz sportlich gesehen und im Frühjahr 2011 meine Leser an meinen dreiwöchigen Fastenerlebnissen teilhaben lassen. Fasten ist für mich ein probates Mittel, meine innere Ruhe wiederzufinden, die mir alle paar Monate verloren zu gehen droht. Ich habe mein inneres Gleichgewicht mit Läufen durch die Weinberge und Yoga ganz gut im Griff, aber viel zu oft lasse ich mich doch wieder vom Alltag gefangen nehmen und vernachlässige meinen Körper und meinen Geist gleichermaßen. Und dann wächst von Woche zu Woche das Gefühl: Alles muss raus. Das erste Mal in meinem Leben habe ich im Alter von zweiundzwanzig Jahren gefastet. Eingebettet in einen Kurs, der die Teilnehmer zweimal wöchentlich versammelte, mit autogenem Training beruhigte und dem Austausch des Erlebten diente. Ich war wie von Sinnen. War begeistert, was mit meinem Körper und noch viel mehr mit meinem Geist passierte. Dass ich so klar sein konnte, so strahlend von innen heraus, so aufgekratzt und gleichzeitig ganz ruhig. Ich hatte eine Droge entdeckt, von der ich seitdem nicht mehr losgekommen bin. Über viele Jahre hinweg habe ich seitdem regelmäßig gefastet. Jeweils zwischen zwei und drei Wochen am Stück, zweimal im Jahr. Im Frühjahr und im Herbst, angepasst an die Jahreszeiten einmal erneuernd und einmal beruhigend. Losgelöst von sämtlicher Esoterik und allen mit dem Fasten einhergehenden seltsamen Ratschlägen von selbst ernannten Gurus und ihren haufenweise auf den Markt geworfenen Ratgebern zum Thema »Innere Reinigung im Wechsel der Mondphasen« oder so ähnlich. Aufgrund des Irrsinns meiner beruflichen Tätigkeit habe ich zwei Jahre komplett ausgesetzt. Das gab es das letzte Mal nur während Schwangerschaft und Stillzeit. Ich hatte mich komplett vereinnahmen lassen, war völlig fremdbestimmt. Ein schleichender Prozess, den man nur mit voller Notbremsung unterbrechen kann. Und so fastete ich das erste Mal öffentlich. Weil es das erste Mal war, seitdem ich bloggte. Und gleich zu Beginn beantwortete ich unaufgefordert die wichtigsten und häufigsten Fragen, die mir zu diesem Thema immer und immer wieder gestellt werden:

Und was isst Du in der Zeit?

Nichts.

Und was ist mit Suppe?

Suppe ist Essen. Ich esse nicht.

Aber dann ruhst Du Dich viel aus?

Bedingt. Es gibt Tage der Ruhe und Tage voller Energie.

Aber Du machst doch dann keinen Sport?

Doch, ich jogge in Maßen und mache täglich Yoga.

Trinkst Du Kaffee?

Nein, keinen Kaffee und keinen schwarzen Tee. Nur Wasser und (Früchte)Tee

Kein Kaffee? Das würde mir super schwerfallen!

Das fällt mir so schwer, das kannst Du Dir kaum vorstellen!

Aber das ist doch bestimmt total schädlich für den Körper!

Nein, für meinen Körper ist das unglaublich gut. Ich werde jeden Tag leichter, und damit meine ich keine Kilogramm.

Und wie viel nimmst Du dann ab, dann ist ja nix mehr von Dir über!

Ach, jeder nimmt mal mehr ab beim Fasten und mal weniger. Ich habe schon in drei Wochen lediglich vier Kilo verloren. Der Körper gibt, was er hergeben mag und kann. Zugegebenermaßen kann mein Körper zur Zeit sicher ein bisschen mehr hergeben als sonst.

Was ist mit dem Hunger, Du musst doch einen wahnsinnigen Hunger haben!

Habe ich. Heute geht's noch so. Morgen wird schlimm. Übermorgen, am dritten Tag, ist es furchtbar. Ich werde schlimme Kopfschmerzen bekommen, mein Körper geht auf Entzug. Aber an diesem Tag ist der Silberstreif schon da, denn abends ist alles vorbei, der Hunger ist einfach verschwunden. Gesetzt den Fall, dass ich genügend trinke, mindestens 5 Liter am Tag.

Aber dann mach doch eine Diät, wenn Du abnehmen willst.

Ich will doch gar nicht abnehmen!

Warum fastest Du dann?

Weil ich wieder zu mir kommen möchte. Weil ich diese Zeit für mich und meinen Geist brauche. Weil ich mich in diesen Tagen oder Wochen diszipliniere und durch Disziplin Kraft schöpfe. Wenn ich aufhören kann zu essen, dann kann ich andere Dinge erst recht!

Ich habe schon mal gehört, es gäbe so Schlacken im Darm, die kämen dann alle raus.

Ach, ich kenne Schlacken nur aus Hochöfen. Und aus meinem Kopf. Der ist zur Zeit voll davon. Ich möchte wieder besser riechen, besser schmecken und vor allem besser denken können.

Aber auf alles zu verzichten – ich könnte das nicht.

Das muss man nicht können, das muss man wollen. Abgesehen davon ist das, was man gerne tut, kein Verzicht. Wie könnte es? Ich bekomme so viel mit in dieser Zeit – das ist wie auf Droge. Ich höre die Luft flirren an manchen Tagen. Ich höre aus der Kakophonie des Alltags die kleinen feinen Zwischentöne besser heraus. Ich werde Dich wieder besser verstehen können und mich selbst auch. Ich rieche jede Pommesbude einen Kilometer gegen den Wind. Ich finde Essen in dieser Zeit ziemlich doof. An manchen Tagen bin ich total erhaben, an anderen wieder klein und traurig. Friere und habe Angst. Und bin am nächsten Morgen stärker als vorher.

Meine Leser nahmen fasziniert Anteil. Ich verschonte sie mit den weniger appetitlichen Nebenerscheinungen des Fastens und den rein technischen Vorgängen zu Darmreinigung und anderem und ließ sie teilhaben an meinen Träumereien, den Ängsten und den Glücksgefühlen gleichermaßen. Zu Beginn ging es erst einmal um meine Schwierigkeit, überhaupt mit dem Essen aufhören zu können. Das ist schlimm in den ersten Tagen. Das ganze Essen um mich herum ... ich fühle mich wie ein Frosch, der mit der Zunge blitzschnell nach einer Fliege schnappen möchte, um nicht zu verhungern. So würde ich in manchen Momenten am liebsten die Krümel auf der Arbeitsplatte abschlecken, die dort vom Schmieren der Schulbrote zurückgeblieben sind. Angeblich soll es nicht so schlimm werden, wenn man vor dem Fasten ein oder zwei Entlastungstage macht. Ehrlich – ich finde das Wort schon furchtbar. Und ich kann es auch nicht. Vielleicht hört sich das verrückt an, aber ich esse lieber von jetzt auf gleich gar nichts mehr, als dass ich schon mal zwei Tage vorhungere. Mein Gehirn weiß das auch und tut alles dafür, dass ich mich noch mehr *be-laste* als sonst. Als ich das erste Mal gefastet habe, unter der fürsorglichen Anleitung eines Kurses, habe ich diesen Entlastungstag eingelegt. Nur etwas Reis, ein bisschen gedünstetes Gemüse und am Abend in einer Hungerattacke zwei halbe Hähnchen vom Wienerwald. Beim nächsten Mal etwa ein Jahr später sah mein Entlastungstag so aus:

Tagsüber ein bisschen Reis, etwas gedünstetes Gemüse und am Abend der kulinarische Raubüberfall einer Dönerbude in der Altstadt. Da wusste ich – *that's not what I am made for*. Ich mache etwas, oder ich mache es nicht. Ich rauche, oder ich rauche nicht. Und ich habe geraucht. Eine Packung pro Tag. Seit zehn Jahren keine einzige Zigarette mehr, von heute auf morgen. P. raucht manchmal eine oder zwei. Das ist mir unbegreiflich. Ich bin ein Suchtkind – ich kann nicht »nur ein bisschen«, in keiner Hinsicht. Also war ich vor meinem letzten Fasten natürlich noch mal mittags beim Thailänder essen und habe mir abends zu Knackwürstchen und Salat gemeinsam mit P. eine Flasche 2009er grau-weiß von Schnaitmann reingezogen. Dann bin ich mit einer Tüte Gummibärchen ins Bett gegangen. Amokessen.

Mein dritter Tag war bereits etwas entspannter. Mit Thermoskannen voller Tee bewaffnet (Ingwer, Sweet Chai, Sweet Chili, Lemon) lag ich ab Nachmittag im Bett und habe viele Folgen einer meiner Lieblingsserien, *Breaking Bad,* angesehen. Geistig-moralischer Aufbau für Fastenjünger geht anders. Ich darbte vor mich hin, und in dieser Serie ziehen sie sich alles rein, was turnt – kochen ihr Meth, stürzen in die Gülle einer Chemietoilette (dagegen ging's mir richtig gut!), kratzen die Reste irgendwelcher Drogenleichen vom Fußboden und andere Nettigkeiten mehr. Du siehst schon – andererseits halt die reinste Wohltat für die Fastenseele, die der Entspannung und des kontemplativen Blicks auf das eigene Leben harrt. Nach unruhigem Schlaf (kein Wunder!) am Morgen von Tag vier: alles vorbei. So geht das jedes Mal. Der Gedanke an diesen Morgen trägt mich durch die ersten drei schlimmen Tage. Kein Hunger, kein Garnichts. Nur Leichtigkeit und gute Laune. Nach der Erledigung einiger Tiere namens Fisch, Hund und Kobra und Grüßen an die Sonne ab in die Sauna. Den ganzen Tag lang das letzte bisschen noch aus mir herausschwitzend. Und abends habe ich gekocht. Ab Tag vier ist das ein Klacks für mich. Ich bekoche meine Lieben mit einer Erhabenheit über das, was sie tun – nämlich essen –, das ist kaum vorstellbar.

Am nächsten Tag bin ich wieder gejoggt. In den Anfangstagen habe ich dazu nicht die Kraft, bin viel zu sehr mit meinem Hunger und dem mir selbst auferlegten Leiden beschäftigt. Aber dann geht's los. Kennst Du das auch, wenn Du im Dunkeln Auto fährst, kommt Dir die Geschwindigkeit höher vor, als sie eigentlich ist? Mir geht das immer so. Nun, beim Fasten passiert wohl Ähnliches. Ich war so leicht und locker und locker und leicht, völlig schwerelos, dass ich mich selbst schon im Tempo gebremst habe. Um dann bei einem Blick auf mein Trainingsprogrammdings festzustellen, dass ich für die gleiche Strecke zehn Minuten länger gebraucht habe als sonst. Das war dann wohl so etwas wie ein Fasten-Runner's-High. Völlig losgelöst von allem habe ich im Anschluss noch die halbe Terrasse umgegraben. Das heißt, Kübel bepflanzt, umgetopft, gesät, gesteckt und gegossen. Um 18 Uhr war ich so kaputt, dass ich mich »nur mal kurz« hingelegt habe; um 19 Uhr schlief ich tief und fest. Dazu kommt, dass ich in den Tagen des Fastens zwar gut und auch erholt schlafe, aber in einer Intensität träume, die kaum zu beschreiben ist. Mein Geist läuft nachts, wenn mein Körper schon lange müde an seinen Grenzen angekommen ist, noch auf Hochtouren. Ich glaube fast, er arbeitet nachts mehr als tagsüber. Vielleicht will er im Moment einfach seine Ruhe vor mir haben? Na ja, es geht den »Mensche wie die Leit'«, und er wäre nicht der erste.

Nach einer Woche habe ich einen wunderbaren Rhythmus für mich gefunden. Die Nächte werden kürzer, ab 5 Uhr macht es »pling« in meinem Kopf, und ich bin glockenhellwach. Der Geist läuft auf Hochtouren. Im Wechsel mache ich täglich entweder eine ausgiebige Yogastunde oder ich jogge, allerdings nicht länger als dreißig Minuten. Auch wenn ich das Gefühl habe, meine Beine hätten Flügel und trügen mich bis an das Ende der Welt. Ich gehe in diesen Tagen endlich mal wieder besonders achtsam mit mir um. Alle vier Tage ging ich in die Sauna und holte so den letzten Rest aus mir heraus. Das Laptop blieb aus. Normalerweise glüht es den Tag über durch, ich bin immer online. Ich gestehe die Nutzung der Internetfunktion am Telefon, also so ganz abgeschnitten war ich nicht, aber auch das lag mehr in der Ecke herum als sonst. Die Welt hat sich trotzdem weitergedreht, und wirklich verpasst habe ich wohl nichts.

Dafür tat ich Dinge, für die mir sonst jegliche Muße fehlen würde, z. B. fotografierte ich jeden Tag die gleiche Magnolienblüte auf der Terrasse und freute mich an ihrem Wachstum. Nebenbei kochte ich, und zwar – das möchte ich an dieser Stelle noch mal betonen! – ganz ohne Qual und mit großer Freude. Allerdings nur leichtes Zeugs, so Sachen, die Du mit verbundenen Augen hinbekommst. Meistens muss dann am Tisch noch etwas nachgewürzt werden, aber ein bisschen können die zwei ja auch selbst machen. So gab es mal wieder Lachs aus dem Bratschlauch, viele Salate, in der Folie gebackenen Schafskäse mit Oliven-Orangenöl, ein Lammgulasch mit Lebkuchengewürz und Couscous, das für drei Tage reichte. Warum sollte ich Neues ausprobieren, von dem ich nichts habe? Ein wenig Egoismus darf wohl sein in diesen Zeiten, und dazu geschehen noch Zeichen und Wunder: Unsere Tochter griff zwischendurch auch selbst zum Kochlöffel bzw. zur Salatschleuder.

Ab dem vierzehnten Tag mache ich mich stets locker, was die Fastendauer angeht. In den Tagen davor regiert eiserner Wille und höchste Disziplin. Ich weiß, dass viele andere nur sechs oder sieben Tage fasten. Für mich ist das ein Aufwand, der sich nicht lohnt. Du brauchst mindestens drei Tage, um den Körper umzustellen, die Kopfschmerzen und das Hungergefühl loszuwerden. Da erscheinen mir nur weitere drei oder vier Tage als unverhältnismäßig. Darum liegt mein selbst gesetztes Ziel stets bei vierzehn Tagen; was danach kommt, ist nur noch Kür. Die längste Fastenzeit, die ich hatte, waren dreiundzwanzig Tage, da lief es einfach so gut vor sich hin, dass ich völlig berauscht war von mir selbst und meinem Leben. Aber ab Tag vierzehn lasse ich locker und los. Panta rhei ...

Beim letzten Mal hatte ich an Tag elf eine Fastenkrise. Das ist normal und kommt häufig vor. Ich habe bereits viele erlebt und sie alle gemeistert. Das waren die Tage, an denen ich am liebsten die Zähne in die Teller mit dem angerichteten Essen geschlagen hätte und meinen Zeigefinger im Salzpott wiederfand. Heimlich, damit ich mich selbst nicht erwische, habe ich mir ein kleines Häufchen Maldon-Kristalle auf die Handfläche gestreut, bin ins Wohnzimmer geflitzt und habe diese auf der Couch lümmelnd ützchenweise heruntergeleckt. Dabei wie ein Mantra in meinem Kopf das »ich höre auf, ich höre auf, ich höre auf«. Nach zwei harten Tagen war das zum Glück vorbei. Am zwölften Tag habe ich das Joggen eingestellt. Nicht, dass es mir nicht mehr geglückt wäre – ganz im Gegenteil, ich habe mich immer noch so unglaublich leicht gefühlt wie in den Tagen zuvor. Aber als hätte es mir eine innere Stimme zugeflüstert, tauchte in mir der Gedanke auf, es könnte nicht mehr gut sein. Zu energieraubend. Aber jeden zweiten Tag Yoga, das ist geblieben. Teilweise ruhige, aber auch sehr kraftvolle und anstrengende Stunden habe ich morgens beim hereinscheinenden Morgensonnenlicht im Wohnzimmer auf der Matte verbracht. Das ideale Training, um während des Fastens dem Muskelabbau vorzubeugen. Fasten – jedenfalls über einen so langen Zeitraum – ohne jede körperliche Bewegung kann nicht gut sein.

Unterhalten habe ich mich und meine Leser zur Ablenkung mit Rezepten für Eichhörnchen. In Amerika ist das ein relativ normales Gericht, zumindest in ländlichen Gegenden. Auf *Youtube* wimmelt es von Jagd- und Zubereitungsvideos. Ich war berauscht von irgendeinem Hormon und albern genug gestimmt, meinen Lesern die Eichhörnchenhäutung und -zubereitung nahezubringen. Zugegeben, nichts für zart besaitete Seelen. Wichtig ist, graue Eichhörnchen zu verwenden, die roten gelten als zu klein und haben einen starken Hautgout. Zur Häutung werden folgende Schritte empfohlen:

Du schneidest den Schwanzknochen von unten durch, die Haut am Schwanzende aber nicht ganz. Dann die Haut mittig am Rücken einschneiden. Dann drehst Du das Eichhörnchen um und trittst auf den Schwanz. Du ziehst mit einer Hand an den Hinterbeinen, bis sich das Fell langsam »vorarbeitet« und am Kopf angekommen ist. Nun ziehst Du den Rest des Fells von den Hinterläufen. Jetzt machst Du weiter wie bei einem Kaninchen (das ich bekanntlich auch nicht esse) und schneidest Kopf und Pfoten ab, dann entfernst Du die Innereien und die zwei kleinen Drüsen, die sich beim Eichhörnchen im Kreuz befinden. Zubereiten kannst Du das Eichhörnchen wie eine gefüllte Taube (die ich ebenfalls nicht esse), oder Du verwendest es in einem »Brunswick Stew«, dem traditionellen Eintopf aus dem Süden der USA.

In einer der folgenden Nächte träumte ich von frittierten Schmetterlingsflügeln. Und briet meinen Lieben zu Hause gefüllte Schmetterlingssteaks vom Kalbsrücken in Cognac-Sauce mit gebackenen Tomaten. Ein Gericht, das man locker aus dem Ärmel schütteln kann, auch wenn man nicht abschmeckt.

Kalbsrücken-Steak
gefüllt mit Salbei und Landschinken
in Cognacsauce mit Ofentomaten

Dazu lässt Du Dir vom Metzger schöne Schmetterlingssteaks vom Kalbsrücken schneiden. Die klappst Du Dir zu Hause auf und salzt und pfefferst sie. Dann belegst Du sie mit einem kräftigen rohen Schinken. Nimm keinen Schwarzwälder, der ist zu salzig und dominant (mein Fall ist er eh nicht). Nimm einen guten Landschinken von Deinem Lieblingsmetzger. Wenn Du in oder um Mainz herum wohnst, dann nimm den Jambon de Mayence. Ehrlich, ich mag Serrano und Parma und Pata Negra auch, sogar sehr gerne. Aber warum in die Ferne schweifen, wenn Du das Gute vor der Haustür hast.

Dann plünderst Du Deine Salbeipflanze und belegst das Fleisch mit einigen Blättern. Je nach Größe zwischen fünf und acht Blätter. Manche mögen Salbei gar nicht, dann geht das Ganze auch wunderbar mit Rosmarin. Oder Rucola. Oder je nach Jahreszeit auch mit Bärlauch. Dann klappst Du das Steak zusammen und verschließt es mit zwei Zahnstochern. Die Zahnstocher ziehst Du vorher mal kurz durch neutrales Öl, dann sind sie schön flutschig und lassen sich nach dem Braten besser herausziehen. Und jetzt brätst Du sie an. Da noch eine Sauce gezogen wird, nimm Butterschmalz und kein Olivenöl. Von beiden Seiten anbräunen lassen, dabei immer die obenliegende Seite mit dem Bratenfett begießen, in dem Du nebenbei noch ein paar Salbeiblättchen mitbrätst. Anschließend mit einem ordentlichen Schluck Cognac ablöschen. Kurz einreduzieren lassen. Dann nimmst Du die Steaks heraus und stellst sie im Ofen warm bzw. deckst sie mit Alufolie ab.

In die Pfanne kommt jetzt ein halber Becher Sahne. Probier übrigens mal, auf carrageenfreie Sahne umzusteigen, Deine Gesundheit und Geschmacksnerven werden es Dir danken, und das kräftige Schütteln ist ja auch gut für die Oberarmmuskulatur. Jetzt lässt Du alles sämig einkochen, eventuell noch etwas eiskalte Butter zur Bindung einmontieren, dann legst Du das Fleisch wieder hinein und lässt es kurz durchziehen. Alles in allem brauchst Du dafür keine zwanzig Minuten, inklusive Braten.

Die Tomaten teilst Du in der Waagerechten und schneidest an der Unterseite eine dünne Scheibe ab, damit sie gerade hält. Dann legst Du sie auf ein mit Backpapier ausgelegtes Ofenblech, begießt sie mit fruchtigem Olivenöl und würzt sie mit grobem Meersalz und Pfeffer aus der Mühle. Bei 160 °C Umluft ca. 25 Minuten backen lassen, dann mit gehobeltem Parmesan bestreuen. Hitze erhöhen und nochmal ca. 5 Minuten weiterbacken. Das Fleisch aus der Pfanne nehmen und in Tranchen schneiden. Dann, in meinem Fall, schaust Du den Lieben beim Essen zu, wirst fast ohnmächtig vom Duft und denkst wirres Zeugs wie: Morgen hör ich auf, morgen hör ich auf, morgen hör ich auf, morgen hör ich auf, morgen hör ich auf, morgen hör ich auf ...

▸•◂

Wie oft vergeht uns in der tönernen Schwere des Alltags das Lachen. Das habe ich mir in der Fastenzeit wieder zurückgeholt. Es gab Tage – gerade gegen Ende –, da habe ich mit dem Gedanken gespielt, erstmalig auf vier Wochen zu kommen.Aber die Verlockungen waren zu groß. Ich hatte bis zum Schluss keinerlei Hunger, aber diese Lust aufs Essen, die ich fast körperlich gespürt habe, wurde immer größer.

Am zwanzigsten Fastentag hatte ich bereits seit Tagen eine kulinarische Einladung für das nächste Wochenende vor mir liegen, die ich nicht versäumen wollte. Ich wusste, so langsam müsste ich ins normale Leben zurückkehren, sonst würde das nichts. Leichtgefallen ist es mir nicht. Dieser Fastenzustand hat etwas wahrhaft Besonderes, und einige Menschen haben mal wieder miterlebt, zu welchen Albernheiten ich fähig bin. Das waren die besonders schönen Momente. Abends im Bett zu liegen und nichts zu tun. Kein Lesen, kein Schlafen, kein Denken. Dafür Kichern ohne Unter- und Anlass. Eichhörnchenrezepte posten. Über frittierte Schmetterlingsflügel sinnieren.

Am einundzwanzigsten Tag habe ich einen Apfel gegessen, für den ich zwei Stunden benötigt habe. Nach dem ersten Achtel war ich bereits pappsatt. Abends gab es die gleiche Portion noch einmal. Am zweiundzwanzigsten Tag dann die pure Völlerei: Zwei Äpfel und ein Knäckebrot mit Butter und Kresse. Ich war wieder einmal berauscht vom Geschmack einfacher

Dinge. Wie scharf Kresse sein kann! Wie schmackhaft eine frische Fassbutter von der Alm! Am dreiundzwanzigsten Tag gab es bereits ein paar wokgerührte Sprossen in Kokosmilch und ein Fitzelchen Reis. Das Essen hatte mich wieder!

Wikio und die Folgen

Die Plattform *Wikio* sammelt Nachrichten, Statistiken und Zahlen aus dem Netz. Es ist ein Service, der sich an Medienagenturen, Marketingverantwortliche und Blogger richtet. Auf dieser Plattform lässt sich einfach und schnell mitverfolgen, wer oder was im Social Web von sich reden macht und auch, wer die einflussreichsten Social Publishers sind.

Wikio heißt seit kurzer Zeit *ebuzzing*. Das System ist das gleiche, und ich bleibe hier auch noch beim altbekannten Namen, weil sehr viele die Änderung noch gar nicht mitbekommen haben. Wenn Du regelmäßiger Leser von Blogs bist, ist Dir das kleine Symbol vielleicht schon einmal aufgefallen, das manche Blogger in die Seitenleiste eingebaut haben. Es ist ein Kästchen mit einer Zahl und darunter steht »Kochblogs« oder »Weinblogs« oder »Gastronomie« oder eine von ca. siebenunddreißig anderen Kategorien. Es werden Blogs über Stricken und andere Handarbeiten genauso selbstverständlich geführt, wie die über Handwerker, Politik oder netztechnische Angelegenheiten. *Wikio* listet alles an Blogs, was den Mitarbeitern unter die wachsamen Bildschirmaugen kommt. Und dann werden sie miteinander in ihrer vermeintlichen Wichtigkeit verglichen. Da natürlich Strickblogs und Netzpolitik nicht so wirklich zueinander passen, hat *Wikio* die Kategorien erfunden. Wobei ich mir durchaus vorstellen kann, dass ein Netzpolitikblogger seine Füße in selbst gestrickten Socken unter den Schreibtisch stellt. Aber zugeben würde er das sicher niemals. Meinen Blog gab es bereits einige Wochen, als ich diesen Button bei anderen entdeckt und seinen Sinn entschlüsselt hatte. Nachdem er öffentlich in meinen Blog eingebunden war, konnten sowohl ich als auch meine Leser ständig nachlesen, dass ich im Bereich der Koch- bzw. Gastronomieblogs bei ca. Platz 483 herumdümpelte; bei 500 fängt *Wikio* überhaupt erst an, Dich zu listen. Auf meine Nachfrage, wie viele deutschsprachige Foodblogs es wohl gäbe, wurde mir auch diese Zahl von »um die 500« genannt. Es mögen durchaus ein paar mehr sein, gerade in den letzten zwölf Monaten ist eine Unzahl von Foodblogs an den Start gegangen, die die Anzahl der Tiefschläfer mit Sicherheit weit übertrifft. *Wikio* hat nun intern einen Algorithmus entwickelt, um die Vergleichbarkeit herzustellen. In etwa funktioniert das so:

Jeden Monat rechnet *Wikio* aus, wie oft ein Blog von einem anderen Blog verlinkt wurde. Dabei ist nicht wichtig, dass die Verlinkung in der gleichen Kategorie stattgefunden hat. Wichtig ist nur der Link an sich. Dieser Link ist dem Algorithmus etwas wert. Bitte frag mich nicht, was, so wichtig war mir das nie, und ganz sicher ist es keine Währung, von der Du Dir was auch immer kaufen könntest. Dann schaut *Wikio*, wie oft Dein Blog bzw. Beiträge daraus getwittert worden sind. Da *Twitter* ein bevorzugtes Medium von *Wikio* ist, zählen meines Wissens die Tweets sogar ganz besonders viel, will sagen, sie sind dem Algorithmus ganz besonders wichtig. So gut und so langweilig. Um die ganze Angelegenheit ein wenig spannender zu machen, hat der *Wikio*-Algorithmus eine kleine Schikane eingebaut. Der Link, der von einem bereits als wichtig eingestuften Blog kommt, zählt mehr. Du findest das ungerecht? *Wikio* ist halt nichts anderes als ein Spiegel Deines Alltags. Oder auch wie es so schön heißt: »Der Teufel scheißt immer auf den größten Haufen.« Von einem wichtigen Blog verlinkt zu werden, ist also für einen Unwichtigen an Wichtigkeit kaum zu überbieten, sonst wird der Weg nach oben mühsam und steinig. Jetzt könntest Du natürlich anfangen, *Wikio* auszutricksen. Du gehst einfach los, suchst Dir eine dicke Freundschaft zu einem wichtigen Blog(ger) und lässt Dich immer schick von ihm verlinken. Nun, der Algorithmus ist zwar schikanös, aber blöd ist er nicht. Und seine Rache ist furchtbar. Je öfter Du Dich von einem wichtigen Blog verlinken lässt, desto größer ist Deine Abstrafung in die Niederungen der Unwichtigkeit. Insofern tue ich mir nichts Gutes, wenn ich Leser meines Blogs in Links auf dazu passende Artikel hinweise, die ich selbst im eigenen Blog bisher zum jeweiligen Thema veröffentlicht habe. Aber man muss Prioritäten setzen, oder? Eine freundliche Mitarbeiterin von *Wikio* hat mir dazu ein paar Fragen wie folgt beantwortet:

Kann eine Verlinkung unterschiedlichen Wert haben?

Es gibt mehr oder weniger wertvolle Links. Wenn Dein Blog von einem im Ranking hochstehenden verlinkt wird, bringt das Deinem eigenen im Algorithmus mehr, als wenn Dich Blog-Nr. 499 verlinkt. Das klingt auf den ersten Blick nicht fair, führt aber dazu, dass niemand durch das Erstellen von zahlreichen »Geisterblogs« seinen eigenen in ungeahnte

Höhen verlinken kann. Die Position eines Blogs im *Wikio*-Ranking hängt von der Anzahl und dem Wert der Links ab, die von anderen Blogs eingehen. Eingehende Links von einem Top-Blog unseres Rankings werden stärker gewichtet als Links eines weniger gut platzierten Blogs. Um Manipulationen zu vermeiden, wird ein eingehender Link eines Blogs nur einmal gezählt. Der Wert der Links nimmt mit der Zeit ab, und wenn ein Blog immer auf ein zweites Blog verlinkt, verlieren diese Links mit der Zeit auch an Wert. Es werden ausschließlich im Resümee des RSS-Feeds enthaltene Links berücksichtigt. Links aus Blogrolls werden beim Ranking nicht berücksichtigt.

Wikio führt je Kategorie 500 Blogs auf. Wie viele sind intern gelistet? Wie viele Foodblogs gibt es in Deutschland überhaupt?

Die Anzahl von Blogs im Ranking anzugeben ist immer schwierig. Wenn ein Blog zwei Monate lang keinen einzigen Beitrag veröffentlicht, erscheint er nicht mehr in der entsprechenden Kategorie. Damit verhindern wir, dass tote Blogs aufgrund ihrer alten Verlinkungen im Ranking bleiben. Sobald wieder etwas geschrieben wurde, ist der Blog wieder da und alle Ranking-Kriterien werden angewandt, sodass er nicht unbedingt wieder in der allerletzten Position anfängt. Somit treten Blogs in allen Kategorien immer automatisch ein und aus.

Für die Foodblogs haben wir zwei Kategorien: Gastronomie und deren Tochter-Kategorie Kochblogs. Momentan sind bei Gastronomie etwa 500 aktive Blogs referenziert und bei Kochblogs 300. Insgesamt gibt es im deutschsprachigen Raum aber sicher noch mehr Foodblogs; denn auch wenn wir versuchen, dranzubleiben, haben wir wohl nicht alle Blogs in den jeweils richtigen Kategorien indiziert. Falls also dir oder deinen Lesern ein Blog unterkommt, der noch nicht bei *Wikio* gelistet ist oder nicht richtig eingeordnet wurde, könnt ihr uns gern an info@wikio.de schreiben.

Und so kann ich eigentlich immer jedem empfehlen, die folgenden Regeln zu beachten, wenn es um die monatlich veröffentlichten Blogrankings geht:

Regel Nummer 1: Dieses Ranking ist total unwichtig!

Regel Nummer 2: Immer wenn Du grübelst, wie wichtig dieses Ranking vielleicht sein könnte, denk an Regel Nummer 1!

Es stellt mitnichten ein Qualitätsmerkmal Deines Blogs dar, sondern vermittelt Dir lediglich einen Überblick darüber, wie oft Du von anderen Bloggern zitiert bzw. verlinkt wurdest. Auch sagt es *nichts* über die Anzahl Deiner Leser/innen aus! Es gibt lediglich eine klitzekleine Einschränkung, die aber jedem klar sein dürfte: Ein Blog, der nicht interessant ist, hat kaum Leser und wird wohl auch selten zitiert. Wobei diese Feststellung bereits die nächste Einschränkung mit sich bringt – nämlich die Tatsache, dass nur *Du* als Blogger darüber entscheidest, was interessant ist und was nicht. Und wenn Du fünf regelmäßige Leser hast, die mit Dir die Leidenschaft für ein besonderes Thema teilen, ist das toll und schon mehr, als manche Menschen in ihrem »wahren Leben« erreichen.

Und doch bin ich der Meinung, dass die Bloggerin oder der Blogger an sich ein Mensch ist, der sich sehr wohl dem

Licht der Öffentlichkeit stellen möchte, sonst würde sie oder er nämlich einen Blog schreiben, der nicht für alle zugänglich ist. Denn auch das ja ist möglich. Du kannst Deinen Blog völlig unter Ausschluss der Öffentlichkeit führen, dann hast Du das gute alte Tagebuch samt Schloss und Riegel in digitaler Form geschaffen. Oder aber Du gibst ihn nur für eine ganz bestimmte Personengruppe frei. Wir alle aber, die wir öffentlich bloggen, können uns wohl über das uns eigene Mitteilungsbedürfnis nicht beschweren. Dass dies dann mit sich bringt, dass irgendjemand Dich mit jemand anderem vergleicht, ist doch völlig wurscht! Die Menschen vergleichen sich und Dich jeden Tag immer wieder aufs Neue. Nur weil jemand einen Algorithmus entwickelt hat, mit dem er glaubt, die Verlinkungsanzahl von Bloggern aufzeigen zu können, musst Du nicht denken, dass hätte für Dich oder jemand anderen irgendeine tiefergehende Bedeutung. Siehe Regel Nummer 1!

Im März 2011 bekam ich eine Mail von *Wikio,* ob ich das immer erst zum 5. eines Monats veröffentlichte Ranking in einer Vorschau am 1. eines jeden Monats auf meinem Blog veröffentlichen wolle. Ich selbst befand mich zu der Zeit immer so zwischen den Plätzen 7 bis 9, hatte also einen mehr oder weniger mühsamen Aufstieg hinter mir, dessen Weg selbst ich mir aber nicht erklären konnte. Bis ich mir die oben beschriebenen Informationen zusammengesammelt hatte. Den Gedanken an eine Vorabveröffentlichung fand ich reizvoll; eigentlich alle Blogger, die ich verfolgte, hatten diese Buttons in ihre Blogs eingebunden, und wenn nicht, so waren sie doch bei *Wikio* gelistet und stellten sich jeden Monat dem öffentlichen Vergleich. Und so ging ich in leichtfertiger Art und Weise davon aus, dass jeder Blogger mehr oder weniger gespannt seine eigene Entwicklung verfolgte und sich über eine ein paar Tage frühere exklusive Berichterstattung freuen würde.

So kann man sich täuschen. Am 1. April 2009 veröffentlichte ich im Blog die Vorschau mit folgenden einleitenden Worten: »Wenn ich mal ganz ehrlich bin – und wir sind hier ja schließlich völlig entre nous – dann sind mir Blogs über Stoffkreationen ziemlich schnuppe. Wenn Du gerne Quilts, gesteppte Bettjäckchen und Vorhänge herstellst, dann schau dort ruhig mal rein. Ansonsten interessieren Dich vielleicht die gleichen Kategorien wie mich. Das sind die, die sich mit Essen und mit Wein beschäftigen. Da ich keinen Weinblog schreibe, bin ich in diesem Ranking nicht vertreten. Mich findest Du in den Kategorien Kochblogs und Gastronomie. Im Prinzip tummeln sich unter den ersten 10 in jedem Monat die gleichen Verdächtigen, und seitdem ich diese Statistik kenne, hat der Platz 1 kein einziges Mal gewechselt. Und obwohl ich mich freue, wenn ich einen Platz weiter nach oben rutsche, ist es nicht schlimm, wenn es mal wieder runtergeht – denn, sind wir mal ehrlich, es gibt herzlich wenig Unwichtigeres im Leben als das.«

Die Reaktionen hielten sich noch in Grenzen. Zumindest öffentlich. Die erste Bloggerin meldete sich erbost bei *Wikio* ab, als sie feststellte, dass ich sie öffentlich im Ranking überholt hatte. Ich wunderte mich nur ein bisschen, nahm es aber eher belustigt zur Kenntnis. Ein paar Kommentare erschienen im Blog, die eigentlich im Wesentlichen lediglich die Überraschtheit mancher Blogger wiedergaben, bei diesem Ranking überhaupt dabei zu sein. Es gab also immer noch einige, die davon so wie ich am Anfang nichts wussten. Ich nahm das alles locker und nett und habe Erklärungen dazu abgegeben, soweit es mir möglich war.

Am 1. Mai 2011 erschien das neue Ranking im Blog, und auch hier wurden von mir sehr geduldig die in der Zwischenzeit per Mail eingegangenen Fragen öffentlich für alle im Blog beantwortet:

»Nach Euren Fragen vom letzten Ranking aus dem April habe ich diese an *Wikio* weitergeleitet und kann vielleicht heute ein paar Antworten geben.

Am brennendsten hat viele – mich persönlich auch – interessiert, wie man in diesem Ranking landen kann, ohne sich dort jemals angemeldet zu haben. *Wikio* sagt dazu:

›*Wikio* sucht die Bloggerwelt nach neuen Blogs ab und indiziert sie automatisch. Anhand von Schlagwörtern und einer abschließenden Kontrolle durch uns werden sie in die einzelnen Kategorien eingeordnet. Es sind daher auch viele Blogs im Ranking, die sich selbst gar nicht angemeldet haben. Falls jemand nicht mehr im Ranking oder überhaupt auf *Wikio* auftauchen möchte, genügt eine kurze Mail an uns und wir löschen die Seite aus unserer Datenbank (info@wikio.de).‹

Eine persönliche Frage von mir bezog sich darauf, inwieweit Besucherzahlen das Ranking beeinflussen können. Denn eigentlich ist es doch so – in der Theorie –, dass ein Blog täglich Zigtausende von Besuchern haben kann, also viel und gerne gelesen wird, und im Ranking trotzdem nur eine untergeordnete Rolle spielt, solange man ihn nicht verlinkt. Dieses Ranking verbucht nur die Verknüpfungen, wobei es nichts bringt, bei anderen in den Kommentaren permanent seine eigene URL zu hinterlassen. Verlinkungen in Kommentaren dienen lediglich der Kommunikation, und das finde ich auch gut so. Wobei das zurzeit relativ perverse Auswüchse annimmt, wenn man sich ansieht, was manche unternehmen, um sich durch Kommentare bekannt zu machen. [Anmerkung für die Leser: Es gibt mittlerweile »Stellenanzeigen« im Netz, in denen Kommentarblogger gesucht werden. Pro abgegebenen Kommentar sollen bis zu € 1,00 gezahlt werden.]

Die Erklärung von *Wikio*:

›Bei *Wikio* wird das Ranking durch die Links zu den Blog-Artikeln und die Tweets über sie beeinflusst. Du hast also recht, die bloßen Seitenaufrufe werden nicht gezählt. Natürlich ist so ein Algorithmus immer strittig, und jeder würde es auf seine Weise irgendwie anders machen;) *Wikio* hat sich aber für diesen Weg entschieden, um so gut wie möglich abzubilden, welcher Blog die besten Artikel schreibt. Qualität vor Quantität, sozusagen. Es wird auch jeder ›sendende‹ Blog nur einmal pro Monat gezählt, zwanzig Links vom gleichen Blog machen also keinen Unterschied.

Findet man einen tollen Artikel und verlinkt auf ihn oder twittert ihn, dann hilft das dem Ranking des entsprechenden Blogs. Das erfordert natürlich ein etwas größeres Engagement und eine aktive Leser-Gemeinde. Gleichzeitig haben damit aber kurze Besuche oder »Verirrungen« auf einen Blog keinen Einfluss. Jemand kann zum Beispiel auf vielen anderen Seiten Links zu seinem Blog posten und somit Leute anlocken – wenn er keine interessanten und verlinkenswerten Artikel schreibt, hilft ihm das im *Wikio*-Ranking gar nichts.‹«

Wikio glaubt also genau wie ich selbst daran, dass Qualität sich durchsetzt.

Am 1. Juni 2011 hatte ich das nächste Bloggerurgestein im Ranking überholt, war selbst auf Platz 3 gelandet und trat schmähende E-Mails, die mittlerweile teils strafbewehrten beleidigenden Charakter annahmen, in die virtuelle Tonne. Mittlerweile beschränkten sich andere Blogger aber nicht mehr darauf, sich mit mehr oder weniger lautem Getöse bei *Wikio* abzumelden, sie teilten ihren Unmut und ihre Gereiztheit der Öffentlichkeit auch in eigenen Blogbeiträgen lauthals mit. Da wurde geschimpft, was das Zeug hielt. Ich war immer »die Bloggerin, die meint, dass ...«, namentlich genannt hat mich kaum jemand, alle wussten eh, um wen es ging. Ich finde das bis heute nicht schlimm, die Suchanfragen zeigen, dass die Werbung, die dadurch ungewollt für meinen Blog betrieben wird, immens ist. Fast jede abfällige Bemerkung über mich oder *Arthurs Tochter Kocht* an anderer Stelle beschert mir neue Leser. Viele von ihnen schreiben mir dann nette Mails über das, was sie gelesen haben, und wie sehr sie sich freuen, dadurch meinen Blog entdeckt zu haben. Daher an dieser Stelle einfach mal Danke!

Viele machten mittlerweile ein Riesengeschrei um dieses Ranking, das doch irgendwie schon immer da gewesen war und an dem fast alle beteiligt waren. Offenbar traf mein Erklären, wie es überhaupt zustande kam, viele Beteiligten bis ins Mark. Auf einmal wurde von Ungerechtigkeiten gefaselt; angeblich dümpelte der meistgelesene deutsche Foodblog unter den Plätzen 30 plus/minus herum, woran man sehen könne, dass der Algorithmus nicht funktioniere. Nun, es gibt eine Handvoll deutschsprachiger »meistgelesener Foodblogs«. Die, die so um Platz 30 im Ranking aufgeführt sind, mögen zwar ganz besonders treue und sicher auch viele Leser haben, zu den meistgelesenen gehören sie sicher nicht. Und so kamen auf einmal Empfindlichkeiten ans Tageslicht, mit denen ich nie gerechnet hätte. Interessanterweise sind viele, die mit »Abmeldung« drohten, heute immer noch dabei. Und auch wenn ich ein durch und durch freundlicher und stets positiv gestimmter Mensch bin, ging und geht mir das Lamentieren um dieses Ranking ganz gehörig auf den Keks. Aus diesem Grund führe ich die Vorschau mittlerweile nicht mehr als Linkranking auf, sondern liste nur die Namen der Blogs. Zu Beginn habe ich jeden Meckerer mit einem Link aus meinem Blog beschenkt. Dabei ist mir *Wikio* völlig schnuppe, aber ich frage mich natürlich mehr und mehr, ob ich für Blogger Werbung machen soll, die sich aus mir völlig unbekannten Gründen dergestalt missmutig an meiner Person abarbeiten.

In meinem Blog führe ich eine sehr umfangreiche Unter-Seite mit dem Titel »im Umfeld«. Dort habe ich eine Sammlung von Blogs zusammengetragen, die ich entweder selbst sehr gerne und häufig lese oder die ich einfach meinen eigenen Lesern zum Lesen empfehlen möchte. Dabei handelt es sich nicht nur um Foodblogs, auch Weinblogs liste ich dort auf – die Verbindung zum guten Essen ist sowieso naheliegend. Und auch ein paar Literatur-, Reise- und sonstige Spartenblogs sind dort zu finden. In dieser Liste aufgeführt zu sein, ist vielen enorm wichtig. Ich kann das insofern verstehen, als ich weiß, dass die Blogs aus dieser Liste enorm viele Besucher über meine Seite bekommen. Gerade die, die noch relativ neu sind und die ich gerne prominent zu Beginn der Liste als »Neuankömmlinge« vorstelle, profitieren davon. Mittlerweile hat es sich aber schon eingebürgert, auf diversen Plattformen kundzutun, dass man beleidigt sei, weil ich einer Bitte um Aufnahme nicht umgehend nachgekommen sei. Insofern überlege ich derzeit ernsthaft, diese Seite komplett zu streichen. Sie erfordert viel Zeit und Pflege, zumal ich zu jedem Blog in dieser Liste eine kleine, oftmals humorige Bemerkung geschrieben habe, um ihn ein wenig vorzustellen. Diese Machart wird mittlerweile immer häufiger von anderen Bloggern kopiert, wogegen ich gar nichts habe. Gute Ideen sollten mit Nachdruck Verbreitung finden. Ich selbst denke mir dann aber gern wieder etwas Neues aus. Der Grundgedanke des Web 2.0 ist das Teilen. Im Unterschied zum Web 1.0, in dem Inhalte in erster Linie konsumiert wurden, werden sie seit Web 2.0 von den Nutzern bearbeitet, kommentiert und verbreitet. Davon lebt das Netz und darum bin ich so ein großer Anhänger des »Social Life«, das in seinem Grundbegriff die etwas sperrigere Bezeichnung Web 2.0 abzulösen bereit steht bzw. dies in vielen Bereichen bereits getan hat. Aber ach, zwei Seelen wohnen in meiner Brust. Und die mit der dreizinkigen Gabel in der Hand flüstert mir ständig ins Ohr, ich sollte das, was mich permanent ärgert, einfach abschalten. Warum nicht auch, was mein lieber Freund und Blogger-Kollege Alex z.B. schon lange so macht, diese Liste einstampfen und auf besonders erwähnenswerte Blogs in den eigenen Texten eingehen. Wenn Du diese Zeilen liest, habe ich mich vielleicht schon entschieden.

Wer sich mit *Wikio* aus den oben beschriebenen Gründen nicht auseinandersetzen möchte, dem bleibt noch das *Alexa*-Ranking. *Alexa* ist ein Internetdienst, der nicht in erster Linie die Verlinkungen einer bestimmten Seite aufführt, sondern die Zugriffe auf diese insgesamt zählt. *Alexa* listet Webseiten ganz allgemein auf, und zwar die 1 000 000 meistbesuchten weltweit, unabhängig davon, ob es sich um Blogs handelt oder nicht. Dabei werden die Seiten nach der Art, wie auf sie zugegriffen wurde, bewertet, und dabei wird versucht, Traffic, Links und Qualität auszuwerten. Für Werbetreibende ist ein *Alexa*-Ranking um den Bereich 50 000 und besser wichtig, da ab dieser Position eine Seite als populär gilt. Das lädt auch hier zu Manipulationen ein, und von vielen wird daher auch dieses Ranking überschätzt. Für Foodblogger spielt es sicher ebenfalls eine untergeordnete Rolle, allein schon, weil mit den Blogs nur sehr selten Gewinnerzielung im Fokus der Betreiber steht. Das eigene Ego kann man sich natürlich mit diesen Zahlen wunderbar polieren.

Im Juli fiel das Ranking aus bzw. habe ich die Vorschau durch *Wikio*-interne Umstände nicht erhalten, im August nur verspätet, das heißt, einen Tag vor der offiziellen Veröffentlichung. Manch einer dachte sich in diesen Tagen vielleicht, ich sei eingeknickt und würde die Finger von diesem ach so heißen Eisen lassen. Aber gib mir eine Wand und ich renne dagegen. Inzwischen ist jedoch ein wenig Ruhe eingekehrt. Das Ranking erscheint regelmäßig auf meinem Blog, die Sturmfluten sind Plätscherwellen am Ufer geworden, und eigentlich wird kaum noch darüber gesprochen. Trotzdem sind diese monatlichen Beiträge im Blog die jeweils meistgelesenen der letzten Wochen. Ein Schelm also, wer … Zu diesem Zeitpunkt konnte ich noch nicht ahnen, dass sich die Gemüter bald noch viel mehr erhitzen sollten.

Ein Geburtstag am Meer

Mein geliebter Mann hatte Geburtstag, und ich wollte ihm gerne etwas Besonderes schenken. Durch den verflixten Alltag blieb so viel gemeinsame Zeit auf der Strecke, dass wir ganz dringend einer Auszeit bedurften, und sei sie auch noch so klein. Nach kurzem Nachdenken entschied ich mich, ihm den lange gehegten Wunsch nach einem Bootführerschein zu erfüllen. Um dieses Geschenk stilgerecht überreichen zu können, packte ich den Ahnungslosen ins Auto und fuhr mit ihm nach Zandvoort in Holland, einem unserer Lieblingsplätze für Kurzzeiterholungen. Aber der Ablauf, vor allem im Hinblick auf den Restaurantbesuch an diesem Abend, gestaltete sich alles andere als geplant. Eigentlich ist »alles andere als geplant« nicht wirklich der richtige Ausdruck für das, was wir erlebten. Eine große Rolle spielte dabei unser bisheriges Zandvoort-Lieblingsrestaurant.

Sechs Wochen vor unserer Anreise habe ich das Zimmer in der Lieblingspension und einen Tisch auf der Terrasse des *Albatros* reserviert. Die Zimmerreservierung wurde schnell bestätigt, zusätzlich ist Marcel, der Inhaber, noch durch halb Holland gereist, um mir eine Flasche Ruinart zu besorgen. Mein Plan sah so aus: Irgendwann auf der Autobahn ein Jubelschrei bei Auftauchen der ersten Wegweiser. Ankunft am frühen Mittag. Fischessen am Strand. Sonne genießen. Chardonnay in der Strandbar. Ausruhen. Abends lange und genussvoll essen und trinken. Mitternacht am Strand mit Champagner, Wunderkerzen und dem in einem Fischernetz verpackten, mit Seesternen usw. dekorierten Geschenk. Nacktbaden. Lachen, lieben, heimschwanken, schlafen. Frühstücken. Nach Hause fahren. Nach acht Tagen hatte ich vom Restaurant noch keine Nachricht. Ich wollte nicht nur den Tisch reservieren, sondern auch gern ein Menü mit ihnen besprechen, dazu begleitende Weine. Es sollte ja alles besonders schön werden. Und was haben wir dort schon geschlemmt! Entsprechende Berichte findest Du im Blog. Also schickte ich erneut eine Mail. Die wurde dann mit dem Versprechen beantwortet, anlässlich des Geburtstages einen besonders schönen Tisch auf der Terrasse zu reservieren. Die Idee mit dem Menü ließ ich sausen, das auf die Entfernung und über zwei Sprachen zu organisieren, erschien mir als nicht sicher genug. Am Dienstagmorgen stieg also P. als Beifahrer ins Auto, ohne zu wissen, wo es hingehen würde. Er hatte lediglich die Ansage bekommen, sich zwei Tage frei zu nehmen. Als das erste Mal »Venlo« auf den Autobahnschildern stand, konnte er sich die grobe Richtung denken, schwankte aber noch zwischen Domburg und Zandvoort. Richtung Amsterdam wusste er dann Bescheid, und die Freude kannst Du Dir kaum vorstellen. Allein für dieses Gesicht hat sich die Reise schon gelohnt! Punkt eins plangerecht.

Der erste Weg führte wie immer zum Strand. Und dann zu der Frage, ob wir abends nicht essen gehen wollten. Ich fing an zu grinsen. P. grinste zurück. Ob wir nicht vielleicht ins *Albatros* gehen wollten. Ich grinste noch mehr. Da ahnte er etwas, fragte aber auch gleich, ob wir dann nicht reservieren sollten. Ich grinste noch mehr. Aber dann fragte er doch tatsächlich, für welche Uhrzeit ich reserviert hätte. Mir brach der Schweiß aus. 19.30 Uhr? 19.00 Uhr? Ich war nicht mehr sicher. Er grinste wieder. War aber nicht schlimm, wir konnten ja mal vorbeigehen. Gesagt, getan.

15 Uhr. Erster Auftritt im Restaurant. Richard, der Chef, war selbst da. Ich erwähnte die Reservierung und die Unsicherheit bezüglich der Uhrzeit. Er schlug das Reservierungsbuch auf: Nichts. Also schon. Aber nichts zu meinem Namen. Er sagte, das mache nichts (fand ich schon, aber so what), und fragte, wann wir denn kommen wollten. Kurze Absprache, 20.30 Uhr. Sehr gerne, Richard trug uns ein. Ich zeigte ihm noch unseren Lieblingstisch, und er versprach, sein Möglichstes zu tun.

20.25 Uhr. Zweiter Auftritt im Restaurant. Die Terrasse war voll. Eine der Kellnerinnen begrüßte uns, ich erzählte von der Reservierung. Ein Buch liegt nicht dort, in das sie schauen könnte. Sie bat uns, innen kurz Platz zu nehmen, sie wolle unseren Tisch gleich richten. Ich wollte nicht Platz nehmen, schaute mir die Terrasse genauer an. Voll ist voll. Vom Lieblingstisch mal ganz zu schweigen. Keinerlei Aufbruchsstimmung, nirgends. P. und ich schauten uns an, rätselnd. Ich fragte mich, wie das wohl gelöst werden würde. Hektische Kellner trugen Teller an uns vorbei. Ich wollte immer noch nicht sitzen und fragte mich, warum uns nicht wenigstens etwas zum Trinken angeboten wurde. Nach fünf Minuten lief die Kellnerin an uns vorbei – mit einem Kunststoff-Klapptisch unter dem Arm, den sie auf der Terrasse, schon im Bereich des Bürgersteigs, aufbaute. Der Tisch war ungefähr 5 Zentimeter niedriger als die anderen, und ich bekam es mit der Angst zu tun. Ich ging raus und fragte, ob das etwa unser Tisch werden solle, wir würden nicht auf dem Bürgersteig sitzen, erst recht nicht wie die Affen an einem zu niedrigen Tisch. Nein, nein, sei er nicht. P. und ich schauten uns an: verzweifelt. Ich wäre am liebsten auf der Stelle gegangen, aber jetzt hat er sich so auf das hier gefreut, das konnte ich nicht machen. Er wäre auch am liebsten auf der Stelle gegangen, aber jetzt hatte ich doch alles so schön vorbereitet, er wollte mich nicht enttäuschen. Wir schauten auf die Uhr. 20.40 Uhr. Er sagte: Noch 5 Minuten. Die Kellnerin raste wieder hinein, räumte hektisch einen eingedeckten Tisch im Restaurant ab, holte sich einen Kollegen und trug den Tisch mit dessen Hilfe hinaus. Auf den Bürgersteig. Wir gingen. Leise. Traurig.

Wir entschlossen uns zum erneuten Besuch unserer Lieblingsstrandbar. Essen kann man da zumindest tagsüber ganz gut, die Abendkarte klang schon immer nett, die Weinauswahl erträglich. Ein wenig Sorge hatte ich, so ohne Reservierung. Zwanzig Minuten zu Fuß; nach fünf nahm ich meine neuen Schuhe von den Füßen in die Hand. Auf dem Weg entdeckten wir ein neues kleines Restaurant, das wir uns vornahmen, beim nächsten Mal zu testen.

21.10 Uhr. Auftritt in der *Bar Zoud*. Wir ergatterten einen Tisch ohne »Reserviert«-Schild auf der großzügigen Terrasse. Waren erleichtert, lachten. Nahmen uns in den Arm und vergewisserten uns gegenseitig, wie wenig schlimm das doch alles sei. Dabei kreuzen wir beide unsere Finger hinter dem Rücken. Die Kellnerin kam, wir baten um die Speisekarte. »Die Küche hat zu«, war die freundliche Antwort. Ich verstand nicht. Was sollte das heißen, die Küche hat zu? »Zu viele Menschen.« Ich glaubte das alles nicht. Wie konnte so etwas an einem solchen Abend den gleichen zwei Personen passieren? Hatten wir unser gutes Karma in Deutschland gelassen? Ich lachte, damit ich nicht weinen musste. Wir gingen. Unterwegs ein Blick übers Smartphone in die Internetweiten der Restaurantkritiken in Zandvoort. Lächerlich! Wir ließen uns treiben. Schlenderten zurück in die Ortsmitte. Ich wieder barfuß. Meine Schuhe brachten mich um. Mehr oder weniger verzweifelt gingen wir in das kleine, französisch anmutende Restaurant, das wir vorhin entdeckt hatten. Rote Plüschsessel, auf Hochglanz polierte Nussbaumtische, eingedeckt, schöne Weingläser, tolle Theke mit frischen Fischen auf Eis. Wir ließen uns sprichwörtlich fallen und vor lauter Erschöpfung und Enttäuschung stellten wir uns nicht die Frage, warum dies das einzige Restaurant in ganz Zandvoort war, in dem nur drei Tische belegt waren. Orderten eine große Flasche Wasser und die Karte. Die Karte hatte die Abmessung eines Tischsets und war laminiert. Darauf gebackener Fisch in allen Variationen. Wir hatten das Gefühl, in einer Edel-Pommesbude gelandet zu sein. Das Wasser kam auf den Tisch, ohne dass auch nur der Verschluss aufgedreht worden wäre. Wir wollten es gar nicht eingeschenkt haben, aber wir wären für Kleinigkeiten so dankbar gewesen.

Zahlen und Gehen war eins. Auf die fast schon verzweifelt klingende Nachfrage der Chefin, was denn nicht stimmen würde, sagten wir müde, aber immer noch freundlich, dass alles ganz wunderbar sei, wir hätten es nur heute gerne etwas exklusiver und kämen sicher bei anderer Gelegenheit wieder.

Gegenüber vom *Albatros* gibt es das *Café Neuf*. Dort nehmen wir gerne mal den Nachmittagskaffee, auch mal einen Salat, aber dort so richtig essen? In toll? Aber dann schauten wir auf die ausgehängte Karte. Surf & Turf! Yippie! Hinein! Wir ließen uns auch hier wieder tief in die Couch auf der Terrasse fallen. Bestellten Vorspeisen und zweimal Surf & Turf. Sagten uns, dass alles gut werden würde. Dass es so sein sollte. Machten dem *Albatros* gegenüber lange Nasen. Riefen »Shame on you!« Schworen, nie mehr wieder dort hinzugehen, und wenn sie uns die geliebte Königskrabbe … nee, das kann ich hier nicht wiederholen!

Die Weinkarte war ein Witz für das, was wir vorhatten. Wir machten aus der Not eine Tugend und bestellen Torres. Der einzige, der annähernd zum »Surf & Turf« passen würde, die Vorspeisen abdecken könnte und dann auch noch P. schmecken würde. Der Kellner kam mit dem Wein und einer schlechten Nachricht: Surf & Turf war aus. Mir fiel der Kopf auf die Tischplatte. Mein Mann behauptet bis heute, das würde gar nicht stimmen, ich hätte die Contenance bewahrt. Das glaube ich ihm nicht. Wir konnten und wollten nicht mehr woanders hingehen. Wir blieben, wo wir waren, und bestellten um.

Das Essen war mäßig, allerdings war das Vitello Tonnato von P. wirklich gut. Ich bestellte kleine Seezungen in Butter gebraten und bat statt der Fritten um Risotto. Bekam ein Schwertfischsteak mit Risotto, ließ es zurückgehen und aß meinem Mann die gratinierten Jakobsmuscheln weg. Während das Risotto kalt wurde. Dann kamen meine Seezungen, die waren mit Gräten und paniert, das Risotto war totgekochter Langkornreis, aber das war egal, es war ja eh kalt. Unser Sushi war okay, aber die Wasabipaste hatte Farbe, Konsistenz und Geschmack von »Slime«. Nach drei Flaschen Torres waren wir entspannter. Kurz vor Mitternacht raste ich hinein, während P., mich im »Ladies' Room« wähnend, Sekt bestellte. Auf meine Bitte nach »Happy Birthday« von Steve Wonder versprach mir Henri, der Manager, um zwölf die Musik auszumachen und mit allen Gästen selber zu singen. Was sollte denn noch schiefgehen heute? Ich ließ ihn machen. Punkt Mitternacht kam Henri auf die Terrasse! Brüllte laut in die Runde. Ich verstand nur »P.« und »Geburtstag« und »Vierzig«. Und ich schwöre, alle Gäste sangen! Es war eine Kakophonie, laut, als würde ganz Zandvoort mit uns feiern! GROSSARTIG! Alle lachten und prosteten uns zu! Noch minutenlang klangen Gläser und Gesänge nach. Henri und ich fielen uns in die Arme, sehr stolz auf unser Organisationstalent! P. strahlte voller Geburtstagsglück. Wir blieben bis halb zwei. Lachend und beschwingt gingen wir zurück zur Pension, den Champagner holen und das Geschenk. Ab an den Strand. Wir füllten unsere Gläser. Ich steckte die Riesenwunderkerzen in den Sand und entzündete einen Lichtkreis. Wir fielen uns erst in die Arme und dann in den Sand. Lachten! Freuten uns unseres Lebens, unserer Zweisamkeit und unserer Liebe. P. packte sein Geschenk aus. War vor Freude sprachlos. Riss sich die Sachen vom Leib und sprang in die Fluten. Nackt im Mondlicht. Punkt 10 der Liste! Ich fiel vor Müdigkeit um und bettete mein Haupt in den Sand.

Nach diesen Ereignissen, mit denen man sicher eine ganze Woche erheiternd hätte bestreiten können, sind wir am nächsten Tag beschwingt und immer noch lachend wieder nach Hause gefahren. Das Erlebte wurde gepostet, weil es viel zu großartig war, um nicht erzählt zu werden. Noch in der Nacht nach der abendlichen Veröffentlichung traf mich der erste Kommentar mit dem Grundtenor, wenn es doch ein so schönes Erlebnis gewesen sei, hätte ich es besser für mich behalten. Das klingt hier netter, als es war. Abgegeben von einer anderen Bloggerin, der ich mich zu dieser Zeit noch relativ freundschaftlich verbunden fühlte. Ich empfand den Kommentar als frech und haderte eine Weile mit mir, ihn einfach zu löschen. Dann dachte ich mir immer wieder, ich stünde über diesen Dumm- und Unverschämtheiten, zumal in rascher Folge weitere Reaktionen eintrudelten, die allesamt lustig und sehr positiv waren. Viele meiner Leser haben die Geschichte zum Anlass genommen, meinem Mann herzlich zum Geburtstag zu gratulieren, uns wechselweise zu bedauern oder mit uns zu lachen und auf die grottige niederländische Gastronomie in Ferienorten zu schimpfen. Als hätte die betreffende Person meine Gedanken geahnt (ich vermutete mittlerweile, sie sei in der Nacht beim Kommentarschreiben einfach betrunken gewesen), hat sie ihren Eintrag selbst gelöscht und durch einen sehr viel netteren ersetzt.

Wenn Du diese Zeilen liest, mag Dir dieser Vorfall wie eine winzige Kleinigkeit vorkommen. Aber ich wurde das erste Mal stutzig. Mutete ich meiner Familie und auch meinen Lesern zu viel Öffentlichkeit zu? Wie viel Intimität kann ich preisgeben, ohne andere bloßzustellen? Wie viel wollen andere überhaupt von mir wissen? Niemals habe ich ein Bild oder eine Begebenheit mit oder von Freunden in meinen Blog gestellt, ohne sie vorher um Erlaubnis zu bitten. Ich dachte immer, ich sei die Einzige, die sich hier »ausziehe«. Riss ich aber in Wahrheit auch meinen Lieben die Kleider gleich mit vom Leib? P. sagte mir, diese Geschichte sei für ihn die Grenze gewesen. Noch alles im grünen Bereich, aber bitte nicht weiter. Wenn ich diese Geschichte heute, anderthalb Jahr später, geschrieben hätte, würden die Reaktionen vielleicht anders ausfallen.

Mittlerweile sind meine Leser und auch meine Familie etwas mehr in meine Öffentlichkeit hineingewachsen. Ist aber nur so eine Vermutung ...

Der Blog unter wissenschaftlichen Gesichtspunkten

Anfang 2010, ich glaube es war im Februar oder März, bekam ich eine ganz reizende Anfrage von einer jungen Studentin namens Ariane, die für ihre Diplomarbeit ein besonderes Projekt ins Leben gerufen hatte. Es nannte sich »Kulinarische Momentaufnahmen« und hatte nicht weniger als das Folgende geplant: »Die Darstellung einer Momentaufnahme der sich ständig in Bewegung befindenden Foodblogosphäre. Bewegung und Schnelllebigkeit des Webs werden durch diese Momentaufnahme eingefroren. Erzählungen und Rezepte stehen durch die Übertragung des digitalen auf das analoge Medium in einem völlig neuen Kontext.« Dazu hatte sie sich zwölf Foodblogger gesucht, die in ihrem Blog zur Diplomarbeit vorgestellt wurden. Jedem Blogger wurde ein Monat sowie ein Partner-Blogger zugeteilt, den er selbst in »seinem« Monat vorstellte. Dazu suchte jeder der Blogger vom »Partner« drei Gerichte aus dessen Blog aus, die von Ariane nachgekocht und in wunderbaren Bildern präsentiert wurden. Ich war überglücklich und stolz, dabei sein zu können, zumal ich alle anderen Teilnehmer sehr mag und ihre Blogs regelmäßig lese. Leider hatte ich keine Zeit, zur Präsentation der Diplomarbeit an die Hochschule zu kommen, aber das Projekt hat sich sehr schön weiterentwickelt.

Meine Partnerin bei diesem Projekt war zudem zufällig eine alte Netzbekanntschaft von mir, eine Frau, die ich bereits aus meinen Tagen im großen Kochforum kannte und die mich letztendlich zum Bloggen inspiriert hatte. Spannend war diese Paarung auch, weil mit ihr zwei Frauen zusammengebracht wurden, die trotz ihrer Leidenschaft für gutes Essen und guten Wein und gleich hohen Ansprüchen an das Leben, die Mittel dazu und den Ausdruck darüber, nicht unterschiedlicher sein könnten. Man kann sich sehr ähnlich sein und trotzdem grundverschieden.

Aus der Diplomarbeit entstand ein Buch. Dieses Buch hatte Ariane zu einem Wanderbuch erklärt: Jeder der beteiligten Foodblogger sollte es für einen Monat erhalten, darin lesen, es gerne mit Notizen versehen, eigene Gedanken dazu notieren und dann an den nächsten weiterschicken. So wäre das Buch ein Jahr lang unterwegs. Im Idealfall hätte jeder Blogger das Buch in dem Monat, der ihm auch in der Diplomarbeit zugedacht war. Und so wurde Arianes Projekt dem Wirklichkeitstest unterzogen. Die Transformation vom Digitalen zum Print zum Menschen. Web 2.1 sozusagen. Leider lässt sich bei zwölf einander wildfremden Menschen, die nichts verbindet außer der Tatsache, dass sie alle Blogger sind, nicht alles vorherplanen. Eine Teilnehmerin war während der Buchwanderschaft zwischenzeitlich verschollen, andere haben es länger behalten als geplant. Planmäßig hätte ich das Buch in »meinem« Monat, dem April bekommen sollen, jetzt ist ein Jahr vergangen, und ich weiß zur Zeit gar nicht genau, wo es sich befindet. Noch in Wien? Bereits in der Schweiz? Wieder in Deutschland? Vielleicht trudelt es bald bei mir ein, ich würde mich unglaublich darüber freuen und von der Reise, die es zurückgelegt hat, gerne im Blog erzählen.

»Die Magie der ersten Sätze«

... titelte *Spiegel Kultur* im Oktober 2010. Und erinnerte mich an ein wunderbares Thema. Ich bin nämlich eine Sammlerin. Ich sammele z. B. Kinoeintrittskarten. Obwohl das zugegebenermaßen viel weniger Spaß macht, seitdem die Dinger nicht mehr von der gelben oder orangenfarbenen dicken Papierrolle kommen. Außerdem verblassen die seelenlosen Computerkassen-Ausdrucke schon nach wenigen Jahren. Auf denen kann man auf der von Werbung eingenommenen Rückseite auch nicht notieren, mit wem man den Film gesehen hat. Ich sammele auch Metrokarten vom Parisbesuch mit meiner Tochter. Oder Zuckertütchen aus dem Café *Kafka* in Prag, gegenüber dem jüdischen Friedhof.

Aber vor allen Dingen sammle ich Wörter. Ich liebe nämlich Wörter. Verrückte Wörter. Unbekannte Wörter. Wörter, die sich in wundervoller und mystischer Aneinanderreihung durch begnadete Schreiber zu Sätzen entwickeln, die mich träumen lassen. Oder weinen. Oder lachen! Als ich ein Kind war, wurde meine Taschenlampe immer wieder konfisziert. Dem nächtelangen Lesen unter der Bettdecke sollte so Einhalt geboten werden. Eine Nachttischlampe besaß ich nicht und habe auch nie eine bekommen. So lag ich – im Winter auch frierend – schon als kleines Kind mit meinem jeweiligen Lieblingsbuch an der Zimmertür und hielt immer einen kleinen Ausschnitt der

Seite in den schwachen Lichtschein, der unter der Tür in mein Zimmer schimmerte. In der Bahnhofsbuchhandlung hatte ich zeitweise Hausverbot, weil die Bücher schließlich noch gekauft werden sollten. Ich brachte es zur Meisterschaft im Schnelllesen, damit ich ein Buch wenigstens zur Hälfte durchhatte, bis man mich erwischte. In der Schulbücherei versteckte ich Bücher in den hintersten Ecken von Fachgebieten, in denen sie meiner Meinung nach niemand suchen würde – nur damit sie mir nicht vor der Nase weggeschnappt und ausgeliehen wurden. Irgendwann, als ich so ungefähr zehn Jahre alt war, gab es plötzlich im Schreibwarenhandel diese kleinen Tramp-Bücher von Pelikan, erinnerst Du Dich? Sie kosteten genau eine Mark, passten in die Hosentasche, hatten ca. 140 Seiten und somit einen Umfang, der von mir in der großen Pause zu bewältigen war. In der 6. Klasse gewann ich den Vorlesewettbewerb der Stadt Hannover als Klassen-, Jahrgangs-, dann Schulbeste und wurde später Zweite im Stadtwettbewerb. Meine Eltern sind fast durchgedreht mit mir. Arthur schimpfte immer: »Meine Güte, du liest, wo du gehst und stehst, das ist doch nicht normal!«, und nahm mir die neuesten VDI-Nachrichten aus der Hand.

Wenn ich ein neues Wort höre, das ich nicht kenne, schreibe ich es auf und hänge es mir an den Kühlschrank. Dort wird es so lange täglich gelesen, bis es ganz bei mir angekommen ist. Es gibt Wörter, bei denen dauert das länger, die sind sperriger, widerborstiger. Die wollen nicht bleiben. Das Wort »Rabulist« hing fast zwei Jahre, einer meiner bisher hartnäckigsten Fälle.

Und ähnlich wie Wörter sammele ich auch Sätze. Und zwar die ersten. Wenn ich ein Buch aufschlage, dann bekomme ich

Herzklopfen vor dem Lesen der ersten Sätze. Das ist spannend und aufregend. Wohin werden diese Sätze mich bringen? Werden sie der Beginn eines wunderbaren Leseabenteuers sein oder nur der erste Schritt in eine gähnende Langeweile? Das ist die Magie, von der der *Spiegel* schrieb. Ein Satz, oder auch mehrere, die uns dazu bringen können, ein Buch überhaupt zu lesen. Nicht jedes Buch mit einem magischen ersten Satz wird zu meinem neuen Lieblingsbuch. Es gibt erste Sätze, die sind reinste Blender. Auch verändert sich die Hitliste meiner Lieblingssätze. Manche müssen Platz machen für neue. Aber es gibt zwei, die halten sich jetzt schon seit Jahren, und die möchte ich Dir hier vorstellen:

Erstens: »Dass meine Enkeltochter so schwierig ist, hängt vor allem mit Carls geringer Spermiendichte zusammen. Er hat seine kleinen Männer durch Heldenhaftigkeit ermordet. Darüber später mehr.« Das ist der Anfang von *Großmama packt aus* von Irene Dische.

Und zweitens ein Anfang, der mir immer bleiben wird: »Jeder von uns ist die Liebe im Leben eines anderen. Das möchte ich schon einmal für den Fall festhalten, dass ich entdeckt werde und diese Seiten nicht zu Ende bringen kann, für den Fall, dass du vor Entsetzen über mein Bekenntnis und das Geschehene alles verbrennst, noch bevor ich dazu komme, dir von Mord und großer Liebe zu berichten.« Er stammt aus *Die erstaunliche Geschichte des Max Tivoli* von Andrew Shawn Greer.

Als ich meinen Bloglesern von meiner Wort- und Satzsammelleidenschaft erzählt hatte, schickten sie mir Sätze. So mancher von diesen hat es auch auf meine eigene Liste der Lieblingssätze geschafft. Hier sind ein paar Lieblingssätze meiner Blogleser, vielleicht ist auch einer von Dir dabei. Wenn Du einen Satz für mich hast, dann schreib mir, meine Sammlung ist noch längst nicht abgeschlossen! Schick mir Deinen Lieblingssatz oder Deine Lieblingssätze (es müssen nicht die ersten eines Buches sein!) an: arthurstochter.lieblingssatz@gmail.com, ich freue mich sehr darüber! Hier kommt also eine Auswahl von Lieblingssätzen meiner Leserinnen und Leser:

»Der erste Mord sollte ein Test sein. Ihr Gesellenstück gewissermaßen.« (*Fingerübungen* von May B. Lund)

»Es gibt Legenden über Orte, die das Böse anziehen. Orte, an denen sich wiederholt Schlimmes zugetragen hat, als hungerten sie nach solchen Ereignissen.« (*Trigger* von Wulf Dorn)

»Punkt elf Uhr vormittags lassen sämtliche Lehrerinnen in sämtlichen Klassenzimmern der McKinley-Grundschule ihre Schüler aufstehen.« (*Die Buchstabenprinzessin* von Myla Goldberg)

»Der Tod ist ein kalter Bruder.« (*Herr Mozart wacht auf* von Eva Baronsky)

»Zugegeben, ich bin Insasse einer Heil- und Pflegeanstalt.« (*Die Blechtrommel* von Günter Grass)

»Woraus bemerkenswerter Weise nichts hervorgeht. Über dem Atlantik befand sich ein barometrisches Minimum; es wanderte ostwärts, einem über Rußland lagernden Maximum zu, und verriet noch nicht die Neigung, diesem nördlich auszuweichen. Die Isothermen und Isotheren taten ihre Schuldigkeit. Die Lufttemperatur stand in einem ordnungsgemäßen Verhältnis zur mittleren Jahrestemperatur, zur Temperatur des kältesten wie des wärmsten Monats und zur aperiodischen monatlichen Temperaturschwankung. Der Auf- und Untergang der

Sonne, des Mondes, der Lichtwechsel des Mondes, der Venus, des Saturnringes und viele andere bedeutsame Erscheinungen entsprachen ihrer Voraussage in den astronomischen Jahrbüchern. Der Wasserdampf in der Luft hatte seine höchste Spannkraft, und die Feuchtigkeit der Luft war gering. Mit einem Wort, das das Tatsächliche recht gut bezeichnet, wenn es auch etwas altmodisch ist: Es war ein schöner Augusttag des Jahres 1913.« (*Der Mann ohne Eigenschaften* von Robert Musil)

»Während ich, bevor Karrer verrückt geworden ist, nur am Mittwoch mit Oehler gegangen bin, gehe ich jetzt, nachdem Karrer verrückt geworden ist, auch am Montag mit Oehler.« (*Gehen* von Thomas Bernhard)

»Das Buch sollte eigentlich ›Eine schießschartengroße Ritze für das Licht‹ heißen. Aber mein Verleger hat mir diesen Titel schlicht verboten. Er sei zu ordinär.« (*Mein Hund, meine Sau, mein Leben* von Arnold Stadler)

»Ich weiß, daß ich mir mit dem, was ich sage, das züchte, was mir dann blühen wird.« (*Der rettende Sprung auf das sinkende Schiff* von O. P. Zier)

»Eine Stunde bevor er sich erschoß, rief mein bester Freund Philip Stryhorn an, um sich über Daumen zu unterhalten. ›Ist dir schon mal aufgefallen, dass du deine Daumen nie saubermachst, wenn du dir die Hände wäschst?‹« (*Ein Kind am Himmel* von Jonathan Carroll)

»You're not your job. You're not how much money you have in the bank. You're not the car you drive. You're not the contents of your wallet. You're not your fucking khakis. You're the all-singing, all-dancing crap of the world ...« (*Fight Club* von Chuck Palahniuk)

Pünktlich zum Jubiläumstag dieser Geschichte im Blog habe ich ein neues Wort gesammelt: »Schluckzessive«, das selbstverständlich von einer Winzerin kam. Aber auch weitere erste Sätze habe ich erhalten:

»Eine adrette alte Frau in heiterer ländlicher Umgebung, welch hübscher Anblick!« (*Die Giftköchin* von Arto Paasilina)

»Die Stille des Jahres 1915 trat am 7. September ein und erfasste Westeuropa und die Länder vom Baltikum im Norden bis zum Balkan im Süden. Da sie unvorhergesehen kam, gibt es keine Berichte darüber.« (*Auricula* von Per Højholt)

Und nun das Highlight – ein Roman, der neben seinem Anfang noch drei Alternativen inkludiert:

»Nachdem ich mir genügend Brot für ein dreiminütiges Kauen in den Mund geschoben hatte, löschte ich meine Fähigkeiten zu sinnlicher Wahrnehmung und zog mich ins Privatleben meines Kopfes zurück, wobei Augen und Antlitz einen leeren und gedankenverlorenen Ausdruck annahmen.«

Alternative 1:

»Der Pooka MacPhellimey, ein Angehöriger der teuflischen Zunft, saß in seiner Hütte inmitten eines Tannenwaldes, meditierte über das Wesen der Zahlen und trennte dabei im Geiste die ungeraden von den geraden.«

Alternative 2:

»Mr John Furriskeys Erscheinung war keineswegs außergewöhnlich; trotzdem hatte er eine Eigenschaft, die man äußerst selten antreffen dürfte – er wurde nämlich im Alter von fünfundzwanzig Jahren geboren und kam mit einem Gedächtnis zur Welt, aber ohne jede persönliche Erfahrung, die dessen Vorhandensein begründet hätte.«

Alternative 3:

»Finn Mac Cool war ein Sagenheld Altirlands. Trotz seiner weichen Gemütsart war er ein Mann von stattlichem Wuchs und Körperbau.«

Das alles stammt aus Flan O'Brien: *In Schwimmen-zwei-Vögel.*

Kein anderer Beitrag hat mir bisher so eindrucksvoll vor Augen geführt, wie sehr mein Blog außerhalb kulinarischer Themen zu fesseln vermag. Als Rezeptsammlung hatte das Ganze begonnen, und nach fünfzehn Monaten des Bloggens war ich an dem Punkt angelangt, dass mir in vielen anderen Bereichen ebenso aufmerksam Gehör geschenkt wurde. Oftmals sind gerade die Leserkommentare das sprichwörtliche Salz in der Bloggersuppe. Ohne Kommentare gäbe es für mich das Bloggen wohl gar nicht. Auch wenn sich viel Aktivität der Leser mittlerweile zu *Facebook* verlagert hat, sind die Kommentare im Blog »echter«. Sie bleiben einfach dauerhaft abrufbar, was im System *Facebook* nicht bzw. nur sehr schwer möglich ist.

Überlebensstrategien

Um von Hannover in die Nähe von Mainz überzusiedeln, oder besser gesagt, um nach einer solchen Übersiedlung wirklich in dieser Gegend anzukommen, brauchst Du Zeit! Das lässt sich nicht in ein paar Tagen, Wochen oder Monaten erledigen. Für diesen Wechsel der Kulturen solltest Du im Idealfall einige Jahre einplanen. Unter zehn würde ich Dir nicht empfehlen.

Vielleicht schaffst Du es in zwölfen, auch fünfzehn Jahre sind immer noch ein guter Kurs. Ein möglicher Weg wäre, Du tastest Dich aus Niedersachsen nach Rheinland-Pfalz ins Neuwieder Becken vor, am besten in den Sommerferien, und nutzt die Verschiebung der Ferientage in den einzelnen Bundesländern. Dann hast Du im Idealfall neun Wochen Ferien, Deine Eltern drehen dabei fast durch, aber Du hast ausreichend Zeit, die unverständlichen Idiome in einem eigens geschaffenen Wörterbuch zu sammeln. Und jetzt weißt Du auch, wann und warum meine Wortsammelleidenschaft begann! »Kommste ma was?«, locker vom Nachbarskind über den Gartenzaun gebrüllt, heißt auch nach dreimaligem Nachfragen nichts anderes als: »Hast du Zeit, wollen wir spielen?« »OB DU MA WAS KOMMST!!!« ist lediglich die gebrüllte, genervte Erklärung für das schon dreimal Gesagte, und Du bist in dem Moment in der Achtung und Hierarchie der Nachbarskinder noch weit unter den vor fünf Jahren zugezogenen Bayern angelangt. Und die haben (so wird kolportiert) den Aufstieg bis ins Erwachsenenalter nicht geschafft.

Das ist ein Schock, von dem Du Dich nur sehr langsam erholst. Zur Rekonvaleszenz schicken Deine Eltern Dich an die Nordsee auf ein Internat, in der Hoffnung, Deine schulischen Leistungen würden sich verbessern, wenn Du die Lehrer wieder verstehst. Mit Erfolg! Ein ostfriesisches »Moin Moin« ist wie Musik in Deinen gequälten Ohren, und selbst eine physikalische Formel oder auch der Lateinunterricht lassen sich, so nett norddeutsch vorgetragen, wieder besser verstehen.

Derart gestärkt, kehrst Du zurück und bist reif für die katholische Ordensschule in Bad Honnef. Das liegt schon wieder in

Nordrhein-Westfalen, und so schöpfst Du Hoffnung. Allein, es nützt nichts. Sogar Deine zweite Ausbildung verschlägt Dich nur noch weiter in den Süden, und so siedelst Du sogar zwischenzeitlich nach Baden-Württemberg um, um dann (echt mieses Karma!) im Westerwald zu landen. Dort überlegst Du einige Zeit, Dich ins Fensterkreuz zu hängen, aber ein solches Tun würde auch nur wieder Diskussionen mit Stadtverordneten und/oder übereifrigen Nachbarn nach sich ziehen, und wahrscheinlich müsstest Du vorher noch eine amtliche Bestätigung über die Sauberkeit Deiner Fensterrahmen einreichen und noch mal in dreifacher Ausführung darlegen, warum Du Geranien vor den Fenstern einfach nicht leiden kannst. Man stelle sich vor, Du baumelst da herum, am Ende noch zu gut angezogen – das würde Deinen Nachkommen bis ins dritte Glied nicht verziehen. Das Einzige, was Dich jetzt noch retten kann, ist die Liebe. Derentwegen wagst Du noch einmal einen großen Schritt und wechselst nach Hessen. Hessen ist echt nicht so schlimm, das grenzt schon wieder an Niedersachsen, über die Kasseler Berge bist Du ruck, zuck! wieder in der alten Heimat, die Landeshauptstadt verspricht ein gewisses Flair, die Häuser sind schön und alt, die Menschen alt und schön. Und ausgesprochen wichtig! In Wiesbaden ist alles und jeder so unglaublich wichtig, darum ist auch die »Rue«, der Wiesbadener Prachtboulevard, extra breit: Die Wiesbadener kämen sonst vor lauter Wichtigkeit mit ihren wichtigen Kindern, wichtigen Autos, wichtigen Handtaschen und wichtigen Gesichtern gar nicht über die Straße.

Nach einiger Zeit des Kennenlernens stellst Du zu Deinem Erschrecken fest, dass Du Dich mitnichten in einen Hessen verliebt hast! Der ist auch nur zugezogen und kommt eigentlich aus Rheinland-Pfalz. Ächz ... Du hakst ein bisschen nach. Liebling, der Teil von Rheinland-Pfalz, der an Nordrhein-Westfalen grenzt? Aber irgendetwas ist wohl falsch gelaufen in Deinem vorherigen Leben, ganz falsch! Nein, es handelt sich um die winzig kleine Ecke gleich gegenüber von Wiesbaden. Du siehst ein, dass sich jetzt nur ein endgültiges Aufbäumen, alles Hinschmeißen, Klamotten packen und an die Nordsee ziehen anbietet – oder eben doch die Ergebung in die große Liebe und Dein kleines Schicksal. Und so ziehst Du mit Deinem geouteten Mainzer auf die andere Rheinseite. Nimmst ein bisschen Nachhilfe in Geschichte und stellst fest, dass Du auf einmal in Rheinhessen wohnst, obwohl das eigentlich Rheinland-Pfalz ist. Lässt Dich unterweisen, warum die Mainzer rote und blaue Straßenschilder haben, woher die Fastnacht kommt, wieso hier alles so französisch ist, kickst Dein kleines Latinum gedanklich in den Harz (Niedersachsen, Niedersachsen!!!), verabschiedest Dich endgültig vom Trinken der »Lüttjen Lage« und stürzt Dich in die Erkundung der rheinhessischen Weine. Dabei hilft Dir, dass Du in der Rotweinhauptstadt des Landes wohnst, am Rande der schönen und edlen Kaiserpfalz. Und Du denkst, na gut. Angekommen.

Und weil die Liebe zu Deinem Mainzer so unglaublich groß ist, verzichtest Du in Zukunft auf Grünkohl mit Pinkel und widmest Dich der rheinhessischen Fleischwurst. Die wird vorzugsweise warm gegessen, und zwar natürlich nur vom Metzger XY, die Wurst von dem gleich nebenan, also wirklich, die geht ja gar nicht, hast Du die mal probiert? Das bringt Dich zur Durchführung einer Wurstvertikalen, in die Du als Pirat eine Supermarkt-Geflügelfleischwurst schmuggelst, die Dir so schnell um die Ohren gehauen wird, so schnell unterscheidet Parker keinen Bordeaux von einem Kalifornier! Du lernst, dass die Fleischwurst nur mit Paarweck geht. Paarweck? Das musst Du googeln, die gibt's auch noch in hell und in dunkel und ganz klar, bei Deinem Karma bringst Du erst mal das falsche mit nach Hause.

Und wenn Du denkst, Du hast so langsam alle Herausforderungen gemeistert, Dein Liebster isst mittlerweile Blattspinat, er mag wieder Fisch und er küsst Dir die Füße für Deine Neuinterpretationen rheinhessischer Fleischwurstklassiker … wenn Du Dich also so richtig in Sicherheit wiegst und gerade anfängst, alles ein bisschen lockerer zu sehen – dann lädt seine Mutter Euch zum Essen ein und macht Feldsalat. Das ist nicht schlimm, den kannst Du ja auch. Aber obenauf und in einem Schälchen daneben, da sind diese gebratenen Brotwürfel. Lecker. Dann gibt's Knödel, und was ist darin? Gebratene Brotwürfel. Und er sagt doch allen Ernstes zu Dir: »Die sind das Beste am Salat, die Krachelscher.« Ich frage noch zweimal nach und lasse mir das Wort dann aufschreiben (Du weißt ja, wie gründlich ich im Lernen neuer Wörter bin). In stillen Momenten übe ich: Krachelscher. Krachelscher. Croûtons. (Nur ein kurzer Rückfall ins Hochdeutsche) Krachelscher. Die kannst Du natürlich nicht. Du könntest vielleicht Croûtons machen, klar, das traut man Dir zu. Aber Krachelscher kannst Du als Zugezogene genauso wenig, wie Schwarzenegger jemals Präsident der Vereinigten Staaten werden könnte. Und der hat genau wie ich auch in eine richtig wichtige Familie eingeheiratet. Herkunft ist alles, Du verstehst? Aber in einem stillen Moment erinnerst Du

Dich nicht nur Deiner starrköpfigen norddeutschen Wurzeln, sondern auch Deiner aufmüpfigen Vergangenheit. Phrasen von wegen »Proletarier aller Länder ...« und so weiter kommen Dir in den Sinn, und denkst Dir, wo kämen wir denn da hin, wenn wir immer nur das machen oder lassen würden, von dem es heißt, bis hierher und nicht weiter, über diese Grenze darfst Du nicht gehen? Dann hätte Kate jetzt nicht ihren Prinzen und ich wäre nicht Arthurs Tochter. So. Und dann haust Du mal richtig rein und machst einen Salat mit dem weltbesten Spargel (das ist der aus Finthen), mit Eiern, mit kanadischem geräuchertem Wildlachs *und* Krachelscher!

Spargelsalat aus Schlauch und Pfanne mit Wildlachs

Dazu nimmst Du für einen Rheinhessen und eine Norddeutsche 1 Kilo Spargel, hälftig grün und weiß. Den weißen schälst Du und gibst ihn gemeinsam mit Oliven-Orangenöl, etwas Petersilie, einer Prise Zucker und etwas Melange Blanc von Ingo Holland in einen Bratschlauch. Stangen mittlerer Stärke brauchen bei 180 °C Umluft im Ofen 20 Minuten. Dabei bläht sich der Schlauch richtig schön auf! Ganz ehrlich, ich weiß nicht, warum überhaupt noch jemand Spargel in Wasser kocht. So oder sous vide oder in der Pfanne schmeckt er viel intensiver, weil kein Wasser ihn auslaugt. Wenn er abgekühlt ist, schneidest Du ihn wie den Grünen in gleich große Stücke. Apropos Pfanne: In der brätst Du den grünen Spargel. Den mag ich eigentlich am liebsten. Erstens ist er schnell geschält (nur unten im letzten Viertel, wenn überhaupt), und zweitens ist sein Aroma so herrlich nussig-knackig! Grünen Spargel mag ich besonders gerne mit Oliven zum Lamm, aber das ist eine andere Geschichte. Hier und jetzt schneidest Du den grünen pro Stange schräg in etwa vier gleich große Stücke, gibst ein wenig Olivenöl in die Pfanne und brätst ihn gesalzen und gepfeffert sanft ca. 15 Minuten an. Den Sud aus dem Bratschlauch und auch den aus der Pfanne hebst Du auf, damit beträufelst Du hinterher den Salat. Aber jetzt kommt die Herausforderung! Die Krachelscher! Kannst Du es aussprechen? Ohne richtige Aussprache brauchst Du nämlich gar nicht erst anfangen! Du hast es? Okay, dann los:

Du nimmst Dir einen Kanten gutes Kastenweißbrot vom Vortag. Bitte keine Schlabber-Toastbrot-Supermarktware! Aus dem schneidest Du Dir daumendicke Scheiben, entfernst die Kruste und schneidest dann die Scheiben in Würfel. In einer beschichteten Pfanne schäumst Du reichlich Salzbutter auf. Nicht zu viel Hitze, die Butter soll nicht bräunen! Jetzt brauchst Du mindestens zwanzig Minuten Zeit. Ganz langsam, ganz gemütlich, dabei immer mal wieder in der Luft wendend, bräunst Du die Krachelscher an. Dabei solltest Du darauf achten, dass die Pfanne entweder groß oder die Menge der Brotwürfel klein genug ist, dass sie nicht aufeinanderliegen. Plane aber in der Menge auf jeden Fall Deine Nascherei für das nötige Probieren mit ein! Während des Bratens salzt Du sie und gibst auch hier die geniale Melange Blanc (oder eine vergleichbare Weiße-Pfeffer-Gewürzmischung) dran. Wenn sie fertig sind, lässt Du sie auf etwas Küchenkrepp abkühlen. Dann richtest Du alles zusammen auf einem Teller an, die Spargelstücke, den geräucherten Wildlachs, ein bisschen hartgekochtes Ei, die Krachelscher, einen Klacks Crème fraîche, etwas Kresse, beträufelst alles mit dem Sud aus Bratschlauch und Pfanne und verstreust ein bisschen Fleur de sel mit getrocknetem Chili und Orangenschalen. Und dann kannst Du mal erleben, wie ein Rheinhesse seiner norddeutschen Herzensdame gegenüber das Heiratsversprechen erneuert. Samt Kniefall!

▸•◂

Ärger

Ende April 2010 bekam ich die nächste Anfrage zur Mitarbeit an einem Buch. Dieses Mal kam sie von den »Egmont Verlagsgesellschaften«, kurz VGS. Der Egmont-Verlag war mir selbstverständlich ein Begriff, wenn er mir auch eher als Dach für den legendären Ehapa-Verlag (Lustiges Taschenbuch) in Erinnerung war. Die Sparte VGS verlegt Koch- und Ratgeberbücher; Kochbücher kaufe ich wenig und Ratschläge nehme ich nur von wenigen Personen an, insofern hatte ich bisher kein Buch der VGS im Regal. Aber das Projekt klang schön. Das Buch sollte *Das Heimweh-Kochbuch* heißen und Rezepte aus den Kindertagen der beteiligten Autorinnen und Autoren sammeln. Diesmal sollten nicht nur Profiköche und ich als »Exotin« beteiligt sein, sondern auch noch einige andere Foodblogger. Die zuständige Redakteurin schrieb mir damals dazu:

»... Es soll ein Buch werden, in dem Menschen, die mit Hingabe kochen und die für alles rund ums Thema Essen und Trinken Feuer und Flamme sind, einen ihrer ›Erbschätze‹ preisgeben. Es geht nicht in erster Linie um prominente Namen, die zwar auch vertreten sein sollen. Ebenso wird aber Tante Theodora mit ihrem weihnachtlichen Apfelsinenpudding vertreten sein und ich selbst mit der Bohnen-Milch-Suppe, die oft auf dem Herd der Mutter einer Schulfreundin stand und von der ich nicht genug bekommen konnte. Was denken Sie, hätten Sie Zeit und Lust, ein Rezept z. B. einer Tante, Oma, des Vaters oder der Mutter beizusteuern? Das wäre uns eine große Freude und Ehre!«

Die prominenten Namen waren am Ende u. a. Frank Rosin, Lea Linster, Mario Kotaska und Ralf Zacherl, aber auch ohne das vorher zu wissen, habe ich gerne zugesagt. Zumal wir eine wunderbare Rezepttradition in der Familie hatten und mit dem zu Beginn erwähnten Raclette auch wieder neu geschaffen haben.

Unsere kulinarische Familientradition war ein Weihnachtsessen, genauer gesagt *das* Weihnachtsessen, nämlich das Gericht am Heiligen Abend. Es stammt mindestens von meinen Großeltern mütterlicherseits, vielleicht geht es ohne mein Wissen auch noch viel länger zurück. Leider kann ich danach niemanden mehr fragen, meine Großeltern sind schon vor vielen Jahren gestorben. Aber auch ab der zweiten Generation kann man bereits von Traditionen sprechen, oder? Der »Rote Heringssalat mit Rindfleisch und Walnüssen« wurde am Tag vor Heiligabend von meiner Mutter zubereitet, damit er vierundzwanzig Stunden durchziehen konnte. Nach der Bescherung gab es ihn mit Toastbrot und Butter, so wie in anderen norddeutschen Familien traditionell der Kartoffelsalat mit Würstchen auf den Tisch kommt. In ganz frühen Zeiten gab es bei uns am Heiligabend eine Gans – und ein einziges Mal einen Truthahn, der war so furztrocken, nie mehr wieder! Allerdings war damals bei uns die Niedergarmethode auch noch gänzlich unbekannt. Damals gab es den Salat erst am 2. Weihnachtsfeiertag. Allerdings wurde es meiner Mutter mit drei Kindern in der Weihnachtshektik irgendwann zu viel, und wir Kinder konnten uns so nach der Bescherung direkt aufs Essen stürzen, ohne langes banges Warten, ob der Vogel wohl durch sei. Noch Jahre später, als meine Mutter nicht mehr bei uns lebte, hat Arthur die Tradition für seine Kinder fortgeführt. Und wenn er heute an einem der Weihnachtstage, wenn wir ihn besuchen, keinen roten Heringssalat bereithalten würde – ehrlich, ich würde mich selbst noch nachträglich zur Adoption freigeben.

Dann musste plötzlich alles ganz schnell gehen. Der Verlag teilte mit, dass der Salat samt Foto in das Buch kommen sollte. Es gibt darin für ein Kochbuch wirklich nicht viele, da deren Produktion teuer ist und das Budget für das Buch nicht groß war. Und so wurde in Abstimmung mit Arthur Tradition zum Rezept:

Roter Heringssalat mit Rindfleisch und Walnüssen

Für 5 Personen brauchst Du:
300 g Rindfleisch (Roastbeef)
1 Bund Suppengrün
Salz, Pfeffer

2 Wacholderbeeren
1 Lorbeerblatt
5 Filets von gewässerten Salzheringen
(ersatzweise Matjesfilet)
2 ½ mittelgroße Knollen Rote Bete, gekocht und geschält
3 Pellkartoffeln, gekocht und geschält
100 g Sellerieknolle, geschält, bissfest gekocht
3 kleine Gewürzgurken
3 mittelgroße Äpfel (Golden Delicious)
1 Schuss Rotweinessig
50 ml Distelöl
150 ml Rinderbrühe
1 gestrichener Teelöffel Zucker
1 Handvoll Walnüsse, gehackt
250 g Crème fraîche
glatte Petersilie zum Garnieren

Das Rindfleisch mit geputztem und klein geschnittenem Suppengrün, Salz und Pfeffer, Wacholderbeeren und dem Lorbeerblatt in kaltem Wasser aufsetzen und zum Kochen bringen. Sanft ziehen lassen, bis das Fleisch gar ist (ca. 1 ½ bis 2 Stunden). Abkühlen lassen. Das Fleisch herausnehmen, die Brühe durch ein Sieb gießen und auffangen. Heringsfilets, Rote Bete, Kartoffeln, Sellerie, Gewürzgurken und das Rindfleisch in kleine Würfel schneiden. Die Äpfel schälen, das Kerngehäuse entfernen und ebenfalls in kleine Würfel schneiden. Alles in eine Schüssel geben und miteinander vermengen. Essig, Öl und 150 ml Rinderbrühe verrühren und dazugießen. Mit Salz, Pfeffer und Zucker würzen. Gut vermischen. Mindestens 12 Stunden durchziehen lassen. Vor dem Servieren Crème fraîche und die gehackten Walnüsse unterheben. Mit Salz und Pfeffer nochmals abschmecken. Mit einem Klecks Crème fraîche, etwas gehackten Walnüssen und Petersilie garnieren.

▸•◂

Das bedeutete aber auch, dass das Rezept nicht nur gedruckt, sondern auch vom Koch des Verlages zubereitet und in der Redaktion probegegessen würde. Aber ein paar Tage später kam die erlösende Mitteilung per E-Mail und angehängtem Foto, dass alle begeistert waren. Mir fiel ein mittlerer Steinhaufen vom Herzen. Dann der Schock! Ein paar Wochen vor dem Egmont-Verlag veröffentlichte ein anderer Verlag ein Buch mit dem Titel *Heimwehküche* und drohte mit Titelstreit. So wurde das Buch umbenannt in *Lieblingsrezepte aus Kindheitstagen.* Diese Namensänderung teilte mir die Redakteurin des Egmont-Verlages mit. »Ja, den Titel mussten wir ändern, weil ein Buch mit dem Titel ›Heimweh-Küche‹ bereits auf dem Markt ist und uns Ärger ins Haus stehen könnte wegen Titelähnlichkeit. Aber ich finde den neuen auch schön und hoffe, dass Sie nun nicht zu enttäuscht sind.«

Ich war überhaupt kein bisschen enttäuscht, warum auch! Vielleicht wäre unter den Voraussetzungen eines »Lieblingsrezeptes« eine gekochte Aubergine im Buch gelandet, und wer weiß, ob diese die Leser in gleichem Maße interessiert hätte wie dieser fürstliche Salat. Vom drohenden Titelstreit habe ich im Blog erzählt, woraufhin ich eine wütende E-Mail aus dem Verlag der Heimweh-Küche erhielt. Jetzt muss ich erklärend dazusagen, dass jeder, der meinen Blog ein bisschen aufmerksamer oder gar regelmäßig liest, die Ironie meiner Texte kennt und diese gut zu interpretieren weiß. Aber jetzt hatte ich es mit einer nachgerade humorlosen Dame zu tun, die wütend schrieb:

> Sehr geehrte Frau Paul,
> mein Name ist xx und ich bin Programmleiterin des Verlages.
> In Ihrem Blog, (www.ArthursTochterkocht.blogspot.com) schreiben Sie am 20.11.2010 unter dem Titel »Lieblingsrezepte aus Kindheitstagen – unter falschen Voraussetzungen …«: »[…] Dann der Schock! Ein paar Wochen vor dem Egmont-Verlag veröffentlichte ein anderer Verlag ein Buch mit dem Titel ›Heimwehküche‹ und drohte mit Titelstreit. Und so heißt ›mein‹ Buch jetzt ›Lieblingsrezepte aus Kindertagen‹. […] Und was der andere Verlag – nennen wir ihn den Nachahmer – nicht hat und was den Verlagsleiter wahrscheinlich um den Schlaf bringt, das ist die Riege der Autoren, die dem Egmont-Verlag zur Verfügung standen. […]«
> Auf Ihre überflüssige Polemik möchte ich an dieser Stelle gar nicht näher eingehen. Nicht akzeptieren allerdings können wir eine schlicht falsche Darstellung zur Entstehungsgeschichte der Buchtitel. Unser Verlag war es, der bereits Anfang Februar 2010 eine Titelschutzanzeige für unser Buchprojekt »Heimwehküche« im Börsenblatt geschaltet hat. Erst sechs Wochen später hat wiederum vgs/Egmont eine Titelschutzanzeige für Ihr Kochbuch geschaltet, woraufhin wir uns sofort an die Verlagskollegen von vgs/

Egmont gewandt und Widerspruch gegen die beabsichtigte Titelformulierung erhoben haben.
Über die Hintergründe Ihres zunächst geplanten Titels möchte ich hier nicht weiter spekulieren, auch wenn nahe liegt, dass vgs/Egmont erst durch unsere Titelschutzanzeige zu dem Projekt inspiriert worden ist. Jedenfalls verlangen wir aber, dass Sie Ihren Blogbeitrag unverzüglich, spätestens bis morgen korrigieren, die tatsächlichen Abläufe richtig darstellen und es vor allem unterlassen, unseren Verlag in diesem Zusammenhang als »Nachahmer« zu bezeichnen.
Wir bitten um rechtzeitige Beachtung – wir würden Ihnen und uns weitere, ggfs. auch rechtliche Maßnahmen in dieser Angelegenheit gerne ersparen.
Mit freundlichen Grüßen
xx
Programmleitung/Publishing director

Das, was Frau xx in ihren Klammern ausgelassen hat, war die Auflistung der Autoren, bei der ich insbesondere die beteiligten Blogger hervorgehoben hatte. Das in Verbindung mit »Riege der Autoren« sollte ganz klar die Besonderheit der Beteiligten zum Ausdruck bringen. In meinen Augen hat Frau xx das nicht verstanden. Ich war empört und frage mich bis heute, wie ein Verlag es zulassen kann, dass eine seiner Mitarbeiterinnen in einer solchen Form auf andere Autoren losgeht. Eine Mail gleichen Inhaltes in höflicherem Ton hätte es wohl auch getan. Ich habe kurz überlegt, die Angelegenheit einem Rechtsanwalt zu übertragen, hatte aber zu der Zeit beruflich so viel zu tun, dass ich die Kraft und Zeit für eine solche Auseinandersetzung gescheut habe.

Ich habe ihr dann folgendermaßen geantwortet:

> Sehr geehrte Frau xx
> Danke für Ihre informative Nachricht.
> Es liegt mir fern, Ihren Verlag in irgendeiner Form herabzusetzen, und es tut mir leid, dass Sie die leichte Ironie im Text nicht verstanden haben! Sicher haben Sie aber Verständnis dafür, dass ich mein Grundrecht auf freie Meinungsäußerung nicht einschränken lassen werde.
> Sehr gerne entferne ich das Wort »Nachahmer«, da dieses wohl in ganz besonderer Weise zum Missverständnis führt.
> Ich habe den Vorgang so geschildert, wie er mir vom Verlag wiederum mitgeteilt wurde.
> Gerne veröffentliche ich aber, wenn Sie es wünschen, Ihre Mail als Gegendarstellung unter dem Ursprungstext. Ob Sie Ihrem Verlag damit werbemäßig einen guten Dienst erweisen, wage ich nicht zu beurteilen.
> Bitte geben Sie mir kurz Bescheid, ob Sie damit einverstanden sind, allerdings erreichen Sie mich erst wieder ab Donnerstagmorgen.
> Sollten Sie die Angelegenheit nicht auf diesem Wege beilegen wollen, werde ich den Vorgang zur Überprüfung umgehend meinem Schwiegervater, Rechtsanwalt und Vorsitzender Richter a. D., vorlegen.
> Mit freundlichem Gruß
> Astrid Paul

Ich bekam postwendend die Antwort, dass alles in Ordnung wäre. An einer Gegendarstellung war der Verlag nicht interessiert. Mich hätte das auch sehr gewundert. Schade eigentlich, ich mag ja manchmal ein bisschen Aufregung ganz gern und wedle auch mal mit dem roten Tuch durch die Arena. Nur nicht einschlafen!

Nicht, dass wir uns missverstehen. Angenommen, die Collection Rolf Heyne hätte den Titel dieses Buches angemeldet und ein anderer Verlag hätte sein Buch, sagen wir mal, *Arthurs Papa Kocht* nennen wollen. Und dann wäre noch eine Bloggerin dahergekommen und hätte darüber geschrieben und die anderen bedauert, weil sie sich »beugen« müssten – ehrlich, ich würde kurz ins Hyperventilieren geraten. Was aber sicher niemals, niemals passiert wäre, wäre dieser Tonfall und die Art und Weise, wie hier auf mich zugegangen wurde. Warum dieser Ton? Warum immer gleich aus allen Rohren feuern und mit rechtlichen Schritten drohen? Der Ton in unserer Gesellschaft ist rau geworden, an allen Fronten.

Eine sehr große kommerzielle Kochseite aus Österreich hat vor einiger Zeit einen kompletten Blogartikel von mir per copy/paste auf ihrer Seite veröffentlicht. Ulkigerweise hat sie dabei sogar alle von mir im Artikel gesetzten Links übernommen, nur den zu meinem eigenen Text nicht. Kein Wunder, es sollte ja auch so aussehen, als sei es ihr eigener gewesen. Ich bin einen Tag im Kreis gelaufen und habe überlegt, was ich mache. Natürlich hätte ich den Seiteninhaber abmahnen lassen können. Damit hätte ich für den ganzen Ärger sogar noch ein wenig Geld einstreichen können. Aber ich war nett. Und so habe ich mir aus dem Impressum die Telefonnummer herausgesucht und angerufen. Zwar nett und höflich, aber auch recht bestimmt, habe ich die Löschung des Beitrages verlangt. Der Angerufene reagierte ziemlich frech, ich würde es aber genau nehmen und solle mich doch nicht so aufregen. Wenn ich mich aufrege, klingt das anders, ehrlich. Aber na gut. Ich habe ihm am Telefon eine Frist bis zum nächsten Tag gesetzt und aufgelegt. Denn jetzt war ich sauer. Gar nicht mal mehr so sehr über den dreisten Klau meiner Inhalte, sondern über die Reaktion. Anstatt froh zu sein, die Angelegenheit schnell und ohne Aufsehen erledigen zu können, wurde pampig auf meine Aufforderung reagiert. Allerdings setzte dann doch ein wenig Nachdenken auf der Gegenseite ein; einige Stunden später bekam ich eine dicke Entschuldigung per Mail mit Dank, dass ich bereit sei, die Angelegenheit so unkompliziert zu regeln, und der Nachricht, dass der Eintrag bereits gelöscht sei. Also. Geht doch.

Blogger gegen Blogger

Der Blogger an sich ist weiblich, hilfsbereit und gut. Von ausgewiesener sozialer Kompetenz, immer freundlich und gut gelaunt, zutiefst altruistisch, die dümmste Frage und den verrücktesten Kommentar gelassen ertragend. Er ist hochintelligent, mindestens Mensa-Mitglied und natürlich Abonnent der regelmäßigen Ergänzungsbände der Encyclopaedia Britannica. Selbstverständlich beschränkt sich sein unglaubliches, geradezu universumsunendliches Wissen nicht nur auf sein Blogger-Fachgebiet. Du könntest einen Blogger jederzeit als

Telefonjoker bei *Wer wird Millionär?* für sämtliche Kategorien in der Hinterhand der eigenen Unwissenheit haben und würdest ganz sicher im Konfettiregen mit einer Million Euro nach Hause gehen. Das kommt daher, weil Blogger halt so schlau sind. Und so gut. Und so toll.

Außerdem haben sie, natürlich, die Kommunikation, also die richtige, sozusagen erfunden! *Das* kommt, weil Blogger alle miteinander ausgebildete Kommunikationsfachwirte sind und in der Regel ein abgeschlossenes Studium der Germanistik, Philosophie und Kulinaristik vorzuweisen haben. Sie haben das richtige Essen erfunden, die richtigen Zutaten, selbstverständlich auch die richtigen Zubereitungsmethoden. Die meisten von ihnen könnten jeden Sternekoch in die Tasche stecken. Das kommt daher, weil die Blogger alle schon in Sternerestaurants gearbeitet haben und daher ganz genau wissen, was man da alles verbessern könnte. Blogger sind auch wahnsinnig gute Restaurantkritiker. Also was heißt, wahnsinnig gut. Sie sind die Besten, oh klar! Das kommt wiederum daher, weil die Blogger alle so fein ausgebildet sind, weil sie so feine Nasen haben, so sensible Zungen und weil sie natürlich alle mindestens zehn Jahre Praktikum beim *Guide Michelin* absolviert haben – alles Sachen, die ein Blogger en passant zwischen dem ersten und dem zweiten Grundstudium einschiebt.

Und ganz nebenbei ist der Blogger an und für sich selbstverständlich der Gradmesser für moralisch einwandfreies Handeln und Tun. Wenn Du also an irgendeiner Stelle in Deinem Leben nicht mehr so richtig weiterweißt, dann empfehle ich Dir dringend, einen Blogger um Rat zu fragen. Am besten einen, der

Dich überhaupt nicht kennt, der weiß in der Regel am meisten über Dich und die Beweggründe Deines Tuns.

So. Und jetzt wischen wir uns alle die Lachtränen aus den Augenwinkeln und sehen der Sache mal realistisch und gelassen ins Auge. Der Blogger ist vermutlich in der Mehrzahl weiblich. Du denkst daran, dass wir bei den Foodbloggern sind, ja? Er hat entweder relativ viel Tagesfreizeit oder ist perfekt organisiert. Ich glaube auch, dass es den meisten von Ihnen finanziell ganz gut geht. So weit – aber auch wirklich nur so weit – befindet sich der Blogger eher »außerhalb des Bevölkerungsdurchschnitts«. Ansonsten ist der Blogger genauso wie Du und ich. Naja, nicht ganz. Anwesende sind ja immer ausgeschlossen. Aber er kann nett sein oder nicht, höflich oder frech, ehrlich oder verlogen. Er kann schöne Geschichten erzählen, er kann Dich aber auch zu Tode langeweilen mit seinen Ergüssen. Es kann auch sein, dass er Deinen eigenen hehren Ansprüchen an was auch immer nicht gerecht wird. Aber weißt Du, was Du dann machst? Du liest ihn nicht. Das ist schon alles. Einfach, oder? Das habe ich zwar ein paar Seiten zuvor bereits geschrieben, aber manche Dinge kann man gar nicht oft genug sagen.

Was mich zu der Tatsache bringt, dass ich zu Beginn meiner Bloggerzeit innerlich eher von der oben beschriebenen Märchenversion der Blogger ausgegangen bin. Ich dachte immer, ich mach so meinen Kram und die anderen machen ihren. Zwischendurch tauscht man sich sachlich oder humoristisch über Geschriebenes und Erlebtes aus, gönnt dem anderen seine Erfolge, nimmt die eigenen Missgeschicke mit Humor und geht ansonsten beschwingt durchs Bloggerleben. So weit und so dumm. Mit den meisten Bloggern ist das wirklich so.

Das sind in der Regel ganz reizende Menschen, die sich gerne selbst darstellen und schätzungsweise über eine gehörige Portion Selbstbewusstsein verfügen, sonst würden sie sich nämlich ein anderes Hobby suchen. Häkeln oder so. Kleintierzucht. Etwas völlig außerhalb der öffentlichen Wahrnehmung.

Aber es gibt auch hier Ausnahmen. Die deutschsprachige Bloggerszene ist ja noch immer relativ überschaubar. Auch wenn ich bereits davon schrieb, dass ihre Zahl die 500 sicher mittlerweile erreicht oder gar überschritten hat, kreisen wir alle doch mehr oder weniger eng umeinander. Und in solch einer kleinen Menge fallen die paar Stinkstiefel einfach immer besonders auf. Weil sie, genau wie im echten Leben, meistens besonders laut sind. Es gibt Blogger, die hinterlassen ständig geradezu herzerfrischende Kommentare, dass bei ihnen alles viel besser sei. Bessere Geschäfte, bessere Lebensmittel, bessere Menschen sowieso. Das bringt mich mittlerweile nur noch zum Gähnen, denn sind wir mal ehrlich, davon hat doch keiner was. Was nützt es mir, zu lesen, dass jemand tolle Bezugsquellen für besondere Produkte hat, diese aber nicht nennt, mit dem Argument, er möchte keinem anderen Menschen, am Ende noch unpassend gekleidet, dort begegnen. Es gibt Blogger, die arbeiten sich am täglichen Klein-Klein ihrer Suppentöpfe ab, halten sich selbst aber für den Nabel der Welt. Nicht, dass wir uns falsch verstehen. Ich persönlich finde ja Suppen toll. Und wenn sich jemand auf Suppen spezialisiert, diese köstlich zubereitet und dann noch darüber schreibt – wunderbar! Aber Diskussionen über den Bezug einzelner Blumenkohlröschen für die Lieblingssuppe und das Abwatschen von anderen, die zu blöd sind, den einzig wahren Blumenkohl-Einzelröschenverkäufer der westlichen Hemisphäre zu entdecken, entbehren jeder zielgerichteten Grundlage. Ich frage mich sowieso, was Menschen dazu bringt, ihren persönlichen Unmut, der sicher eine Vielzahl von Gründen hat, ständig bei anderen abzuladen. Es gibt Menschen, die verstehen unter dem Begriff Meinungsfreiheit lediglich, die Meinung anderer zu verunglimpfen. Das ist zwar ihr gutes Recht, aber doch sehr eindimensional. Aber auch hier ist es unter den Bloggern wie im wahren Leben. Es gibt Menschen, denen kannst Du jahrelang morgens höflich »Guten Tag« sagen, sie werden Dich trotzdem nicht in ihre Nachtgebete mit einschließen. Und auch im wahren Leben gibt es den Nachbarn, der seine Tage damit verbringt, darauf zu lauern, über was er sich aufregen könnte.

Jetzt kann so ein armer Jammertropf vielleicht dem gehassten Nachbarn nicht entgehen. Der parkt halt tagtäglich das Schrottauto neben dem eigenen Hochglanzmobil. Was will man da machen? Da muss man sich doch einfach aufregen. Als Blogger unter Bloggern hat man es da einfacher. Man muss nicht grüßen, man muss gar nicht hinsehen. Es gibt aber einen Schlag von Menschen unter den Bloggern, denen gelingt das nicht. Ich habe selbst solche »Stalker« auf meiner Seite. Das sind in der Regel andere Blogger, die keine Gelegenheit auslassen, sich irgendwo darüber aufzuregen, wie schlecht sie meinen Blog finden oder was für eine arrogante, profilierungssüchtige Person ich sei. Gerne werden auch alle Vorwürfe gemeinsam vorgetragen. An den Zugriffsstatistiken in meinen Blog sehe ich aber, dass sie dann virtuell doch permanent in ihm herumhängen. Jeden Tag. Oftmals stundenlang. Klicken sich von Seite zu Seite, lesen immer wieder das Gleiche. Ich frage mich, was diese Menschen umtreibt. Was mögen sie denken? Warum quält sich jemand täglich mit dem, was er doch ganz offensichtlich verabscheut, wenn es so einfach wäre, der Quälerei zu entgehen? Das kann nur Masochismus sein. Oder Dummheit. Ich vermute ganz stark eine Kombination aus beidem.

Brigitte für Blogger

Im Sommer 2011 hat die Zeitschrift *Brigitte* einen wagemutigen Entschluss gefasst. Sie wollte nichts weniger, als die Verbindung zwischen Blog- und Printmedium stärken und als erstes Printmagazin mit großer Reichweite nicht einfach nur vom Content der Blogger profitieren, sondern das Medium Foodblog für ihre Leser bekannt und nachvollziehbar machen. Aus meiner eigenen Erfahrung weiß ich, dass Blogs bei vielen nicht so internetaffinen Menschen immer noch völlig unbekannt sind bzw. ihre Nutzung keine oder nur eine untergeordnete Rolle spielt. Wenn ich irgendwann mal auf einer Party erzählen kann, dass ich blogge, und mich niemand mehr fragt, was das eigentlich ist, dann sehen wir weiter. Aber bis dahin ist es noch ein langer Weg. Die *Brigitte* wollte diesen Weg verkürzen. Wie dornig er werden würde, damit hat sie sicher nicht gerechnet.

Die zuständige Redaktion hatte sich offenbar alles gut und sinnvoll überlegt. Die Mühe und Liebe, mit der sie die Aktion *Brigitte-Foodblog-Award* ins Leben gerufen und auch umgesetzt haben, spricht für sich. Auf *Brigitte online* wurde dazu aufgerufen, Foodblogs vorzuschlagen. Daran konnte und sollte sich jeder Leser des Magazins beteiligen. Es gibt eine

Jury, bestehend aus drei Bloggern, von denen die eine einen der bekanntesten und international erfolgreichsten Foodblogs aus Deutschland schreibt, die zweite selbst Bloggerin und auch Redakteurin bei *Brigitte* ist und der Dritte im Bunde fast ein »Gesamtkunstwerk« aus Blogger, Koch, Foodstylist und Autor darstellt. Diese Jury schlägt ihren Lesern allmonatlich fünf Blogs aus den Lesernennungen vor. Anschließend haben die Leser einen Monat lang Zeit, für ihren persönlichen Lieblingsblog online zu voten. Erst im letzten Monat des Wettbewerbs haben die Leser nicht mehr selbst das Heft in der Hand. Dann entscheidet die Jury, welchem Monatsgewinner sie den *Brigitte-Foodblog-Award* verleiht. Dieser Gewinner erhält eine eigene Rezeptstrecke in der *Brigitte*-Printausgabe und wird so mit einer immens großen Reichweite einem interessierten Lesepublikum vorgestellt.

Und so trudelten unermüdlich auf einer eigens dafür eingerichteten Seite zum Award Blogadressen für die Vorschlagsliste ein. Allein diese Liste zu verfolgen, hat mich persönlich um einige schöne Blogs bereichert, die mir zuvor unbekannt waren. Der Vorschlagsbogen wurde von den Urgesteinen der Bloggerszene über ebenso witzige wie fantastisch fotografierte bis hin zu fanatisch veganen Blogs gespannt. Sogar die Blogs der Jurymitglieder selbst wurden häufig vorgeschlagen, was mich zumindest zeitweise schmunzeln ließ und zu der Überlegung brachte, wie aufmerksam die Menschen eigentlich lesen, was man ihnen vorsetzt. Viele Blogger haben ohne Scheu ihre eigenen Blogs vorgeschlagen. Warum auch nicht. Was ich seltsam fand, war die Aufforderung von manchen, sie immer und immer wieder vorzuschlagen. Oder auch, dass so mancher sich selbst immer und immer wieder vorgeschlagen hat. Da wurde wohl manches Mal der Sinn dieser Vorschlagsliste fehlinterpretiert. Sie sollte der Jury lediglich dazu dienen, Blogs zu entdecken. Die Vorschlagsliste selbst und die Häufigkeit eines dort genannten Blogs waren niemals ausschlaggebend für dessen Nominierung. Zumindest nicht offiziell.

Gleichzeitig brach in der Community eine Diskussion über Sinn und Unsinn solcher Awards im Grundsätzlichen und vor allem im Besonderen aus. Wie bekannt soll man als Blogger eigentlich werden, wie professionell darf man sein und in welchen Formen sollte man wie auf sich aufmerksam machen dürfen? Kurz gesagt – wie viel Spaß darf sein und wo beginnt der Ernst? Meine persönliche Meinung dazu dürfte hinlänglich bekannt sein – ich finde, man kann gar nicht genug Spaß haben am Leben. Der eine oder die andere mag das aus einer Vielzahl von mir nicht bekannten Gründen anders sehen – bitte immer gerne. Wie aber hier wieder von manchen Beteiligten auf vorgeschlagene Blogger eingedroschen wurde, welche anonymen Schmähungen so mancher entweder auf seinem Blog oder in seinem Postfach vorgefunden hat, das ist hier kaum wiederzugeben. Die Nominierten der ersten Monate hatten ein schweres Los zu tragen. In Teilen fühlten sie sich sogar von der Zeitschrift missbraucht, waren aufgebracht, weil niemand sie vorgewarnt hatte, wie viel Aufmerksamkeit man ihnen plötzlich entgegenbringen würde. Ich muss erklärend hinzufügen, dass selbstverständlich vor einer Monatsnominierung die Erlaubnis bei den jeweiligen Bloggern eingeholt wurde. Jeder Einzelne hätte ablehnen können, es wäre ihm niemand gram gewesen, es hätte noch nicht einmal jemand von der möglichen Nominierung erfahren, solange er es nicht selbst erzählte.

Arthurs Tochter Kocht wurde im September, also im zweiten Monat des Wettbewerbs nominiert. Ich war selbstbewusst genug, weder mich selbst vorzuschlagen, noch jemand anderen darum zu bitten. Was dann über mich hereinbrach, hätte ein weniger robustes Gemüt vielleicht verzweifeln lassen. Ich konnte derweil nur den Kopf schütteln. Die ersten Kommentare lauteten z. B. »Schade! Die Redaktion sollte genauer hinschauen. Astrid Paul ist die mit Abstand unkreativste von allen bekannten Foodbloggern! Kocht ständig nur Rezepte anderer und brüstet sich dann mit deren großen Namen. Ist das ein ›*Brigitte*-Prädikat‹ wert?«.

Oder weiter mit: »Nun, auch diesen Monat muss ich tief Luft holen. So Sabbeltaschen, bei denen die Rezepte erst ganz zum Schluss nach einer langatmigen Geschichte auftauchen, lese ich nicht und treffen nicht meinen Geschmack.«

Oder: »Sehr viele Blogger und auch nicht Blogger sind überaus kreativ, erfinden Neues und überdenken Altes. Unkreative Köche sind einfach nur langweilig und schon gar nicht preiswürdig. Und sich ständig mit großen Namen zu schmücken ist einfach nur mediengeil.«

Darüber musste ich ziemlich lachen, da ich genau zu den Bloggern gehöre, die eben nicht besonders viel aus Kochbüchern oder Zeitschriften nachkochen und dies verbloggen; das wäre mir viel zu langweilig. In meinem Blog gibt es eine Rezepte-Einteilung in Kategorien. Dort findest Du unter anderem die Rezepte aus Kochbüchern bzw. aus den Büchern bekannter Köche. Von aktuell ca. zweihundertdreißig veröffentlichten

Rezepten finden sich in der Kategorie »Andere Köche | Kochbücher« am heutigen Tag fünfundzwanzig. Davon wiederum sind sechs von sehr bekannten oder besternten Köchen, die anderen aus sehr bekannten Kochbüchern, bei denen nicht die Prominenz des Kochs im Vordergrund steht. Das schreibe ich nicht, um mich zu rechtfertigen, sondern um die Dummheit und teilweise auch einfach Verlogenheit dieser und anderer Kommentare aufzuzeigen. Es entspann sich ziemlich schnell eine teilweise heftige Auseinandersetzung zwischen *Arthurs-Tochter-Kocht*-Bashern und denen, die mich verteidigen wollten. Im Zuge der Nominierungen ist von der *Brigitte*-Redaktion so mancher Kommentar gelöscht worden, der weder für die Öffentlichkeit, noch für die Beteiligten (er)tragbar war.

Es gab Anregungen von Lesern, die Kommentarfunktion einfach abzuschaffen. Davon halte ich nichts. Das ist wie mit unserer Demokratie. Da darf auch jeder sagen, was er denkt, und die hält schon seit vielen Jahren noch viel größeren Unsinn aus. Mir persönlich war die Häme und Missgunst, die von einigen Menschen in ihren Kommentaren eimerweise vergossen wurde, sowieso ziemlich schnuppe. Ich glaube, dieses Verhalten macht auf Dauer lediglich alt, hässlich und unglücklich, und zumindest das Letztere dürfte für diese Zeitgenossen bereits ein wohlbekannter Zustand sein. Dazu kam, dass die Anzahl positiver Kommentare und Reaktionen viel größer war. Ich freute mich unglaublich über die offen vorgetragene Begeisterung für meine Art zu schreiben, für meine Rezepte und Bilder und die Art und Weise, wie ich meine Blogleser mit auf die Reise zu den unterschiedlichsten Themengebieten nehme. Und spätestens als dann in verschiedenen Blogs und Foren von einer zwar laut schreienden, aber nachweislich kleinen Schar Verhärmter massiv dazu aufgerufen wurde, für Blog XY zu voten, damit ich auf keinen Fall gewinnen könne, war mir eines klar: Ich hatte es geschafft. Ich war in der Wahrnehmung durch andere ganz oben angekommen. Insofern bin ich diesen seltsamen Menschen unglaublich dankbar: Sie haben mich gestärkt und mir aufgezeigt, wie wichtig mein Blog inzwischen ist. Nur wer als Meinungsmacher, als Interpret von Strömungen und Zeitgeist akzeptiert ist, kann dafür sorgen, dass man sich so sehr an ihm reibt.

Dann war auf einmal von Abstimmungsmanipulationen die Rede. Dieser Verdacht war natürlich Wasser auf die Mühlen derer, die beständig alles in die Waagschale warfen, um die grundsätzliche Verwerflichkeit dieses Awards, die Übernahme der unschuldigen Bloggerseelen im Handstreich, ja, den Ausverkauf einer ganzen Szene aufzuzeigen. Jedes System ist immer nur so clever wie der, der es programmiert. Und so gab es wohl ein paar, die waren schlauer als die Programmierer der *Brigitte*. Auf einmal hatten Blogs in der Abstimmung in wenigen Stunden tausend Stimmen mehr. Letztendlich blieb von Redaktionsseite nur die Möglichkeit, den Sicherheitscode bei der Stimmabgabe zu verkomplizieren und die Erkennung der Browser bzw. IP-Adressen zu verbessern, um Doppelt- und Mehrfachvotings möglichst zu verhindern. Das gelang nicht immer. Auffällige Manipulationen werden und wurden während der Abstimmungen zwischenzeitlich bereinigt, zum letzten Mal jeweils am Ende der Abstimmfrist. Die ehrlichen Abstimmer waren sachgerecht verärgert und sich des Bärendienstes sehr wohl bewusst, den damit so mancher seinem persönlichen Lieblingsblog und dem Umgang mit Abstimmungen dieser Art erwiesen hat. Denn der Verdacht der Manipulation fiel immer auch ein bisschen auf den Blog selbst, ob er jetzt damit etwas zu tun hatte oder nicht.

Man kann sich so manches in diesem Zusammenhang fragen. »Wie und womit verbringen manche Menschen sonst ihre Tage?«, ist so eine Frage, die mich manchmal beschäftigt. Zugegeben, nicht lange, aber so manches Mal habe ich darüber nachgedacht. Die ewige Frage: Was treibt diese Menschen um und warum sind sie offensichtlich so unglücklich? Auch stelle ich mir die Frage, ob ein deutschsprachiges Magazin in einer solchen Auswahl unbedingt englischsprachige Blogs berücksichtigen sollte. Ob themenmonochrome Blogs repräsentativ für die Szene sind oder auch, ob nicht vielleicht die komplette Wertung durch die Jury hätte erfolgen sollen, auch wenn die Redaktion ganz bewusst die Leser mit in die Entscheidung einbinden wollte. Ob die Manipulationsanfälligkeit von Click-Abstimmungen nicht vorher hätte klar sein müssen. Aber das sind nur ganz persönliche Überlegungen, die nichts damit zu tun haben, dass ich persönlich der *Brigitte* unglaublich dankbar bin für ihren Mut, als erstes reichweitenstarkes Printmagazin diesen Weg zu gehen. Allerdings habe ich auch die Befürchtung, dass es das für lange Zeit war. So schnell wird keine spartenunabhängige Zeitschrift mehr (also außerhalb der *essen & trinken*- und *Feinschmecker*-Redaktionen in diesem Land) dieses Thema aufgreifen, dafür haben sich zu viele zu laut, zu unmöglich und völlig abseits gesellschaftlicher Regeln aufgeführt. In vielfacher Weise haben sich Blogger hierbei selbst demontiert.

Nach einigen Monaten ist es deutlich ruhiger um den Award geworden. Wenn ich es richtig beobachtet habe, gingen die Abstimmungszahlen zurück. Es war in der letzten Zeit kein Blog mehr dabei, der die Leser über Gebühr polarisiert hat, und vielleicht haben sich auch nur die letzten Stänkerer endlich an dem Thema abgearbeitet. Die Kommentare sind sachlich, fast wird es ein bisschen langweilig. Während ich an diesem Buch schreibe, steht der Award kurz vor seinem Ende, daher kann ich an dieser Stelle leider noch keinen Gewinner nennen. Aufmerksam verfolgen werde ich den Ausgang in jedem Fall.

Blogger für Blogger

Wenn Du als neuer Blogger anfängst und es aktuell nicht gerade eine Aktion wie die der *Brigitte* gibt, musst Du Dich anderweitig bekannt machen. Wie sollst Du das anstellen? Also angenommen, Du liest dieses Buch und bekommst damit Lust zu bloggen. Das würde mich sehr freuen, und ein bisschen stolz bin ich, dass ich von mindestens zwei Bloggern persönlich weiß, denen ich Inspiration und Anstoß zum eigenen Blog war. Es gibt unterschiedliche Plattformen, sprich Anbieter, bei denen Du Deinen Blog einrichten kannst. Ich selbst blogge unter *Blogspot.com*, das ist ein *Google*-Produkt, mit dem ich persönlich sehr gut zurechtkomme, weil ich sämtliche andere *Google*-Produkte auch nutze und diese sich somit für mich leichter zusammenknüpfen und auch im Blog einfügen lassen. *Blogspot* ist ziemlich intuitiv bedienbar, vieles funktioniert über Drag & Drop-Funktionen, das heißt, Du kannst per Maus einzelne Anwendungen und Inhalte sehr einfach verschieben oder einfügen. Andere Anwender schwören auf *Wordpress* oder *Typad* oder ganz andere Plattformen; ich möchte hier keinesfalls wertend erscheinen. Du musst einfach prüfen, was für Dich und Deine persönlichen Vorlieben und Vorstellungen am sinnvollsten ist, und mit welchem System Du am besten zurechtkommst.

Nehmen wir also an, Du hast Deinen Blog eingerichtet. Bei *Wordpress* erscheint als erster Eintrag automatisch »Hallo Welt«. Und genau so musst Du Dir das vorstellen. Du bist auf einmal für die ganze Welt verfügbar. Aber die Welt kennt Dich nicht. Also musst Du Dich ihr vorstellen. Ich werde häufig von Neubloggern gefragt, warum niemand ihren Blog lesen würde, sie würden sich solche Mühe damit geben. Ich frage sie immer, was sie machen würden, wenn sie ein Restaurant eröffnen würden. Einrichten und die Tür aufschließen? Spätestens dann fällt auf, dass man die Werbetrommel für sich rühren muss. Die Zeitung, in der ein Restaurantbesitzer vielleicht Werbung schalten würde, sind in diesem Fall andere Blogs. Bei denen musst Du Dich vorstellen und bekannt machen. Das klappt in erster Linie dadurch, dass Du in anderen Blogs Kommentare hinterlässt. Bei einem Kommentar kannst Du Deinen Namen hinterlassen, der automatisch mit einem Link in Deinen Blog verknüpft ist. Bitte denk aber daran, dass dieser Link im Kommentar keine Auswirkungen auf den *Wikio*-Algorithmus hat. Wenn Du Glück hast, folgen der Blogschreiber oder seine Leser diesem Link und lernen so Deinen Blog kennen. Das erfordert sicher längeren Atem als noch vor zweieinhalb Jahren, einfach weil die Anzahl der Blogs so groß geworden ist. Halte durch!

Die meisten Blogger haben eine Linkliste, in der sie die Blogs aufführen, die sie selbst gerne lesen. Du kannst die Blogger auch anschreiben, dass Du gern in diese Liste aufgenommen werden möchtest. Mir waren diese Vorschläge immer ganz lieb, weil ich sonst viel zu viel Neues verpasst hätte. Jeder Blogger sollte eine Kontaktadresse hinterlegt haben. Im Gegensatz zur immer noch kolportierten Meinung ist nämlich auch der Hobby-Blogger impressumspflichtig. Das Impressum sollte zu Beginn also Deine vornehmste Aufgabe sein; Du setzt Dich sonst permanent der Gefahr einer Abmahnung aus. Wenn Du in einer solchen Blogger-Liste landest, der sogenannten Blogroll, ist das sehr gut. So können Dich alle Leser, die den jeweiligen Blog besuchen, entdecken. Je netter Deine Kommentare sind, desto mehr freut sich der Blogger, bei dem Du sie hinterlässt. Angenommen, Du schlenderst virtuell durch zwanzig Blogs am Tag und hinterlässt überall so unglaublich aussagefähige Bemerkungen wie »toll« oder »prima«, dann merken alle ganz schnell, dass Du ein sehr egoistisches Ziel verfolgst. Das wissen sie sonst auch, aber es will ja niemand so direkt mit der Nase darauf gestoßen werden. Es gibt auch Blogger, die kommentieren bei anderen nur, wenn sie selbst gerade mal wieder etwas veröffentlicht haben. Das ist wie ein kleines Winken, ein kleines »Guck mal, mich gibt es auch noch«. Manchmal ist das schade; ich würde mir wünschen, völlig losgelöst von einem gerade nach Wochen oder Monaten veröffentlichten Beitrag zwischenzeitlich von anderen zu hören bzw. zu lesen. Aber ich verstehe und respektiere, dass das aus einer Vielzahl von Gründen, die im privaten Leben jedes Einzelnen zu finden sind, nicht geht. Und nicht jedem Blogger ist die Bloggerei an sich so wichtig wie mir. Für viele ist sie eine nette Ergänzung für ruhige Tage, in denen Muße genug vorhanden ist, sich im Netz zu präsentieren. Mich kannst Du da eher zu den Besessenen zählen.

Ich persönlich lese und kommentiere in anderen Blogs völlig unabhängig davon, ob sie das umgekehrt bei mir tun oder nicht. Da geht es für mich persönlich eher um die Sache. Schöner ist natürlich immer die Gegenseitigkeit, aber ich kann Dir nur empfehlen, Be- und Empfindlichkeiten aus Deinem realen Leben nicht in die Bloggerwelt zu übertragen. Ich kann nicht behaupten, dass das immer einfach sei, und auch nicht, dass es mir selbst stets gelänge. Aber ich arbeite stetig daran.

Eine andere gute Möglichkeit des Miteinander-bekannt-Werdens ist die Teilnahme an sogenannten Blogevents. Ein Blogevent findet in erster Linie virtuell statt, wobei es mittlerweile auch immer wieder Blogger gibt, die sich in einem bestimmten Rahmen auch im realen Leben treffen und daraus ein Ereignis mit virtuellem Zugang machen. Allerdings kann das bei manchen auch zu Missverständnissen führen. Ich habe bisher zwei Partys gefeiert, zu denen ich auch Blogger eingeladen hatte. Das waren allerdings völlig private Veranstaltungen. Einmal eine Party zur Einweihung meiner neuen Küche, und die letzte war meine Geburtstagsparty im Sommer 2011. Jetzt habe ich mittlerweile mit einigen Bloggern Freundschaften geschlossen. Allerdings sind das in erster Linie meine Freunde; zufällig bloggen sie auch. Du erinnerst Dich, was ich bereits schrieb. *Wo* die Freundschaften geschlossen werden, ist nicht wichtig; wichtig ist immer nur das, was man aus ihnen macht. Wenn Du Blogger privat einlädst, kann, nein, wird es aller Voraussicht nach dazu kommen, dass jemand von ihnen darüber schreibt. Es sei denn, Du bittest sie ausdrücklich darum, es nicht zu tun. Wenn andere Blogger über Deine Party schreiben, entsteht bei manchen Lesern, vor allem bei anderen Bloggern, unter Umständen der Eindruck, es hätte ein Bloggerevent stattgefunden, das so elitär war, dass man sie von der Teilnahmemöglichkeit ausgeschlossen hätte. Dann sind Dir wieder Menschen gram, von denen Du noch nie zuvor gehört hast, und Du bist mal wieder bass erstaunt, wer so alles verfolgt, was Du schreibst oder was andere über Dich berichten. Du denkst, ich scherze? Mitnichten. Alles genau so passiert.

Ein Blogevent hat in der Regel ein vorgegebenes Thema für einen Zeitrahmen von ungefähr vier Wochen. Ein Blogger ist immer, wie bei einer »echten« Veranstaltung auch, der Ausrichter. Das heißt, sein Blog wird so etwas wie ein virtueller Gastraum. Eigentlich ist ein Blogevent nichts anderes als eine virtuelle Mottoparty.

Es gibt auch Blogevents, die sind zeitlich nicht begrenzt, das heißt, sie sind wie eine Mottoparty, die nicht endet. Unermüdliche Gastgeber, unermüdliche Gäste. In dem Fall erfolgen lediglich monatliche Zusammenfassungen, so etwas wie ein Partyzwischenstand. Aber egal, ob der Event endlich ist oder nicht, das Prinzip, nach dem er funktioniert, ist immer gleich. Nehmen wir an, das Thema ist Vanillepudding. Ein Blogger ruft den Vanillepudding-Event aus und bittet alle anderen Blogger, ihn zu diesem Event zu besuchen. Als virtuelles Gastgeschenk bittet er um noch nie dagewesene Rezepte für Vanillepudding. Du als Gast bzw. Teilnehmer veröffentlichst jetzt in Deinem eigenen Blog ein todschickes, noch nie dagewesenes Puddingrezept. In diesem Rezeptbeitrag erwähnst Du, für wen Du das eigentlich machst, und verlinkst aus Deinem Beitrag auf die Seite des Gastgebers. Das ist Linkfluss Nummer eins.

Je interessanter oder witziger die Eventidee ist, desto mehr andere Blogs nehmen daran teil und verlinken in diesen einen Beitrag des Gastgebers. Auf die Art und Weise sammelt ein Blog unter Umständen sehr viele Links in einem Monat (in meiner Erklärung zu *Wikio* hast Du gelesen, welche Auswirkungen diese Verlinkungen haben). Am Ende des Monats nimmt der virtuelle Gastgeber alle virtuellen Geschenke und packt sie zusammen. Oder aus, das kannst Du sehen, wie Du willst. Und dann bedankt er sich natürlich sehr artig bei seinen Gästen, wie sich das gehört. Das heißt, er schreibt in seinem Blog eine Zusammenfassung der erhaltenen Geschenke. In der Regel sieht das so aus, dass er in einem Beitrag alle Blogger und ihre Geschenke erwähnt und in die jeweiligen Blogs zu den geschriebenen Beiträgen zurückverlinkt. Das ist Linkfluss Nummer zwei.

Am Ende hat also jeder der Beteiligten einen Link gegeben und einen erhalten. Je nachdem, wie hoch der linkgebende Blog beispielsweise bei *Wikio* gerankt wird, ist der abgebende Link mehr oder weniger »wert« und kann somit im nächsten Monat die eigene Position in diesem Ranking verändern. Wobei Wert hier nichts mit der Qualität des Beitrages zu tun hat, sondern nur wieder ein abstrakter Algorithmus ist. Die Teilnahme an solchen Events als Gast ist eine gute Möglichkeit, Dich und Deinen Blog bekannt zu machen, da Blogevents in der Regel von bereits sehr bekannten Blogs ausgerichtet werden und hohe Leserzahlen auch von nicht am Event Beteiligten haben. Das heißt, Du profitierst als noch unbekannter Blogger zweifach:

Du wirst bekannt, und Du kannst Dich in einem Linkranking weiter nach oben schieben. Ob Dir dieser Effekt wichtig ist oder nicht, entscheidest Du für Dich alleine. In der Regel ist es aber so, dass ein bekannter Blog automatisch viele Verlinkungen erhält, einfach weil viel über ihn gesprochen wird, und so schließt sich der Kreis zwischen Bekanntheitsgrad und Rankingposition wieder.

Ich selbst habe nur sehr selten die Zeit, an solchen Events teilzunehmen. Manchmal sind vier Wochen so schnell vorbei wie ein Wimpernschlag, und das schöne Thema, an dem ich mich gerne mit einem Beitrag beteiligt hätte, ist schon wieder erledigt. Wenn ich richtig gezählt habe, gibt es in meinem Blog rund zwanzig Beiträge, mit denen ich an Blogevents teilgenommen habe. Das sind bei einer Gesamtzahl von zweihundertachtundvierzig Postings also etwas über acht Prozent. Dabei habe ich selbst erst zwei Events ausgerichtet, bei den anderen habe ich mich lediglich durch Beiträge beteiligt. Wenn Du jetzt diesen Anteil von acht Prozent mit dem Bekanntheitsgrad meines Blogs vergleichst, wird schnell klar, dass die Eventteilnahme ein gutes Mittel zur Steigerung der eigenen Bekanntheit sein kann, dass aber allein damit die Popularität eines Blogs nicht erklärt werden kann.

In den letzten Monaten steigt die Anzahl von Eventgastgebern unter den Bloggern stark an. Das ist zum einen natürlich damit zu erklären, dass es viel mehr Blogs gibt als noch vor einigen Monaten. Sicher hat es auch mit der in das öffentliche Bloggerbewusstsein gerückten Diskussion über Rankings, Verlinkungen und alles in diesem Zusammenhang zu tun. Mea culpa. Daher regen sich einige darüber auf, dass es überhaupt so viele Events gibt, weil sie den Bloggern, die diese ausrichten, unterstellen, sie würden das nur tun, um sich bekannt zu machen. Das ist in meinen Augen mal wieder viel zu kurz gedacht. Es gibt nämlich tatsächlich Blogger, die haben eine nette Idee und eine Menge Spaß am virtuellen Zusammenführen von anderen Menschen. Ich selbst bin so jemand. Über die Steigerung meiner eigenen Bekanntheit habe ich nie viel nachgedacht. Vielleicht hat gerade diese Tatsache mir die Leichtigkeit gegeben, die meine Leser so schätzen. Natürlich erhöht der Event den eigenen Bekanntheitsgrad. Aber bis zum heutigen Tag hat mir noch niemand schlüssig erklären können, was gegen die Steigerung der eigenen Bekanntheit spricht. Meiner Meinung nach gehören Blogs gelesen, jedenfalls solange die Betreiber diese öffentlich stellen. Ein gesunder Zusammenhang zwischen einem öffentlichen Blog und bleibender Unbekanntheit ist mir nicht bekannt. Natürlich gibt es auch hier die Verfechter des »Früher war alles besser«. Das sind Menschen mit Argumentationsketten wie:

1. Das haben wir noch nie so gemacht.
2. Das haben wir schon immer so gemacht
3. Da könnte ja jeder kommen.

Diese Argumentationen sind mir auch in meinem Berufsleben schon häufig untergekommen. In der Regel von Vorgesetzten, und so gerieren sich diese Blogger auch: wie die moralisch vorgesetzte Instanz eines ungeschriebenen Blogger-Verhaltenskodex, die besagt: »Veranstalte nichts, was wir, die wir schon viel länger dabei sind als Du, weder bisher selbst gemacht noch ausdrücklich gutgeheißen haben.« Und so wie es unserer Volkswirtschaft ohne die an ihr beteiligten Betonköpfe in manchen Führungsetagen besser gehen würde, so könnte auch das Bloggen durchaus noch mehr befreienden Spaß machen ohne sie.

Leser für Blogger

Ich pflege ein relativ inniges Verhältnis zu meinen Lesern. Nur die wenigsten von ihnen sind mir persönlich bekannt, aber das Internet macht die Welt zum sprichwörtlichen Dorf. Mein Blog wird in über hundertzwanzig Ländern der Welt gelesen. Die meisten Leser kommen aus Deutschland, dicht gefolgt von der Schweiz, Österreich und den USA. Direkt danach folgen Frankreich und Spanien. Interessanterweise verbringen die Leser aus Belgien mit über 3,5 Minuten durchschnittlich die längste Zeit in meinem Blog. Statistiken können richtig Spaß machen!

Aus den zahlreichen privaten E-Mails, die ich von meinen Bloglesern erhalte, weiß ich, dass sie nicht nur nach Rezepten Ausschau halten, sondern großen Anteil an meinem Leben nehmen. Sie wissen, wann ich Geburtstag habe, und gratulieren mir. Sie fragen nach dem Ausgang der einen oder anderen Geschichte im Blog. Sie schicken mir Gewürze aus fernen Ländern von ihren Urlaubsreisen oder machen mir kleine Geschenke in Form von Büchern, Schürzen oder selbst gemachten Marmeladen.

Diese Großzügigkeit macht mich oft verlegen, aber natürlich freue ich mich sehr und fühle mich bestätigt in meinem Tun. Manchmal macht es mich im positiven Sinne nachdenklich. Für mich geht damit eine große Selbstverpflichtung einher. Mein Anspruch ist es, meine Leser zu unterhalten. Mal lustig, mal nachdenklich, gerne kontrovers, immer genussvoll.

Wie nah die Leser an mir dran sind, wird mir in den Momenten der privaten Kontaktaufnahme stets aufs Neue bewusst, und es ist nicht immer leicht für mich, die Balance zu halten oder auch dem einen oder anderen ohne unnötige Grobheit eine Grenze aufzuzeigen, die nicht überschritten werden darf. Manchmal ist der Grat zur Vereinnahmung ein sehr schmaler. Ich werde z.B. oft zum Essen eingeladen, wenn Rezepte von mir nachgekocht werden. Das macht mich stolz und freut mich sehr, aber ich kann diese Einladungen natürlich nicht annehmen. Manchmal fehlt mir auch einfach die Zeit, um jeden Rezeptwunsch in angemessener Zeit zu erfüllen oder jede E-Mail am gleichen Tag zu beantworten. Manchmal rutscht auch mir etwas durch oder Mails landen im Spam. Mir tut es sehr leid, wenn dann vielleicht jemand denkt, ich würde ihn oder sie ignorieren. Ganz klar: Das ist niemals der Fall! Was mich aber wirklich überwältigt hat, fand gar nicht in meinem eigenen Blog statt, sondern bei einer »Kollegin«.

Offen sprach sie in ihrem Blog von ihren Verlusten: Familie, Wohnung, Katzen, ein Leben. Die Obdachlosigkeit war da, mit ihr einhergehend die Verzweiflung und Unfähigkeit, das eigene Leben wieder sicher in den Griff zu bekommen. Die Anteilnahme ihrer Leser war grenzenlos. Es gab Futterpakete für die Katzen, Rechtsbeihilfen, ein Spendenkonto. Sämtliche *Social Networks* wurden von ihren Lesern genutzt, um auf ihre verzweifelte Situation aufmerksam zu machen. So mischte sich mit einer unglaublichen Wucht das virtuelle Leben mal wieder in ein reales ein. Verwischte die Grenzen zwischen beiden und machte mich glücklich und zufrieden, weil ich sehen konnte, was Leser, Blogger und das Netz in meiner direkten, spürbaren Umgebung bewirken können. Das sind die Momente, in denen ich nicht mehr nachdenke über die ewigen Meckerer und Unsympathen. Das sind Momente voller Empathie für den anderen, da gibt es aufrichtige Anteilnahme am Leben einer eigentlich unbekannten Person. Ich war sprachlos über das, was das Netz vermag.

Blogger für Leser

Meine Geschichte zu Martin, dem armen Helferling des Schweinebauern, erschien im Blog unter dem Titel »Erst die Aufregung, dann das Rezept«. Auch diese Geschichte gehört zu den meistgelesenen in meiner Blog-Historie. Sie hat die Leser bewegt und zu kräftigen Diskussionen angeregt. Eigentlich war sie die Ergänzung einer Geschichte zu »Sonnenschweinen«, die die Wiener Journalistin Katharina Seiser wiederum in ihrem Blog veröffentlich hatte und die mich dazu bewog, umgehend ein fettes Stück Schweinefleisch vom Schwäbisch-Hällischem Mohrenköpfle zu kaufen und Martins Geschichte zu schreiben. Natürlich gibt es in Blogs zahlreichen Austausch darüber, wo kulinarisch begeisterte Menschen einkaufen, welche Produkte sie verwenden und warum. Es gibt wenige, die »setzen« sich auf diese Adressen wie Glucken; dass sie damit ihren Lieferanten einen Gefallen tun, wage ich leise zu bezweifeln. Mir sind in meinem Leben bisher jedenfalls nur sehr wenige Händler begegnet, die sich nicht über den einen oder anderen Kundenzuwachs gefreut hätten. Insofern ist es für mich fehlgeleiteter Egoismus oder auch ein ziemlich hohes Ross, seine Quellen nicht zu nennen. Nein sagen kann der jeweilige Erzeuger dann ja immer noch. Wer bin aber ich, dass ich dies entscheiden wollte?

Der Gedanke darüber, wie wir leben, essen und auch genießen, ist mir eine Herzensangelegenheit. Angetrieben von eigenen Erlebnissen in Beruf und Alltag denke ich kritisch, manchmal zutiefst subjektiv und wütend, aber immer am Ende positiv, über mögliche und machbare Veränderungen in meinem eigenen Verhalten zur Umwelt, zur Produktion und zum Handel nach. Meine eigene Konzentration auf Lebensmittel liegt daran, dass der sorgfältige Umgang mit ihnen seit jeher mein berufliches und privates Leben bestimmt.

Und so habe ich in meinem Blog nicht nur angefangen, meine eigenen Adressen in einem Beitrag vorzustellen, ich habe auch im Beitrag »Kreise ziehen« andere Blogger dazu aufgerufen, es mir gleich zu tun. Viele sind diesem Aufruf gefolgt. Der Gedanke war und ist, dass Blogger unter ihren Lesern eine hohe Glaubwürdigkeit genießen. Blogger sind die neuen Medien-Vertrauenspersonen für ihren ganz speziellen Leserkreis. An meine Blogleser habe ich im September dieses Jahres geschrieben:

»... Für einen Einkaufsführer im Blog werde ich eine meiner Seiten im Header zur Verfügung stellen. Wahrscheinlich fliegt das Gästebuch raus, ich habe auf meiner Homepage sowieso noch eines, das muss reichen. Dort würde ich gerne, nach Postleitzahlen (und Ländern) sortiert, gute Einkaufsquellen auflisten. Wenn diese Adressen von einem Blogger kommen, verlinke ich diesen dazu, denn ich weiß, dass jeder so seine Fans hat, die ihm oder ihr besonders vertrauen. Das Schöne daran ist, diese Liste ließe sich beständig erweitern und ergänzen. Oder es fliegt vielleicht eine Adresse wieder raus, man kann sich ja auch mal täuschen. Panta rhei.

Warum das Ganze? Ich glaube, dass wir Blogger großes Vertrauen bei unseren Leserinnen und Lesern genießen. Wir geben viel mehr als Tipps, wie man ein Essen richtig zubereitet, und als reine Rezeptdatenbank sehe ich meinen Blog sowieso nicht. Wenn ich aber etwas Bestimmtes aus der Kulinarik suche – egal ob Rezept, Restauranttipp oder Einkaufsmöglichkeit – und in einem meiner Lieblingsblogs finde, ist es für mich ›wahrer‹. Eben weil ich der Person dahinter vertraue, weil ich glaube, sie ein kleines bisschen zu kennen. Jedenfalls besser als das nächste anonyme Verbraucherportal um die Ecke im Netz.

Und weil das so ist und das nicht nur wir wissen, sondern die Werbewirtschaft auch und die PR-Strategen, die uns mit Anfragen für Produkttests zuschütten, die Printmedien, die vielfach immer noch vergeblich versuchen, Blogs zu ignorieren – weil sie alle von unserer Macht wissen –, lassen wir sie doch mal ein bisschen zittern. Stopfen wir die Hochglanz-Angebotsblätter vom Supermarkt mit den halben zerlegten Schweinen für € 2,99/kg in die Tonne, lehnen wir uns auf (yeah, Revolution!) und fordern wir das Gute ein!«

Meine Leser haben mich überhäuft mit Adressen. Ich bin immer noch dabei, sie zu sammeln und zu sortieren. Vielleicht ist der eine oder andere manchmal enttäuscht, dass seine

Adresse noch nicht veröffentlicht wurde. Ich bitte auch hier alle um Verständnis. Dieses Projekt ist unglaublich umfangreich, ich möchte gerne über *Google Maps* eine Karte mit diesen Adressen integrieren, ich würde gerne eine Vielzahl von ihnen in irgendeiner Form »überprüfen« bzw. ein wenig beurteilen können, und ich habe noch ein Leben, das ich führe: eine Familie, eine berufliche Herausforderung und immer zu wenig Zeit. Aber es geht weiter, in kleinen Schritten. Ich freue mich auch nach wie vor über gute Adressen von meinen Lesern. Du kannst mir diese gerne schicken an arthurstochter.einkaufskorb@gmail.com. Ich werde sie alle lesen, sammeln und nach und nach bearbeiten.

Mitte 2012 soll der Führer stehen, das ist mein erklärtes Ziel. Zwischendurch koche ich mit gutem Schweinefleisch, das sich gerade wieder zum Star in den Küchen mausert. Und auch wenn ich es mag – ich brauche das Iberico-Schwein nicht immer. Ich mag das, was vor meiner eigenen Haustür wächst und lebt. Lebenswege, die ich nachvollziehen kann. Dazu gehören die Mohrenköpfle der schwäbisch-hällischen Erzeugergemeinschaft. Fette Schweine, auch aus Eichelmast erhältlich. Für dieses sagenhaft fette, gute Fleisch habe ich im Internet eine Fat-Battle ins Leben gerufen, an der sich ein paar Blogger humorvoll beteiligen. Wir posten vornehmlich über *Facebook* Bilder vom fetten Fleisch und drehen allen anderen mit weniger guten Einkaufsmöglichkeiten eine lange Nase. Aber nur im Spaß. Die Rezepte gibt es nämlich meistens auch von allen im jeweiligen Blog und die Bezugsquelle gleich dazu. Und hier ist eines meiner liebsten vom fetten glücklichen Schwein:

Osso Buco vom Schwäbisch-Hällischen »Mohrenköpfle« und Morchel-Polenta mit gebrannter Rosmarinhaube

1 Hinterhaxe vom Schwein
(vom Metzger in ca. 3,5 cm dicke Scheiben schneiden lassen)
4 Möhren
1 Stange Lauch
½ Knolle Sellerie
1 Knolle Knoblauch
3 Zweige Rosmarin
1 Bund Petersilie
2 Lorbeerblätter
je 1 TL Fenchel- und Koriandersamen
400 ml trockener Weißwein mit wenig Säure
800 ml Kalbsfond
Olivenöl

Das in Scheiben geschnittene Fleisch abtupfen, um eventuelle Knochensplitter zu entfernen. Die Scheiben mit Küchengarn binden. Das Fleisch wird während des Schmorens so butterzart, dass es sonst auseinanderfallen würde.

Das Wurzelgemüse putzen. Lauch und Möhren in Scheiben schneiden, den Sellerie in Würfel. Die Knoblauchknolle ungeschält halbieren. Rosmarinzweige zusammenbinden. Das vermeidet das spätere »Herumkleben« der Nadeln am Fleisch.

Wenn alle Scheiben angebraten sind und im Ofen liegen, wird im Bratensaft das Wurzelgemüse leicht angeschwitzt. Dabei nicht zu viel Hitze verwenden; das Gemüse darf nicht braun werden, sonst wird der Bratensud bitter. Rosmarin, Petersilie, Lorbeer, Fenchel- und Koriandersamen dazugeben. Das Fleisch aus dem Ofen nehmen und auf das Gemüse betten. In zwei Schritten mit dem Wein ablöschen, dabei den Wein immer wieder ganz einkochen lassen. Den Ofen auf 180 °C vorheizen. Mit Fond aufgießen. Den Bräter mit Deckel für 2 ½ Stunden bei Unter-/Oberhitze in den Backofen schieben.

Die Fleischscheiben aus dem Sud nehmen und im Ofen warm stellen. Den Sud durch ein Sieb und anschließend zum Entfetten durch ein Tuch laufen lassen. Um ca. ein Drittel leicht köchelnd reduzieren. Es sollten ca. 0,8 Liter zurückbleiben. Eventuell mit etwas Pfeilwurzmehl binden. Gerne auch eiskalte Butter einmontieren. Abschmecken. Die Fleischscheiben vom Küchengarn befreien und in die Sauce legen.

Für die Polenta orientiere ich mich bereits seit Jahren an einem Rezept, das just meine Partnerbloggerin aus Arianes Projekt der kulinarischen Momentaufnahmen veröffentlicht hat. Sie hat sich wiederum vom Restaurant Obauer in Österreich inspirieren lassen, und nach den vielen Interpretationen und Inspirationen durch mich und andere würde ich mir gerne bei Gelegenheit eressen können, wie die Obauers ihre Polenta wohl im Original zubereiten.

150 ml Sahne
300 ml Vollmilch
1 Scheibe Weißbrot, entrindet
15 g getrocknete Morcheln
100 g feiner Polentagrieß

100 ml Kalbs- oder Gemüsefond
2 EL Butter
3 EL Parmesan, fein gerieben
½ TL Salz
1 Prise Melange Blanc von Ingo Holland oder weißer Pfeffer aus der Mühle sowie Muskatnuss und Macis
6–8 Zweige Rosmarin
Zucker zum Karamellisieren

Die Sahne mit der Milch, dem fein gewürfelten Weißbrot und den Morcheln aufkochen. Hitze ausschalten und 30 Minuten ziehen lassen. Wieder erhitzen und langsam den Maisgrieß mit einem Schneebesen einrühren, bis eine cremige Masse entsteht. Nach Bedarf sofort vom Fond zugeben, dabei immer wieder umrühren, damit nichts ansetzt. Einige Minuten weiterrühren und quellen lassen.

Anschließend Butter, Parmesan und Gewürze unterheben. Die Creme in vier Dessertringen auf gewärmten Tellern anrichten. Den Rosmarin sehr fein hacken und auf der Oberfläche der Creme verteilen. Zucker dazugeben. Mit einem Flambierbrenner karamellisieren. Achtung: Nicht zu lange Hitze geben. Der Zucker soll schmelzen, aber der Rosmarin darf nicht verbrennen! Den Metallring noch nicht abziehen! Je eine Scheibe der Haxe auf den Teller zum Ring geben. Mit der köstlichen Sauce nappieren und etwas Rosmarin zur Dekoration anlegen. Den Metallring vorsichtig von der Polenta abziehen.

Social Life

Ende 2005 las ich in einem Magazin von den Lokalisten. Ein Soziales Netzwerk, das auf dem alten »Kleine-Welt-Phänomen« beruhte. Dieses Kleine-Welt-Phänomen ist ein sozialpsychologischer Begriff, der bereits 1967 von Stanley Milgram geprägt wurde. Er beschreibt den innerhalb unserer modernen Gesellschaft hohen Grad von abgekürzten Wegen, die auf persönlichen Beziehungen beruhen. Es geht um die Hypothese, dass jeder Mensch auf der Welt mit jedem anderen über eine sehr kurze Kette von Beziehungen verbunden ist. Milgram wurde am 15. August 1933 in New York City geboren und starb am 20. Dezember 1984. Er war studierter Psychologe, der besonders bekannt wurde durch das »Milgram-Experiment«, mit dem er nachwies, dass die Mehrzahl der Durchschnittsmenschen sich von angeblichen Autoritäten dazu bewegen lässt, andere Menschen systematisch zu misshandeln. Diese Arbeit wird bis heute in Fachkreisen als ungeheuer wichtig angesehen, weil sie verstehen lässt, wie bisher unauffällige Menschen dazu gebracht werden können, Grausamkeiten an anderen zu vollziehen. Nicht zu verwechseln ist diese Arbeit mit dem Stanford-Prison-Experiment, das insbesondere durch einen Roman und die darauf basierende Verfilmung durch Oliver Hirschbiegel bekannt wurde. Von Milgrams Experiment mit Stromstößen las ich bereits als junge Frau in Luise Rinsers *Grenzübergängen* und schauderte schon damals. Insofern gefiel mir sein erstes Kleine-Welt-Experiment, durchgeführt 1967 an der Harvard University, viel besser. Er erstellte für sechzig zufällig ausgewählte Teilnehmer eine Art Paket, das an jeweils eine vorher bestimmte Person in Boston gesendet werden musste.

»Die Aufgabe der Teilnehmer bestand darin, das Paket nicht direkt an die Zielperson zu senden, sofern sie diese nicht persönlich kannten (bei ihrem Vornamen ansprachen), sondern an eine Person, die sie persönlich kannten und bei der die Wahrscheinlichkeit höher war, dass sie die Zielperson kannte. Gleichzeitig waren die Teilnehmer angehalten, grundlegende Daten über sich selbst in einer Tabelle zu vermerken und eine Postkarte an die Wissenschaftler zu senden, um die Kette nachvollziehbar zu machen. ... Insgesamt erreichten drei Pakete ihre Zielpersonen mit einer durchschnittlichen Pfadlänge von 5,5 oder aufgerundet sechs. Die Wissenschaftler schlossen daraus, dass jede Person der US-amerikanischen Bevölkerung von jeder anderen Person der USA durchschnittlich durch sechs Personen getrennt ist oder, andersherum formuliert, über durchschnittlich sechs Personen erreicht werden kann.« (Quelle: *Wikipedia*, Februar 2012)

Ich war fasziniert, stellte aber schnell fest, dass sich das Lokalisten-Netzwerk zu Gründungszeiten auf München und Umgebung beschränkte und somit für mich noch eine »zu kleine Welt« war. 2008 erhielt ich von einer Freundin eine Einladung zu *Wer kennt Wen*, dem mittlerweile zweitgrößten Netzwerk in Deutschland nach *Facebook*. Den Angaben der Betreiber zufolge hat *Wer kennt Wen* über 9,5 Millionen Nutzer (Stand: Januar 2011). Schnell fand ich alte Freunde und diese mich. Aber bis auf wenige Ausnahmen erscheint mir das Wiederfinden von alten Bekanntschaften eher dröge. Nicht ohne Grund hat man so manchen aus den Augen verloren, die wahren Freundschaften in meinem Leben haben mich immer begleitet, selbst mit Unterbrechungen über viele Jahre. Um sie wiederzufinden, habe ich das Internet noch nie benötigt. Mein Leben ist ausgefüllt, ich pflege wenige, aber intensive Freundschaften, dazu habe ich einen sehr großen Bekanntenkreis, der keinesfalls nur von Unverbindlichkeiten geprägt ist. Insofern fand ich oft für »Wiederkehrer« keinen Raum mehr, weder zeitlich noch kräftemäßig. In einem meiner Lieblingsfilme, *Charade* mit Audrey Hepburn und Cary Grant, gibt es diese wunderbare Szene, in der die beiden sich kennenlernen.

Er fragt: »Kennen wir uns?« Sie: »Wieso, sollten wir uns kennenlernen?« Er: »Keine Ahnung. Wie soll ich das wissen?« Sie: »Ich muss Ihnen sagen, ich kenne bereits furchtbar viele Leute, und bevor nicht einer von ihnen stirbt, habe ich keinen Bedarf für neue.«

Wenn Audrey Hepburn das sagt, klingt es ungleich charmanter als bei mir, aber ich dachte oft an diesen Satz in den Zeiten, als ich alle Kontakte im Netz noch so wahnsinnig ernst genommen habe. »Es gibt kein richtiges Leben im falschen«, dieser zur Redewendung gewordene Satz auf Adornos Frage »Wie lebt man unter allen Umständen richtig?« aus seiner *Minima Moralia* zeigt das ganze Dilemma des modernen Menschen, auch übertragen in die Web-2.0-Ära, auf.

Insofern sind meine Social-Life-Aktivitäten zu Beginn schon aus Zeitmangel schnell wieder eingeschlafen. Dazu kam Langeweile, gepaart mit Unbehagen, hervorgerufen durch die unausgesprochenen Forderungen, ständig die Vergangenheit zu rekapitulieren. Wenn man wie ich glücklich ist, viele Dinge hinter sich gelassen zu haben, tut es nicht gut, sie in Form von

Menschen aus der Vergangenheit wieder zurückzuholen. So habe ich mich auf substanzielle Businesskontakte bei *Xing* konzentriert, eine Plattform, die mich in geschäftlicher Hinsicht vielfach bereichert hat. Aber ich habe in den Jahren 2005/2006 entdeckt, welche Faszination das Internet auf mich hatte und immer noch hat. Die Möglichkeit der Verbindungen war für mich überwältigend, ich hatte nur die richtigen Menschen dazu noch nicht gefunden.

Bis heute kann ich nicht sagen, warum ich mich im Winter 2009 bei *Facebook* angemeldet habe, und zu Beginn habe ich es auch niemandem so wirklich erzählt. Der größte Antrieb war sicher meine Neugier. Ich bin ein unglaublich neugieriger Mensch, und es macht mich in vielen Bereichen meines Lebens schier wahnsinnig, von einer Sache zu erfahren und sie selbst nicht erleben zu können. Fast habe ich mich ein wenig geschämt, haftete doch an diesem Netzwerk zumindest in »meinen Kreisen« immer der Duft des Anrüchigen. Das ist umso seltsamer, weil zur Zeit meiner Anmeldung von meinen persönlichen Freunden überhaupt niemand dort angemeldet war. Aber jeder, den ich kenne, hat zu Social Networks im Allgemeinen und zu *Facebook* im Besonderen seine ganz dezidierte Meinung. Meistens ist die Meinung umso schlechter, je weniger Berührungspunkte und auch Ahnung zu diesem Thema vorhanden ist.

Mein hauptsächlicher Beweggrund war die Kommunikation mit den Lesern meines Blogs. Und so gibt es bei *Facebook* als Profil auch nur das von Arthurs Tochter, keines von Astrid Paul. Zumindest bin ich keine von den derzeit dort angemeldeten. Dieses Pseudonym hat mich befreit, mit vielen Menschen in

Kontakt zu treten, die ich eben nicht bereits persönlich kannte. Zu Beginn dachte ich noch, das müsse so sein: Man sollte zumindest vorher schon einmal miteinander zu tun gehabt haben. Mittlerweile denke ich manchmal, je weniger man sich kennt, desto mehr Spaß macht es dort. Diese Unverbindlichkeit ist etwas Tolles. Gefährlich, weil das Wesen der Unverbindlichkeit sich in unserer Gesellschaft ausbreitet wie das schwarze Nichts der *Unendlichen Geschichte*. Wie ein Geschwür, alles verschlingend. Aber auch gut, weil sie Zeit und Raum gibt für schnelle Kommunikation, schnelle Fragen, schnelle Antworten, schnelle Statements. *Facebook* ist vergänglicher als die Zeitung, in der morgen bereits der Fisch eingewickelt wird.

Das birgt Gefahren, aber auch Raum. Die Gefahr besteht im steten, kaum wahrnehmbaren Aushöhlen von tiefen und engen Beziehungen. Unsere Gesellschaft wird immer flüchtiger, immer schneller. Wie der Lifestream rast das Leben an uns vorbei. Was heute noch gut und schön ist, ist schon morgen begraben unter einem Berg von neuen Meinungen. Eine so wichtig wie ihre Vorgängerin von gestern. Zusätzlich gibt es jetzt die Timeline; so können wir beständig nachverfolgen, in welcher Geschwindigkeit das Leben an uns vorbeirauscht. *Facebook* von der Geburt bis zum Grab, und kein Tag geht verloren. Ob er ausgefüllt war oder nicht, danach wird schon lange nicht mehr gefragt. Aber ich glaube an die Menschen. An ihr Bedürfnis, sich nah sein zu können. Zeiten der Trauer und auch der Freude persönlich miteinander zu teilen. Sich in die Augen sehen zu können, über die Schranken einer Webcam hinweg. Echte, unvermittelte Regungen zu erleben. *Second Life* hat sich nicht durchgesetzt, Cybersex ist weitestgehend auf den Konsum und Austausch von Filmen, Bildern und E-Mails beschränkt geblieben, also sehr ähnlich einer Form, die es immer schon gab. Sex mit Datenhelm und -handschuh ist eine Randerscheinung geblieben.

Aber Unverbindlichkeit kann Raum schaffen. Kurze Anstöße und Gedanken für den Tag. Schneller Konsum von Informationen, ein kurzer Gruß über den virtuellen Gartenzaun, ein flüchtiges Lächeln, das man mit in den Tag nehmen kann. Ein kurzes »Ich denke an Dich« oder ein »Du schaffst das« sind wunderbare »Rauchzeichen« in einer Gesellschaft, in der es kaum noch Grüße beim Betreten öffentlicher Räume oder ärztlicher Wartezimmer gibt.

Und das Netz gibt Macht. Macht für Menschen, die sich nie hätten träumen lassen, einmal so mächtig sein zu können. Nicht nur Inhalte werden seit Beginn des Webs 2.0 geteilt, die Meinungen der einzelnen Teilhaber können sich zu einer Wucht entwickeln, dass den Verantwortlichen angst und bange wird. Revolutionäre Bilder erreichen das Netz in Sekundenschnelle, werden über *Twitter* retweeted, über *Google* verplust, über *Facebook* in die Timeline von Millionen Menschen getragen. Keine Zeitung, keine Nachrichtenredaktion kann mehr so schnell sein wie die Menschen, die sich ihre Informationen selber suchen und zuteilen. Informationen, die aus dem direkten, ungeschminkten Erleben der Beteiligten stammen. Nicht gefiltert durch Verbände, Lobbyisten oder Politiker. Unternehmen müssen ihre öffentliche Selbstdarstellung mittlerweile besser überdenken, sonst werden sie in Sekundenschnelle der Lächerlichkeit preisgegeben. Verbraucherportale wie »Lebensmittelklarheit« stehen noch am Anfang, aber nichts und niemand kann sich auf Dauer der Macht der Verbraucher entziehen.

Das sind ungeahnte Möglichkeiten für den Einzelnen in unserer Gesellschaft, die dem einen oder der anderen wohl noch gar nicht bewusst geworden sind. Auf Dauer wird sich niemand dem entziehen können. Wir steuern auf ein gänzlich neues Zeitalter zu. Informationen sind nicht mehr das, was sie waren: von altehrwürdigen Printmedien gehoben vorgetragen, vertrauensvoll und ehrlich. Je unverständlicher für den einzelnen, desto wahrer. Feuilleton nur für Intellektuelle. Diese Zeiten sind endgültig vorbei. Selbstdenken wird endlich verpflichtend!

Die Information im Netz, eingestellt durch »Menschen wie du und ich« fühlt sich der Wahrheit nicht immer verpflichtet. Oder der Objektivität. Jeder berichtet stets aus seinem eigenen Erlebnishorizont. Der kann größer, aber auch sehr viel kleiner sein als gedacht. Insofern verführen derart vorgetragene Informationen zu Oberflächlichkeit. Meine persönlichen *Facebook*-Aktivitäten sind daher relativ beschränkt. Unverbindlicher, trotzdem feiner und lustiger Austausch mit »Unbekannten«, die im Laufe der Zeit gleichwohl ans Herz wachsen. Austausch von Informationen, Frageportal mit Garantie zur schnellen Auskunft. Die Möglichkeit des gebündelten Austauschs mit Freunden, den echten. Schneller Nachrichtenservice und Geburtstagskalender mit Erinnerungsgarantie. Zusätzlich Austausch mit Lesern meines Blogs über die *Facebook*-Fanseite zu *Arthurs Tochter Kocht*. Diese Seite hat ihre eigene URL, das heißt, sie ist jederzeit auch für User erreichbar, die nicht selbst bei *Facebook* angemeldet sind. Dort kann ich schnelle Informationen an meine Leser weitergeben, in ein oder zwei Sätzen, manchmal stakkatoartig in schneller Reihenfolge viele auf einmal, die so im Blog veröffentlicht relativ zusammenhanglos erscheinen würden. Auch kurze, schnelle Rezepte samt Bild stelle ich dort ein, manchmal dient die Seite als exklusive Vorschau auf das, was in den nächsten Tagen ausführlicher im Blog erscheinen wird. So spiele ich entspannt auf der Klaviatur des Möglichen, nutze die Vorteile und unterlege meine Daten mit Einschränkungen zum Schutz, wie ich ihn für richtig halte.

Datenschutz bei *Facebook* ist ein wichtiges Thema. Und die Diskussion, die darum geführt wird, ist wichtig und nötig. Inwieweit sie an der eigenen Wirklichkeit vorbeigeht, muss jeder für sich selbst beantworten. Dass *Facebook* Einstellungen der Privatsphäre ändert, ohne die Nutzer zu informieren, ist eine Sauerei. Man muss also auf der Hut sein, sich selbst immer wieder informieren und kontrollieren, stets mitdenken. Ob dieses Netzwerk mit den derzeitigen Datenschutzrichtlinien für Minderjährige geeignet ist, wage ich leise zu bezweifeln. Im Netzwerk *Wer kennt Wen* sind beispielsweise die Profileinstellungen bei einer Anmeldung von unter Achtzehnjährigen automatisch mit dem größtmöglichen Schutz versehen und müssen manuell umgestellt werden, falls Lockerung erwünscht ist.

Aufklärung ist gefragt, aber wer soll sie leisten? Die Eltern, die in vielfacher Hinsicht mit Medien in dieser Form völlig überfordert sind? Die Schulen, die an Lehrplänen festhalten, die in ihrem Inhalt teilweise wie aus dem vorherigen Jahrhundert wirken, so wenig werden sie an heutige Zeiten angepasst? Was fehlt in den humanistischen Lehrplänen, wenn das Leben nicht mehr vorrangig zwischen den Buchdeckeln der klassischen Literatur stattfindet? Mal ein wenig ketzerisch gefragt. Unsere Gesellschaft ist schlecht vorbereitet auf das digitale Zeitalter, unsere Politik hechelt nur noch mit Abstand und schwer atmend den Entwicklungen des Web 2.0 hinterher. Keine Lösung in Sicht. Nicht für angemessenen Datenschutz, nicht für eine Renaissance des Urheberrechtes. Wer keine Fragen stellt, braucht sich irgendwann nicht mehr zu wundern, dass ihm ständig die Antworten fehlen.

Aber so wie durch den Blog habe ich auch über *Facebook* Menschen aus der Unverbindlichkeit heraus erst kennen- und dann schätzen gelernt. Freundschaften sind auch hier entstanden, die Einzug gehalten haben in mein Leben. Die jetzt genauso viel Mühe und Kraft zur ihrer Pflege erfordern, wie alle anderen auch. Die genauso erfüllend, saukomisch und belastend sein können, wie Freundschaften das nun mal sind seit Anbeginn der Zeit. Freundschaften brauchen Ruhe und Muße. Man muss sie er-leben, oft über den Zeitraum vieler Jahre hinweg. Und so wie es ebenfalls schon immer war, werden mich im Netz geschlossene Freundschaften eine Zeit meines Weges begleiten, mal kürzer, mal länger, vielleicht den ganzen Rest meines Lebens. Eine Garantie gibt es nicht. Das Wesen der Freundschaft verträgt keine verbrieften Garantieversprechungen für die Ewigkeit. Du kannst immer nur hoffen, dass sie bleibt, wenn sie einmal da ist.

Im vergangenen Sommer besuchten wir das Hoffest des Weingutes Kiefer am Kaiserstuhl. Ein Freund von uns ist dort Vertriebsleiter, und so war die Gelegenheit günstig, sich endlich mal wieder zu treffen und ein beschwingtes Wochenende bei Sonnenschein und gutem Wein am Kaiserstuhl zu verbringen. Wir genossen einen feinen Abend in der Gesellschaft konziliianter Gastgeber, machten beschwingt die Nacht zum Tag und nahmen am nächsten Vormittag noch ein kleines Sektfrühstück in luftiger Sommersonntagsstimmung. Per Telefon teilte ich unsere Ortsbestimmung in die Weiten der *Facebook*-Gemeinde. Kurz darauf erschien auf dem Display eine Nachricht: »Erwarte Euch zum Essen von hausgemachter Wildschweinbratwurst. Gruß, Karl-Josef.« Potzblitz, was habe ich mich gefreut! Die Einladung kam von keinem Geringeren als von Karl-Josef Fuchs, gemeinsam mit seiner reizenden Frau Sabine Inhaber des wunderbaren Hotel *Spielweg* im Münstertal: Koch, Gründungsmitglied der Jeunes Restaurateurs, Jäger und im Verbund mit Christian Mittermeier und Jürgen Koch »Nachgesalzen«-Blogger bei *Zeit online*. Also ein Kollege. Quasi.

Ich besprach mich kurz mit P., die Fahrt ins Münstertal würde uns weitere 50 Kilometer wegführen von zu Hause, der Rückweg am gleichen Tag hing uns gedanklich bereits wie ein Klotz am Bein. Aber es war Rilke-Wetter. Unsichtbare Freudenbänder flatterten durch warme Luft, der Himmel war wolkenlos blau und schien so unbeschwert und leicht wie wir selbst. Und so fuhren wir gemütlich mit offenem Verdeck über kurvenreiche Straßen vom Kaiserstuhl in den Südschwarzwald, gerieten vor lauter Geranien und Fachwerkfröhlichkeit in den durchfahrenen Dörfern von einer Entzückung in die nächste. Schworen uns, den nächsten Urlaub mit nichts anderem als mit einer Tour durch diese Landschaft voller liebreizender Verlockungen zu verbringen. Und so erreichten wir am späten Mittag das Paradies. Wurden warmherzig empfangen, aßen Bienenwaben mit Frischkäse und Schwarzwälder Schinken, Wildschweinbratwürste vom Schwein aus eigener Jagd und die niedlichsten kleinen Pfifferlinge unseres Lebens. Im Anschluss zeigte uns Karl-Josef seine Käserei, rieb mir die Hände mit Molke ein, und ich ahnte für einen vergänglichen Augenblick, wie Cleopatra sich wohl gefühlt haben muss mit ihren Bädern in Milch und Honig. Und wie wir dort saßen, so sonnenverwöhnt und saumselig satt mit unseren gestreichelten Seelen, da überlegten wir beide, am nächsten Tag einfach blau zu machen. Uns bei allem und jedem krank zu melden. Unabkömmlich zu sein, am besten für den Rest unseres Lebens.

Am Ende siegte doch die Vernunft, aber wir bedauern es bis heute. Es dauerte leider einige viel zu lange Monate, bis ich wieder an meinem neuen Lieblingsplatz war. Im Abstand von nur drei Wochen reiste ich einmal zum Wurstkurs und ein anderes Mal zu einem »Rinderhälften-Zerlegungskurs« zurück ins Paradies. Mittlerweile hatte ich so ausgiebig im Freundeskreis von diesem Ort geschwärmt, dass wir uns zu sechst dort trafen und ausgiebig tafelten, tranken, kochten, lernten und lachten. Orte wie dieser sind selten geworden. Ich verliere mein Herz nicht oft, aber dort im Münstertal habe ich es zurückgelassen.

Pressefrühstück

»Mein Kollege hat heute Nachmittag noch einen Termin bei Andrea Nahles und braucht den Wagen«, spricht Frau Mieding von der *Rheinzeitung* und entschuldigt sich damit, dass sie nicht so lange bleiben kann wie geplant.

Was freut einen Blogger schon mehr als öffentliche Aufmerksamkeit? Insofern war die Mail aus der Kulturredaktion der *Koblenzer Rheinzeitung* eine aufregende Sache. An den Samstagen ist der Zeitung das »Journal« beigelegt. Eine Wochenend-Sonderbeilage mit Berichten zu kulturellen Veranstaltungen, Freizeitgestaltung, Büchern und nicht zuletzt immer sehr ausführlichen Vorstellungen von Restaurants bzw. deren Köchen. Eine sogenannte Web-Köchin gab es noch nie, für die Zeitung eine Premiere, für die die Redaktion sich ausgerechnet »Arthurs Tochter« ausgesucht hatte. Ich war selbstverständlich entzückt und geschmeichelt gleichermaßen und freute mich auf den Besuch in meiner heimischen Küche. In Gedanken machte ich drei Kreuzzeichen, dass sie gerade sozusagen frisch und generalüberholt war; in ihrer Vorgängerin hätte ich einen solchen Besuch nicht empfangen wollen.

Damit ich mir ein bisschen besser vorstellen konnte, um was es bei dem Bericht gehen würde, bekam ich eine Auswahl von vorangegangenen Ausgaben. Meine Freude wich einem Kloß im Hals und der Angst, einem Vergleich mit meinen Vorgängern, allesamt Profis ihres Faches, niemals standhalten zu können. In meinem Blog gab es bis dato noch nicht einmal ein richtiges Rezept. Da war nichts mit grammgenauen Angaben oder gar kochbuchartigen Step-by-Step-Anleitungen, am Ende noch bebildert. In meinem Blog herrschte unbekümmerte Großzügigkeit im Umgang mit Mengen, Weinen und Gewürzen; Kochen war mir Plauderei, nicht Anleitung und schon gar kein Dogma. Da aber dem Bericht ein Rezept für die geneigten Zeitungsleser beigefügt werden sollte und ein Zeitungsleser noch lange kein Blogleser ist, musste ich mich endlich mal wieder, zum ersten Mal nach dem Roten Heringssalat für das Buch über die Lieblingsrezepte, an die Arbeit einer sorgfältigen Rezepterstellung machen. Die Vorgabe war, dass es einfach sein sollte, unkompliziert nachzukochen, ohne besondere Techniken, damit kein Leser schon an der technischen Ausstattung scheitern müsste. Ich entschied mich für Kalbsbäckchen in Balsamico-Rosmarinjus, Zitronenpüree und einem Rosmarin-Parmesansegel. Das Rezept ging an die Redaktion und kam prompt zurück. Zu aufwändiger Zubereitungsvorgang. Das fand ich selbstverständlich gar nicht, und ich war nicht wirklich bereit, auch nur auf eine winzige Kleinigkeit zu verzichten. Die einzelnen Schritte des Kochprozesses kürzte ich zusammen. Klar war auch, je mehr Raum das Rezept einnehmen würde, desto weniger Platz bliebe auf der Seite für den eigentlichen Bericht. Also kein Ausleben meiner russischen Seele bei Kochtopfbeschreibungen und Handhabung der richtigen Muskatreibe. Kurz und knackig auf den Punkt. Und siehe da – es funktionierte. Ich musste mich nur ein wenig zusammenreißen.

Einige Tage später stand dann Frau Mieding vor der Tür. Selbstverständlich hatte ich gekocht, und selbstverständlich die Kalbsbäckchen. Sie sollte schließlich von ihrer eigenen Berichterstattung überzeugt sein. Wir redeten viel und aßen wenig. Da Frau Nahles wartete, blieb nicht so viel Zeit wie geplant, und leise wurde angedeutet, dass man diese Dame nicht warten ließ, jedenfalls nicht, wenn man sich Unannehmlichkeiten ersparen wollte. Ich berichtete Frau Mieding von meiner kürzlich veranstalteten Küchenparty, aus der sie im anschließenden Bericht in wunderschönen Worten ein barockes Gelage machte. So hatte ich die Party noch gar nicht betrachtet, aber der Begriff gefiel mir. Natürlich war ich neugierig, wie sie überhaupt auf mich gekommen war, und sie erzählte mir von ihrem Mann, der so begeistert kochte und irgendwann auf der Suche nach einem Buch über Sous-vide genau jenes entdeckte, an dem ich mitgewirkt hatte, so auf den Blog stieß und ihr seine Begeisterung mitgeteilt hatte. Zuerst verwirrte es mich, dass ständig jemand mitschrieb, während ich von mir erzählte, aber irgendwann nahm ich Notizblock und Geschreibe nicht mehr zur Kenntnis. Wir hätten noch Stunden reden können, über Restaurants, die wir kannten und mochten oder auch nicht, über kulinarische Entgleisungen und das Leben im Allgemeinen und Besonderen. Aber die Zeit verflog förmlich, wie sie das immer tut, wenn etwas besonders schön ist, der Termin mit Frau Nahles drängte, und Frau Mieding musste irgendwann wieder gehen. Schon zwei Wochen später erschien der Bericht, immerhin in einem Einzugsgebiet von täglich 663 000 Lesern. Am Erscheinungstag war ich bereits sehr früh unterwegs nach Hamburg, aber bevor ich auf die Autobahn rollte, kaufte ich einer der Tankstellen im Ort noch die Rheinzeitungen ab. Während der ersten Pause unterwegs warf ich einen Blick in mein E-Mail-Postfach, das kurz vor dem Platzen stand. Ich hatte bereits Tage vorher im Blog den Erscheinungstermin angekündigt, und so strömten jetzt die Mails mit den Glückwünschen herein. Sogar Menschen, mit denen ich seit über zwanzig Jahren keinen Kontakt mehr hatte, fragten vorsichtig an, ob das denn ich sei in der Zeitung heute, wirklich *die* Astrid? Und wie schön waren dann die Reaktionen mit »Auf so etwas war ich bei Dir irgendwie immer schon vorbereitet«.

Kalbsbäckchen mit Balsamico-Rosmarinjus, Zitronenpüree und Parmesan-Rosmarinsegel

1 kg Kalbsbäckchen
1 EL Butterschmalz
2 Karotten
1 Stück Knollensellerie, ca. 400 g
1 kleine Petersilienwurzel
1 kleine Zwiebel
3 Stengel Petersilie
2 Spritzer helle Sojasauce
5 cl Cognac
500 ml selbst gemachter dunkler Kalbsfond
500 ml trockener Dornfelder oder Monastrell
8 Zweige Rosmarin
1 Lorbeerblatt
1 EL Tomatenmark
1 EL Tomatenketchup
4 cl mindestens 10 Jahre alter Aceto balsamico di Modena
schwarzer Pfeffer aus der Mühle
Meersalz
50 g Butter in kleinen Stückchen, eiskalt

Den Ofen auf 100 °C vorheizen. Einen tiefen Teller hineinstellen.

Die Bäckchen parieren, dabei die dicken, innen liegenden Sehnen nicht heraustrennen! Diese lösen sich während des Garprozesses auf. Die Parüren einfrieren, um sie für die nächste Fondzubereitung aufzubewahren.

Das Fleisch sauber und trocken tupfen und von beiden Seiten salzen und pfeffern. Mit dem Küchengarn zu Kugeln binden. Im einer Pfanne mit heißem Butterschmalz rundherum anbraten. Während das Fleisch anbrät, das Gemüse putzen, nur den Sellerie schälen, alles in grobe Stücke schneiden. Auch die Zwiebel ungeschält lassen!

Das Fleisch herausnehmen und auf dem vorgewärmten Teller mit Alufolie abgedeckt im Ofen warmstellen. Im Bratensatz das Gemüse und die Petersilie anbraten, bis es leicht Farbe annimmt. Die Bäckchen wieder dazugeben. Mit der Sojasauce und 3 cl Cognac ablöschen. Kurz hohe Hitze geben, bis der entstandene Sud fast komplett reduziert ist.

Den Ofen auf 120 °C hochschalten.

Rotwein und Kalbsfond aufgießen, 2 Zweige Rosmarin und das Lorbeerblatt dazugeben.

Den offenen Schmortopf auf den Boden des Ofens stellen.

3 ½ Stunden schmoren, dabei soll die Hitze so reguliert sein, dass es alle 2 Minuten leise »blubb« macht. Bei zu schnellem Einkochen der Flüssigkeit eventuell noch etwas Wein nachgießen. Das Fleisch gelingt auch bei weniger Hitze und mehr Zeit, allerdings sollte die Ofentemperatur nicht unter 100 °C gehen.

Die Bäckchen aus dem Sud nehmen und abgedeckt im Ofen warmhalten. Den Sud durch ein feines Sieb in einen Topf laufen lassen, dabei gut ausstreichen. Den restlichen Rosmarin dazugeben und langsam bei mittlerer Hitze um die Hälfte reduzieren lassen, sodass ca. 400 ml zurückbleiben.

Für den Balsamico-Sud in einem kleinen Topf mit beschichtetem Boden Tomatenmark mit dem Ketchup anrösten, mit dem restlichen Cognac und dem Balsamico ablöschen und reduzieren lassen, bis nur noch ein sehr zäher Sirup zurückbleibt. Diesen zur Sauce geben.

Die Sauce mit Pfeffer und Salz abschmecken und erneut durch ein feines Sieb gießen.

Sollte kein alter Aceto balsamico vorrätig sein, auf den Sud gänzlich verzichten. Auf keinen Fall den Aceto balsamico durch eine günstigere Balsamessig-Variante ersetzen, sonst schmeckt die Sauce sauer!

In die heiße, nicht kochende Sauce mit dem Schneebesen die Butterstücke montieren, das bindet und gibt einen unwiderstehlichen Glanz. Sollte die Sauce zu flüssig geraten, mit etwas Pfeilwurzmehl binden (im Reformhaus erhältlich), keine Speisestärke verwenden, die macht die Sauce stumpf und schleimig! Ansonsten lieber etwas flüssiger lassen!

Die Bäckchen vom Garn befreien und in Scheiben geschnitten zurück in die Sauce geben, durchziehen lassen.

Für das Parmesansegel ein Backblech mit Backpapier auslegen. 4 EL grob geriebenen Parmesan mit 2 EL feinst gehacktem frischem Rosmarin mischen und daraus auf dem Papier vier Segel formen. Den Parmesan unter dem Backofengrill für ca. 2 Minuten goldgelb zerlaufen lassen. Herausnehmen, erkalten lassen und mit einer Palette vom Papier heben.

Zitronenpüree

500 g mehlig kochende Kartoffeln

50 ml Sahne

100 g Butter

Abrieb von 2 Biozitronen

Salz, weißer Pfeffer aus der Mühle

Muskatnuss, frisch gerieben

Kartoffeln schälen, vierteln und in Salzwasser weich kochen. Die Sahne erwärmen und die Butter darin schmelzen lassen. Den Zitronenabrieb hineingeben.

Die weichen Kartoffeln durch eine Kartoffelpresse geben und mit der Sahne-Butter-Mischung aufgießen. Bei Bedarf weitere warme Sahne dazugeben. Mit einem Schneebesen durchrühren.

Mit Salz, wenig Pfeffer und Muskat abschmecken.

Das Püree in die Mitte eines Tellers setzen, Kalbsbäckchen anlegen, Sauce dazugeben. Parmesansegel in das Püree stecken. Mit Rosmarin garnieren.

▸•◂

Überhaupt habe ich das Gefühl, seit Ende 2010/Anfang 2011 nimmt die Print-Presse aufmerksamer Notiz von den Bloggern. Noch keiner ist den Weg so konsequent gegangen wie die Redaktion der *Brigitte*, aber gerade im Hinblick auf kulinarische Themen macht sich wohl in vielen Redaktionen des Landes gähnende Langeweile breit. Das kulinarische Rad in der Küche lässt sich kaum noch neu erfinden, und für eine regionale Tageszeitung, die sich lediglich in Sonderbeilagen oder kleineren Lokalberichten intensiv mit Küchen- bzw. Restaurantthemen beschäftigen kann, ist es sicher schwer geworden, noch Neues zu entdecken. Irgendwann ist alles geschrieben über den spanischen Avantgardekoch, den feinen Landgasthof in der Region oder die genussvolle Zusammenkunft beim Jahresempfang der Firma XY. Da sind die Blogger und ihre Inhalte gute Inspirationsquellen, oftmals noch publikumswirksam dazu.

Die Vorteile sind für beide Seiten groß, wenn sie sich angemessen verzahnen. Es hat in der Folge noch einige weitere Berichte über *Arthurs Tochter Kocht* in den verschiedensten Magazinen gegeben. Auf die *Rheinzeitung* folgte die *Effilee* und, in Deutschland weitgehend unbemerkt geblieben, ein Bericht in der Schweiz, der im *Christkindli-Magazin* des Zürcher und Luzerner Weihnachtsmarktes erschienen ist.

Die allergrößte Überraschung aber, weil ich im Vorfeld nichts davon wusste, hat mir die Redaktion des *Feinschmecker* bereitet. Ich stand dem Magazin schon längere Zeit sehr kritisch gegenüber, hatte mein langjähriges Abonnement bereits vor Monaten gekündigt. Nicht zuletzt eine Aussage der Chefredakteurin zu den »geschwätzigen Bloggern« trieb mir die Hutschnur hoch. Mittlerweile hat sie dies sicher selbst revidiert, ihr Starkritiker Wolfram Siebeck bloggt schließlich selbst. Und ganz ehrlich – wenn Du mich an jeder meiner vor Monaten oder gar Jahren gemachten Aussagen zu bestimmten Themen festnageln würdest, käme ich mir ausgesprochen ungerecht behandelt vor. Man muss revidieren können, Meinungen und Ansichtsweisen verändern sich unter dem Eindruck neuer Erlebnisse oder Erkenntnisse oder einfach wachsender Reife der Persönlichkeit. Beim Schreiben dieses Buches ist mir das selbst einige Male passiert. Ich schreibe hier über Dinge, die ich noch vor ein oder zwei Jahren gänzlich anders beurteilt hätte. Und trotzdem hatte jede Ansicht zur ihr eigenen Zeit ihre ganz eigene Berechtigung.

Der *Feinschmecker* also. Wir saßen in weinseliger Laune bei Michael Teschke, einem befreundeten Winzer mit Silvanern wie Gottestrank, und der Abend, der so spontan mit einem kleinen Weineinkauf begonnen hatte, streckte bereits seine Fühler in die Nacht hinaus. So gegen 23 Uhr bekam ich Nachricht von einer Freundin, die mir zu meiner Erwähnung im *Feinschmecker* gratulierte. Ich war baff und dachte erst an ein Missverständnis. Gleichzeitig gratulierte sie mir zu meiner exzellenten Öffentlichkeitsarbeit. Sie schrieb in Rätseln. Professionelle Öffentlichkeitsarbeit betrieb ich nicht, und eine Erwähnung im *Feinschmecker* war für mich so weit entfernt wie eine Reise zum Mond. Als wir uns gegen 5.30 Uhr endlich auf den Heimweg machten, musste die Taxifahrerin mit uns noch zwei Tankstellen in der Umgebung anfahren. Die erste führte den *Feinschmecker* nicht, bei der zweiten stand noch eine einsame Ausgabe im Regal. Noch im Taxi blätterte ich hektisch durch die Seiten, fand aber nichts zu *Arthurs Tochter Kocht*. So konnte ich unmöglich einschlafen, aber irgendwann übermannte mich die Müdigkeit doch. Nur drei Stunden später war ich wieder wie angeknipst. Die nächsten E-Mails mit Glückwünschen waren da, jeder wusste etwas von mir, wovon ich selbst keine Ahnung hatte. Ein für mich in jeder Hinsicht fast unerträglicher Zustand. Aber das Rätsel löste sich im Laufe des

Tages auf. Die Glückwünsche kamen allesamt von Abonnenten des Magazins, die die aktuelle Ausgabe immer einige Tage vor dem Erscheinen im Handel erhalten. Das war natürlich ein dramatischer Moment für mich, nach all den Jahren als Abonnentin, und jetzt stand ich so da, mit leerem Briefkasten! Am offiziellen Erscheinungstag düste ich wieder zur Tankstelle. Und da stand sie im Regal: die Sonderausgabe zum Jahresende samt beigelegtem Büchlein mit den 900 besten Weingütern in Deutschland. Aus diesem Grund natürlich eingeschweißt, was das Bezahlen unweigerlich vor das Blättern setzte. An der Kasse lachende Mitarbeiterinnen, die fragten: Kann es sein, dass Ihr Mann vor ein paar Tagen auch schon nach dem *Feinschmecker* gefragt hat? Als ich bejahte, zogen sie unter der Theke eine zurückgelegte Ausgabe hervor und meinten, dass sie die extra für mich reserviert hätten. Jetzt würden sie sie selbst behalten. Noch im Auto entdeckte ich mich. In feiner Gesellschaft von drei anderen Blogs, alle geschrieben von Gastronomieprofis, unter anderem der meiner lieben Kochfreunde von *Zeit online.*

Wenige Wochen später meldete sich eine freie Autorin bei mir, die einen Artikel für das Magazin *Joy* zum Thema »Außergewöhnliche Berufs- und Lebenswege junger Frauen« plante und dabei auch gerne über mich als Foodbloggerin schreiben wollte. Ich fühlte mich geschmeichelt, vor allem wegen der Bezeichnung »junge Frau«. Das Magazin kannte ich dem Namen nach, zu seinen Leserinnen gehöre ich nicht. Es erscheint im gleichen Verlag wie die *Cosmopolitan,* und ich vermute, dass es die junge zukünftige *Cosmopolitan*-Leserin langsam und unmerklich auf das ungemache Leben der ständig modeorientierten, problemzonenbewussten, it-Handtaschen-tragenden

Frau vorbereiten soll. Also genau der Typus, vor dem ich schreiend davonlaufe, so er mir begegnet. Das angebotene Honorar war es auch nicht, das mich reizte, mir den Fragebogen mal zur Ansicht kommen zu lassen. Wohl eher die eigene Eitelkeit, eventuell in einem Magazin in Millionenauflage zu erscheinen.

Einige Tage später meldete ich mich daher bei der Autorin und bat sie um die Unterlagen. Die Antwort kam prompt – ich sei zu spät, sie hätte nun leider, leider bereits eine andere Bloggerin gefragt, die die Unterlagen schon angefordert hätte. Mich erstaunte die Schnelligkeit, dass ich von Samstag übers Wochenende bis zum neuen Wochenanfang keine Bedenkzeit hätte haben sollen, aber ich hakte die Angelegenheit sehr schnell wieder ab. Ich halte mich ungern an Dingen auf, die ich nicht mehr verändern kann. Das Loslassenkönnen ist meine größte Kunst und die Eigenschaft, die mich stets am meisten von sämtlichen Zwängen befreit. Und dann, noch mal eine Woche später, kam eine erneute Mail, dass die Kollegin sich nicht mehr gemeldet hätte und sie sehr froh sei, mir jetzt doch die Unterlagen zusenden zu können.

Ich las mir den Fragebogen sorgfältig durch und kam zu dem Schluss, dass alles sehr harmlos und nett war. Nichts sprach dagegen, ihn zu beantworten und veröffentlichen zu lassen. Nur die namentliche Nennung meiner Kunden, so es relativ prominente Namen oder Firmen sind, habe ich abgelehnt, jedenfalls solange mir dazu keine Einverständniserklärung der Betreffenden vorliegen würde. Das stellte sich aber schnell als unnötig heraus, Rückfragen von Redaktionsseite dazu gab es jedenfalls nicht mehr. Einige Tag später erhielt ich die Frage, ob man mich im Bericht ein wenig jünger machen dürfte. Da musste ich lachen; hatte sich da jemand vergaloppiert? Ich bin mit meinen vierundvierzig Jahren rein zielgruppentechnisch natürlich eher *Cosmopolitan* als *Joy,* gab dann aber mein Einverständnis mit der Bemerkung »wenn es der Sache denn dient«. Der Text würde mir zur Kontrolle noch vorgelegt werden, insofern konnte ich mir sicher sein, dass am Ende kein Quatsch veröffentlicht werden und ich sicher nicht als Fünfundzwanzigjährige dastehen würde.

Dann kam der Vorabdruck, und ich schmiss mich fast weg vor Lachen. Sie hatten mich mal eben ganz locker zur einundvierzigjährigen Konzernmanagerin gemacht; zwischen den Zeilen klang ein Leben voller Privatjets und Karibikurlaube. Interessanterweise war außer dem Alter und dem Begriff »Konzernmanagerin« gar nichts wirklich erfunden. Aber meine Antworten im Fragebogen wurden im Fließtext so sehr gedehnt, dass die wirklichkeitsgetreue Darstellung meiner Person auf der Strecke blieb. Ich fand mich auf einmal im Boulevard wieder und rief laut »Stopp!«. Korrigierte den Text, ließ sie aus der Konzernmanagerin eine Mangagerin *in* einem Konzern machen, was wieder der Wahrheit entsprach und immer noch professionell genug daherkam, änderte einige andere Dinge ab und nahm meine Metamorphose von der Privat- zur Partyköchin schmunzelnd hin. Immerhin nahm ich die PR für meine Person, den Blog und vor allem für meine neue berufliche Selbstständigkeit gerne mit. Aber die ganze Aktion hat dann doch ein leichtes Unbehagen bei mir hinterlassen. Einundvierzig? Wenn ich jetzt anfing, andere in der Darstellung meines Alters schummeln zu lassen, was sagte das dann über mich aus? Hätte ich auf den drei Jahren mehr bestehen sollen?

Oder war es gut, den Bericht so stehen zu lassen, wie er am Ende war? Ich glaube, man muss ständig auf der Hut sein. Vor anderen und auch vor sich selbst.

Arthur und Tochter

Schwierig. Über viele Jahre hinweg. Arthur ist konzentriert, wo mein Geist in unsteten Bahnen läuft. Er ist besonnen, wo ich schon mit einem unüberlegten Bein im nächsten Fettnapf hänge. Er ist der Typ *elder statesman,* wo ich laut »Scheiße« brüllend vor Wut gegen eine Mülltonne trete. Er würde nie etwas tun, was anderen schadet, und er weiß immer schon vorher, wann es so weit sein wird. Seinen Anspruch auf Gerechtigkeit habe ich bis zur Vollendung verinnerlicht. Er behauptet stets, ich sei das gerechtigkeitsliebendste seiner Kinder. Ich bin sicher auch das starrköpfigste. Das muss man wohl sein, sonst kommt man in so einem Leben wie dem meinen nicht weit. Wo Arthur weich ist, bin ich eisenhart. Fechte mit scharfer Klinge für das, was ich will. Aber wo Arthur lacht, lache ich auch. Es gibt so eine spezielle Form von Humor in unserer Familie. Den Hang zu Kalauern, zum flachen Witz. Wir lachen uns kaputt, während andere verständnislos neben uns stehen und hoffen, dass der Anfall bald vorbei sein möge. Unsere Tochter hat dieses seltsame Humor-Gen geerbt. P. nimmt es mittlerweile gelassen; Assimilation durch Resignation sozusagen.

Ich hatte Arthur für viele Jahre verloren. Aber das musste wohl so sein, auch wenn es schrecklich verlorene Jahre für uns beide sind. Meine Kindheit war zutiefst unglücklich. Zuerst. Dann wurde sie zutiefst adventistisch-unglücklich, was eine besondere Herausforderung bedeutet hat. Vielleicht fällt es Kindern in besonderen Religionsgemeinschaften leichter, wenn sie von Geburt an aufwachsen mit ihrem Anderssein, eingebettet in die jeweilige Gemeinde, die totale Normalität vermittelt innerhalb des gewählten Kreises. Ein Leben außerhalb davon ist dann wohl kaum vorstellbar. Ich wurde aber erst zu Beginn meiner Pubertät in ein rigides religiöses Regelwerk geschubst, angetrieben von einer psychisch labilen Mutter. Kein Wunder, dass ich kaum wusste, wie mir geschah. Überleben durch Abschotten, durch harten Bruch, war irgendwann in meinem Leben die für mich einzige Möglichkeit, dem Irrsinn in meinem eigenen Kopf zu entkommen. Es gibt kostbare Momente zwischen meinem Vater und mir, die ich seit vielen Jahren in meinem Herzen trage. Seine Gute-Nacht-Geschichten von kleinen Hexen und Wassermännern. Die Gleitschuhe, die er mir geschenkt hat, als ich ein kleines Kind war, und mit denen er geduldig mit mir über den Maschsee glitt, stets bereit, mich aufzufangen, wenn ich fiel. Seine Werkbank, auf der er unendlich kleine und zierliche Möbel für mein Puppenhaus baute, winzige Kommoden und Schränke mit echten Scharnieren, winzige Stromkabel, die zu noch kleineren Glühlampen im zweistöckigen Kindertraumhaus führten. Den Sandkasten, den er mir im Garten grub und den er hektisch umwälzte, als mein kleiner Goldhamster auf einem nicht genehmigten Freiluftausflug blitzschnell darin verschwand. Seine Wochenendbesuche, wenn ich wieder lange Zeiten bei seinem Bruder und dessen Frau, meiner Lieblingstante, untergebracht war, weil »Mama krank war«. Bei diesen Besuchen hat er mir das Fahrradfahren ohne Stützräder beigebracht oder ist mit mir schwimmen gegangen und hat mir gezeigt, wie lange man die Luft unter Wasser anhalten kann. In Spanien hat er mir das Schnorcheln beigebracht und mir das Schießen unter Wasser mit einer Harpune gezeigt. Er hat mich getröstet und mir geduldig erklärt, dass es mehr Sprachen als die deutsche gibt, als ich mit vier Jahren auf einem Campingplatz im damals noch verschlafenen Fischerstädtchen Lloret de Mar heulend zum Zelt zurückkehrte, weil kein anderes Kind mich verstand.

Aber als ich neun oder zehn Jahre alt war, verlor er mich aus seinem Sinn, obwohl ich vor seinen Augen weiterlebte. Vielleicht war er zu beschäftigt mit dem Tod seiner Mutter, der Krankheit seiner Frau (meiner Mutter!), meinen Geschwistern, dem Haus und all den Verpflichtungen. Meine Mutter war immer wieder zur Kur, in diesen Zeiten kamen Haushälterinnen, die uns versorgten und bekochten, die aber abends gingen und meinen Vater alleine ließen mit drei Kindern und den Sorgen. So blieb ich auf der Strecke.

Viele Jahre später näherten wir uns wieder einander an. Und dieser Prozess ist noch lange nicht abgeschlossen. Es ist nicht alles aufgearbeitet, aber das muss es auch gar nicht. Man kann auch wortlos verzeihen und vergessen. Wir erinnern uns an die schönen Tage und wenden uns mit Schaudern ab von den schlimmen. Ein besonderes Erlebnis für uns beide war die Hochzeit meines Bruders, zu der wir in die Ukraine flogen. Arthur und Tochter auf großer Fahrt. Ich war zum ersten Mal in meinem Leben in der Ukraine. Hingeflogen sind wir mit einer Propellermaschine über Rumänien. Mir war bereits beim Einsteigen mulmig, zum Glück hatte mir niemand vorher von den kleinen Carpatair-Maschinen erzählt. Aber dafür gab es rumänische Stewardessen, die zum Anbeißen aussahen. Ihre Erläuterungen zum Notfallrettungsplan verstand ich trotzdem nicht; hast Du schon mal gehört, wenn ein rumänischer Muttersprachler Englisch spricht? Du bist verloren! Wenn Du hungrig in den Flieger steigst, auch. Verlass Dich also bitte niemals auf das Bordmenü dieser Fluggesellschaft. Bereits bulgarienreisenerprobt nahm ich das nun folgende Geruckel stoisch hin und ergab mich meinem Schicksal. Aber dieses Flugzeug meinte es gut mit uns und setzte uns zwei Stunden später in Rumänien ab. International Airport Timişoara. Der kleinste, komischste International Airport, auf dem ich je war. Der dortige Dutyfreeshop war ein (Alb)Traum. Meinen Hals schützend, die Knoblauchknolle in der Hosentasche und immer schön in den durch die Fenster fallenden Sonnenstrahlen wandelnd, entdeckte ich Spezialitäten wie »Dracula Wein« zu € 16,90 die Flasche. Nach kurzem Aufenthalt ging es weiter, noch einmal fünfzig Minuten in die Ukraine, ein weiterer internationaler Airport, diesmal Chernivtsi, Ziel unserer Reise. Die Zollbeamten gebärdeten sich finster; zum Glück hatte mein Bruder mir einen kleinen »Leitfaden für Ukrainereisende« geschrieben:

»... Reisepass und Immigrationskarte werden dann den Grenzbeamten in der Hundehütte vorgelegt. Sie werden Euch weder grüßen, noch sich verabschieden oder sonst wie kommunizieren – es sei denn, es gibt etwas zu bemängeln. Aber dann wird i.d.R. zunächst ein Vorgesetzter gerufen, bevor jemand wirklich mit Euch spricht. Ist halt leider so ... Man hat sich dort irgendwie eine gewisse Sowjet-Attitüde bewahrt. Nach dem Aussteigen aus dem Flieger in Chernivtsi müssen alle auf dem Rollfeld warten, bis der Letzte ausgestiegen ist. Einer der Sicherheitsbeamten gibt dann irgendwann das Kommando, dass man jetzt losgehen darf. Man geht nach schräg gegenüber bzw. folgt einfach den anderen (oder den Beamten mit den lustigen Hüten). Das Gepäck wird dann irgendwann mit einem Kleinlaster angekarrt, und die meisten ziehen sich ihren Koffer selber von der Ladefläche. Wer aus dem Flughafen herauskommt, sollte keinesfalls auf eigene Faust ein Taxi nehmen bzw. auf eines der Angebote eingehen, die ihr von leicht aufdringlichen Fahrern bekommen werdet. Diese Taxis sind ohnehin illegal und völlig überteuert.«

Es hatte alles (besonders die Beamten mit den lustigen Hüten, die ich mich nicht getraut habe zu fotografieren) eine fast pittoreske Anmutung. Wir waren nicht nur in einem anderen Land, sondern auch in einer anderen Zeit gelandet. Terry Gilliam hätte seine helle Freude gehabt!

Arthur war bereits durch den Zoll, da hielt mich der mürrische Beamte auf. In einer mir nicht bekannten Sprache, die er für Englisch gehalten haben mag, redete er in knappen Sätzen auf mich ein. Ich verstand kein Wort. Mit Händen und Füßen gab er mir zu verstehen, dass ich meinen Koffer zu öffnen hätte. Ich war die Erste, der das bei dieser Abfertigung widerfuhr, und witterte Ungerechtigkeit bzw. das Verlangen des Grenzbeamten, sich durch meine Wäsche zu wühlen. Arthur machte zwei Schritte zurück und baute sich drohend auf. Ich sah uns die Zeit der Hochzeitsfeierlichkeiten bereits in einem dunklen Verlies verbringen und einen diplomatischen Zwischenfall provozieren und überlegte, wie viel die Bundesregierung wohl auszugeben bereit sein würde, um uns freizukaufen.

Arthur sprach sehr finster: »She is my daughter.« Dabei hatte er einen Ton am Leib, der keinerlei Widerspruch zuließ. Alles wurde gut! Des Englischen plötzlich mächtig, sprach der Beamte: »Okay, okay«, und ich durfte gehen. Wir fuhren zum Hotel, dem »ersten Haus am Platze«. Die Nacht im Vier-Sterne-Einzelzimmer kostete € 45,00, was mich spontan zu einem Upgrade auf € 75,00 verleitete und mir ein Zimmer bescherte, das ich für mich als Pornozimmer betitelte. Es hatte einen Whirlpool ziemlich prominent im Zimmer, nicht im Bad, einen Spiegel über dem Bett, einen hinter dem Bett, einen hinter dem Whirlpool, einen über dem Whirlpool, einen neben dem Whirlpool und an der Wand gegenüber auch noch einen. Ich bin beim Umziehen ständig rot geworden, obwohl ich mit mir alleine war.

Geplant war, dass Arthur die Familie der Braut zum Essen in ein Restaurant einlädt, damit wir uns alle in ungezwungener Atmosphäre kennenlernen können und dabei nicht verstehen, denn niemand außer der Braut sprach auch nur ein winziges kleines bisschen Englisch. Es wurde aber sehr viel lustiger, da uns die Brautmutter nach Hause einlud. Dort unterwarfen Arthur und ich uns vielen fremden ukrainischen Riten und Gebräuchen, die am Abend vor einer Hochzeit sehr wichtig sind, deren Hintergründe mir bis heute aber nicht so ganz klar geworden sind. Mein Eindruck ist, die Ukrainer verehren Brote. Brote, die aussehen wie Ungetüme von Panettone, ungesüßtes Hefebrot, nach Pappe schmeckend. Sie standen in jeder Ecke der Wohnung. In klein, in groß und in mittel. Auch während der

Trauungszeremonie in der Kirche spielten sie eine sehr große Rolle. Das Brautpaar verbeugte sich bereits am Vorabend in der Wohnung dreimal vor diesen Broten, wobei es sie dreimal umkreiste und am Schluss küsste. Dreimal. Arthur und ich saßen auf dem Sofa und wussten nicht, wie uns geschah. Wir waren durch ein Zeitloch gefallen und in einer anderen Welt wieder aufgetaucht.

Die Gastfreundschaft war unglaublich. Es gab auf beiden Seiten Verständnisprobleme, aber mit Händen und Füßen haben wir uns miteinander bekannt gemacht, im vollen Bewusstsein, dass wir jetzt irgendwie alle zur gleichen Familie gehören. Ich wurde mir der Kostbarkeit dieser Reise mit meinem Vater immer mehr bewusst. Was wir hier erlebten, alles im Zusammenhang mit den Hochzeitsvorbereitungen für meinen kleinen Bruder, würde uns unvergessen bleiben. Sehr oft trafen sich unsere Blicke, und wir lachten uns an, weil wir kaum fassen konnten, was uns hier geschah. Manchmal muss man wohl sehr weit reisen, um zusammenzukommen. Am nächsten Tag in der Kirche (armenisch-orthodox) wurde die Trauung vollzogen. Im Gegensatz zu unseren Gepflogenheiten von der Standesbeamtin durchgeführt, die einige Tage zuvor auch den bürokratischen Akt vollzogen hatte. Die Feierlichkeit, mit der die Zeremonie trotzdem begangen wurde, ist fast unbeschreiblich. Die Kirche war mit einem Blumen- und Lichtermeer geschmückt, wie ich es in Deutschland noch nie bei einer Hochzeit erlebt habe. Alles war ziemlich künstlich-kitschig, so dass ich mich streckenweise wie in einem osteuropäischen Disneyland gefühlt habe. Es gab einen großen Baldachin, unter dem das Brautpaar stand. Eine Orgel, viel zu groß für die kleine Kirche und viel zu laut für unsere westeuropäischen Ohren.

Und überall Brote. Die Brote wurden um das Brautpaar herumgetragen, sie wurden gesegnet, mit Bändern versehen, unter denen Braut und Bräutigam durchzulaufen hatten. Im Anschluss an eine sehr emotionale, denkwürdige Trauzeremonie, die mir die Tränen in die Augen trieb, obwohl ich kein Wort verstand, lief die Hochzeitsgesellschaft noch vier Stunden durch die Stadt und über das Universitätsgelände, um Fotos machen zu lassen. Arthur und ich immer hintendrein. Wir waren in alten Theatern, zerfallenen Häusern, seltsamen Cafés, in wunderbaren, verwunschen erscheinenden Gärten, das Brautpaar stets vorneweg, dann die Familie der Braut, die Brautjungfern und zum Schluss Arthur und ich mit einer Mischung aus Faszination und Ungläubigkeit über das, was uns geschah. Und immer wieder sahen wir uns an und lachten. Lachten uns ganze Jahre der Traurigkeit einfach weg. Lachten uns in unsere Leben zurück.

Das anschließende Essen war großartig. Wir kamen in einen prächtig geschmückten Saal, in dem viele Platten mit kalten Speisen bereits fertig angerichtet auf den Tischen bereit standen. Wir waren hungrig, und ich stürzte mich förmlich darauf. Zumal ich es ungemein spannend finde, unbekannte Speisen zu kosten. Zuerst dachte ich mir, mach mal langsam, das ist ja erst die Vorspeise. Aber irgendwann haben dann auch Arthur und ich gemerkt, dass es sich hier um das eigentliche Essen in Form eines kalten Tisch-Buffets handelte. Trotzdem kamen im Laufe des Abends noch einige warme Speisen hinzu. Diese wurden einfach auf den bereits vorhandenen Platten abgestellt.

Das heißt, die Tische wurden auch in der Höhe immer voller. Am Ende wankten sie unter der Menge von vier übereinandergebauten Gängen. Und ein ganz kleines bisschen schwankten auch die Gäste: vom Wodka, der in Strömen floss. Wodka ist in der Ukraine ein normales Tischgetränk, das ohne Aufforderung immer wieder nachgeschenkt wird. Trotzdem war von den ungefähr fünfundsiebzig Gästen erstaunlicherweise am Ende des Abends bzw. der Nacht niemand richtig betrunken. Außer vielleicht einer der Kellner, ich hatte so das Gefühl, dass er hinter den Kulissen ... Nachdem ausreichend Aperitifs getrunken waren, stellte sich das Hochzeitspaar im Saal vor die Bühne, die Band spielte ein munteres russisches Musikstück, die Mutter der Braut, Arthur und ich stellten uns daneben, und dann machten uns in einer langen Schlange alle Gäste nacheinander ihre Aufwartung. Wie bei der Queen, nur dass kein Hofmarschall die Namen der Gäste ansagte. Das hieß, es wurde geküsst, gratuliert, umarmt und die Geschenke überreicht. Auch Arthur und ich bekamen eine Menge Küsse und Glückwünsche ab. Wir fühlten uns beide so glücklich und stolz! Sein einziger Sohn, mein kleiner Bruder. Unglaublich! Manche Gäste hatten sogar zur Feier des Tages ein paar Sätze zum Beglückwünschen auf Deutsch gelernt. Eine besondere Ehre! Jeder Mann schenkte eine Flasche Wodka, jede Frau eine große Schachtel Pralinen. Nebenbei wurden Umschläge mitgebracht, in denen sich ein Betrag mindestens in der Höhe befand, die das Essen pro Person ca. kosten würde. Wenn ein Ukrainer sich diesen Betrag nicht leisten kann, kommt er einer Hochzeitseinladung nicht nach. So finanziert sich die Feier im Restaurant fast von selbst.

Nach dem ersten Anstoßen an den Tischen (der warme, süße Champanski floss in Strömen) wurden Reden der Eltern und Trauzeugen gehalten, und zwischendurch rief der ganze Saal immer wieder auf Ukrainisch im Chor: »Küsst Euch! Küsst Euch! Küsst Euch!« Die darauf folgenden Küsse wurden von lautem Händeklatschen begleitet. Im Laufe des Abends, durch den ein weiblicher Conférencier führte, trat noch ein Ballett auf – und ein »Teufelsgeiger«, bekannt aus dem ukrainischen Fernsehen. Diese Show-Acts wurden dem Brautpaar von den ukrainischen Trauzeugen geschenkt, deren Tochter auch die amtierende »Mini Miss« der Ukraine ist. Wir haben getanzt bis zum Umfallen! Arthur gewann tatsächlich den am Abend ausgerufenen Tanzwettbewerb im Tango und wurde fortan von den ganz entzückenden und wunderschönen Brautjungfern umlagert. Ich selbst tanzte immer wieder mit Pascha, einem Freund der Braut, der mich unermüdlich aufforderte, sowie mit dem ganzen Saal ekstatisch in großem Kreis! Dazu gab es tolle Livemusik, Trockeneisnebel und immer wieder laute »Küsst Euch«-Rufe. Es war unbeschreiblich! Da sonntags keine Flüge gehen und ich leider am Montag wieder arbeiten musste, fielen Arthur und ich in dieser Nacht noch für ca. zwei Stunden ins Bett und starteten morgens um fünf Uhr müde, aber unglaublich glücklich zu unserem Rückflug nach Düsseldorf.

Es vergeht kaum ein Treffen, an dem wir uns nicht die Erinnerungen an diese wunderbaren zwei Tage zurückrufen. Immer wieder lachen wir und freuen uns bis heute am gemeinsam Erlebten. Und eigentlich wünsche ich mir nichts mehr, als noch einmal in meinem Leben eine so verrückte Reise mit Arthur machen zu können.

Ein Löffel geht auf Reisen

Eines meiner beiden bisher veranstalteten Blog-Events begann mit einem großen Spaß und einem kleinen Stück Holz. Die Sache hatte eigentlich zwei Anlässe: Zum einen hatte ich im Juni 2011 die Domain *www.arthurstochterkocht.de* eingerichtet, auf die mein Blog umgeleitet wurde. Zum anderen wurde ich im Juli vierundvierzig Jahre alt und hatte vor, diese Schnapszahl mit einer kleinen Party zu feiern. P. machte mir bzw. eigentlich eher meinen Geburtstagsgästen ein lustiges Überraschungsgeschenk. Er hatte dreißig Kochlöffel mit der neuen Blog-URL branden lassen, von denen sich jeder einen mitnehmen konnte. Ich weiß von mindestens einer Person, dass sie sich drei Stück mitgenommen hat, und wenn sie das hier liest, wird sie sicher rot. Alle waren von dem kleinen persönlichen Geschenk begeistert und haben es genau so genommen, wie es gedacht war: Als Erinnerung an ein schönes Wochenende (die Party ging über fast drei Tage) und das Zusammensein mit ganz besonderen Menschen. Die Freude, die dieser kleine Löffel ausgelöst hat, hat mich sehr berührt.

Nachdem die ersten Löffelbilder vornehmlich über Blogs und über *Facebook* im Internet kursierten, wollten einige andere Leute ebenfalls einen haben. In einer kleinen Weinlaune am abendlichen Esstisch kam P. dann eine großartige Idee. Er schlug vor, noch einmal einige Löffel zu bestellen und diese in die Welt hinauszuschicken. Angelehnt an den Film *Die fabelhafte Welt der Amélie* sollten die Empfänger uns Bilder vom Löffel an anderen Orten oder gar aus anderen Ländern schicken. Ich war sofort begeistert von dem Gedanken, mein Löffel könnte um die Welt gehen. Um der ganzen Aktion einen Rahmen zu geben und auch um einen kleinen Wettbewerbsgedanken ins Spiel zu bringen, habe ich drei Kategorien festgelegt, in denen ein Bild gemacht werden sollte, und auch sonst ein paar Regeln aufgestellt.

Die Kategorien:

1. Der Löffel musste in einer für ihn völlig untypischen verrückten Situation fotografiert werden. Losgelöst von allem, was mit Essen zu tun hat.

2. Der Löffel musste an einem weltbekannten Ort fotografiert werden. Die Definition für weltbekannt bedeutete in diesem Fall mindestens ein Eintrag bei *Wikipedia*.

3. Eine prominente Person musste mit dem Löffel posieren. Prominent bedeutet, allgemein bekannt. Im Zweifel entschied die Jury über den Grad der Prominenz.

Um mich selbst nicht der Gefahr der Befangenheit auszusetzen, habe ich mir eine kleine feine Jury zusammengestellt, die aus einer ZDF-Redakteurin, dem Redakteur und Fotograf einer Lebensmittelzeitung und einem Sternekoch bestand.

Jedes eingereichte Foto musste mindestens eine der drei genannten Kategorien erfüllen, um am Wettbewerb teilnehmen zu können. Selbstverständlich war die Teilnahme am Wettbewerb mit jeweils einem Bild pro Kategorie möglich, was von vielen Teilnehmern genutzt wurde. Dem Sieger winkte pro Kategorie ein tolles Kochbuch, zur Verfügung gestellt von meinem Lieblingsverlag; das ist ganz zufällig der, für den ich dieses Buch geschrieben habe. Es dauerte nicht lange, da waren alle Löffel vergeben. Ich hätte sehr viel mehr verschenken können, die Nachfrage war unglaublich groß. Den weitesten Weg legte mein Löffel nach Shanghai zurück. Ich hatte ein wenig Sorge, ob die Chinesen ihn ins Land lassen würden, aber er kam wohlbehalten dort an und war auch gar nicht lange unterwegs. Jedenfalls erreichte er China schneller als ein kleines Dorf in der Schweiz. Den Weg nach Spanien hat er nicht überlebt, dort kam er leider nie an, vielleicht ist er unterwegs einem wild gewordenen Stier vor den Nasenring gelaufen.

Dann hatten alle Löffelempfänger drei Monate Zeit für ihre Wettbewerbsbilder. Und sie fotografierten. Und fotografierten. Mit einem Spaß und einer Leidenschaft, die kaum zu beschreiben ist. Eigentlich hätte die Löffelgeschichte ein eigenes Buch verdient mit allen Bildern und Erlebnissen. Der Löffel reiste unter anderem nach Tibet, nach China, nach Indien, in die Schweiz, nach Frankreich, nach Prag und nach Venedig. Er machte Radtouren an der Mosel, tourte an der Nordsee, der Ostsee und durch Luxemburg, war in der Mailänder Scala (angeblich hat er dort dem Dirigenten als Taktstock gedient), verzauberte Köche wie Stefan Marquard, Holger Stromberg, Heiko Antoniewicz, Alexander Herrmann und schlüpfte in die Drei-Sterne-Brusttasche von Sven Elverfeld. Als ich Herrn Elverfeld auf der *Chefsache* 2011 in Köln traf, sagte er: »Hallo Frau Paul, ich habe Ihren Löffel!« Das hat mich fast aus den Schuhen gekippt, weil ich zuvor nichts davon wusste.

Der kleine Löffel hatte einen Heidenspaß, die Menschen, die ihn dabei fotografierten, ebenso, und den allermeisten Spaß und die größte Freude an dieser Veranstaltung hatte wohl ich selbst. Vor kurzer Zeit habe ich dem Löffel bei *Facebook* eine eigene Fanseite erstellt, dort können jetzt weiterhin alle Bilder gesammelt werden. Es gibt so viele, die nicht am Wettbewerb teilgenommen haben und die trotzdem nicht vergessen werden sollten. Zumal es eine Fortsetzung geben wird. Ich bekomme so viele Mails von anderen Menschen, die mit Begeisterung die Geschichten und Reisen des Löffels nachverfolgen, dass ich im Frühsommer 2012 noch einmal ein paar Löffel in die Welt hinausschicken werde. Einige Löffelinhaber wissen das schon und arbeiten bereits vor. Allerdings werde ich mir natürlich neue Kategorien einfallen lassen, nur die Geschichte mit dem prominenten Löffel wird wohl bleiben, diese macht vielen Beteiligten den größten Spaß und fördert den Jagdinstinkt in ungeahnter Weise.

Das Schöne an der Aktion ist vor allem, dass sie nie von mir auf andere Blogger beschränkt wurde. Zwar haben viele in ihren Blogs berichtet, und auch die Teilnehmerquote war unter den Bloggern höher als unter den Nichtbloggern. Aber teilnehmen konnte jeder. Ob mit Blog oder nicht. Die Fotos von Nichtbloggern habe ich genauso veröffentlicht und bewerten lassen wie die der Blogger. Um ein Haar hätte auch eine Nichtbloggerin in einer Kategorie gewonnen, nur haarscharf wurde der Shanghaier Löffel punktemäßig von seinem Kollegen aus der Mailänder Scala überholt. Vor einigen Wochen bekam ich eine sehr nette Mail von einer Frau, die in Shanghai lebt und arbeitet und zufällig die Leute kennengelernt hat, die den Löffel geschickt bekamen. Sie kamen ins Gespräch, wie man sich so unterhält, wenn man aus dem gleichen Land kommt und mit ähnlichen beruflichen Tätigkeiten in einem fremden Land wohnt. Der Zufall wollte es, dass die Schreiberin ebenfalls aus Rheinhessen kam. So sehr verbindet dieser kleine Löffel!

Begegnungen

Virtualität kann Nähe schaffen. Manchmal glaube ich abseits jeglicher Esoterik, Schwingungen im Netz zu spüren. Sanfte Klänge in der Kakophonie der Bling-Bling-Aufgeregtheit. Und auf einmal sind Menschen näher gerückt. Manches Mal wurde von ihnen oder von mir in den vergangen Monaten mutig die Grenze zum wahren Leben überschritten. Und so wurden beiden Seiten im Idealfall feine kleine Erlebnisse zuteil. Manchmal ist vielleicht auch nur ein Abdruck des Erlebten in der Erinnerung geblieben, der uns trotzdem prägt und beflügelt.

Ich saß in meiner Küche und war zutiefst unglücklich. Wir haben eine wunderschöne, großzügige Wohnung, aber diese Küche mochte ich noch nie. Die Zeile wurde vor einigen Jahren von uns für kleines Geld von den Vormietern übernommen; wir waren froh, nach der aufwändigen Zusammenlegung zweier Wohnungen die Kosten für eine neue Küche erst einmal sparen zu können. Aber Du weißt sicher auch, wie das ist. Wenn Du erst einmal anfängst, mit etwas zu leben, wirst Du es so schnell nicht wieder los, ganz egal, ob es sich um schlechte Angewohnheiten oder Einbauküchen handelt. Meine Küche hatte ein Frontdesign, das mich von Monat zu Monat mehr anwiderte. Ich stellte mir vor, jemand hätte sich dagegen übergeben und es wäre hinuntergelaufen. Der Herd war vergilbt, als hätte er sein Leben in Nikotinschwaden verbracht. P. schalt mich, ich hätte einen Knall. Das war nun nichts Neues, insofern blieb ich bei meiner Vorstellung. Beschwerte mich immer öfter und immer lautstärker. Weigerte mich irgendwann, überhaupt noch jemanden einzuladen. Das saß. Er hat schließlich genauso gerne Gäste wie ich und liebt seine Rolle als Mundschenk.

Es fing sachte an, und wir begannen mit einem neuen Herd samt Ofen. Der alte war noch funktionstüchtig, aber die Dichtungen machten schlapp, die Hitze entwich und färbte alles Weiße gelb. Unentfernbar auch durch die stärksten Putzmittel. Die Wahl fiel uns bzw. mir nicht schwer. Ich bin keine komplizierte Einkäuferin, meine Entscheidungen fallen schnell und sicher, weil ich schon im Vorfeld weiß, was ich will. Nur mal so durch die Geschäfte zu bummeln, ist mir in jeder Beziehung ein Graus, es sei denn, es handelt sich um eine Einkaufsmeile voller Gewürz- und Feinkostläden. Ich wollte ein deutsches Produkt, ich wollte eine Ofentür zum Ausziehen, ich wollte versenkbare Schalter, keinerlei Regelungen auf dem Kochfeld selbst und ich bestand auf einer großen Bräterzone. Wir betraten ein einziges Geschäft und waren nach zwanzig Minuten fertig.

Das Prachtstück kam, P. baute es ein, und dann erlebte ich zum ersten Mal voller Begeisterung, wie es klingt, wenn zu Hause ein Induktionsfeld auf »boost« läuft. Ich verzichtete in den folgenden Tagen auf den Wasserkocher, der Herd war schneller. Wir saßen zusammen in der Küche, starrten auf den Herd und waren zutiefst unglücklich. Wie hatten wir dieses Prachtstück nur in die Front mit dem »Brechdesign« einfügen können? P. war weichgekocht wie nach einem mehrstündigen Aufenthalt unter »Boost« und knickte vollends ein. Noch am gleichen Abend nahmen wir uns Papier und Bleistift und planten unsere neue Küche.

Viele Wochen später wurde sie geliefert, wir waren beide stolz wie Oskar und überlegten kurz, unser Bett in der Küche aufzustellen, damit wir mehr Zeit dort verbringen könnten. Da ich keine Gelegenheit auslasse, um zu feiern, dauerte es nicht mehr lange, bis ich in den Planungen für eine Küchenparty steckte. Von Abenteuerlust getrieben, beschloss ich den »Unbekannt-Faktor« einzuführen und nicht nur mit den immer gleichen Menschen zu feiern, mit denen wir unsere Feste bereits seit Jahren zelebrieren, sondern unsere Tür für fast Fremde zu öffnen. Nur *fast* fremd, weil ich zu jeder eingeladenen Person trotzdem eine besondere Verbindung pflegte. Und so kamen erstmals in meinem Leben die zwei Welten zusammen, in denen ich mich bewegte. Blogger und andere Internetfreunde kamen aus ganz Deutschland und Österreich angereist, um mit uns zu feiern. Jeder sollte etwas zu essen mitbringen, wir wollten alles auf ein großes Buffet stellen, unkompliziert und fröhlich sollte es zugehen. Die ersten Gäste reisten bereits am Vorabend an. Wir trafen uns zum Essen in einer gemütlichen Vinothek, merkten kaum, wie der Abend im Klingen der Gläser und unseres Lachens verflog, und verließen zu Beginn der Nacht erst auf sanften Druck durch den Wirt das Lokal. Auf dem Parkplatz drückte mir jemand ein Paket mit Wurstdärmen in die Hand, mit dem Auftrag, diese über Nacht gekühlt zu wässern. Ich ahnte also bereits, was am nächsten Tag auf mich zukam. Ab dem Mittag war meine neue Küche okkupiert. Es wurden Sushi gerollt, Fleisch gewolft und verbratwurstet, Krapfen und Muffins gebacken, Salate geschnippelt und die Gläser für den Abend poliert. Das Eis kam in großer Box durch Freunde mit Restaurant und Eismaschine, die Champagnerbowle blitzte, die Stehtische bekamen ihre Hussen und zehn vorbereitende Personen warteten aufgeregt auf die restlichen fünfundzwanzig Gäste.

Auf einmal stand die Klingel nicht mehr still, und wir ließen die Haustüren einfach offen. Ein nicht enden wollender Strom von Menschen und mitgebrachten Lebensmitteln bewegte sich über Stunden in unsere Wohnung und wieder hinaus, verteilte sich aus der offenen Küche in andere Räumlichkeiten und auf den Küchenbalkon, der uns als Kühlhaus diente. In der Küche war schon lange kein Platz mehr für auch nur den kleinsten Krümel von irgendwas. Völlig ausgeschlossen, dass wir alle gemeinsam auch nur im Ansatz würden aufessen können, was so köstlich lockte. Um fünf Uhr morgens kam unser Taxifahrer des Vertrauens, um den letzten Gast zu holen. Aber erst aß auch er noch eine Bratwurst und trank ein Bier. Um sechs Uhr wischte P. noch einmal kurz durch die Küche, dann fielen wir glücklich ins Bett.

Die nächste Party ließ immerhin ein halbes Jahr auf sich warten. Dabei wurde so mancher Gast zum Wiederholungstäter. Der Rahmen war kleiner, wir waren ungefähr fünfundzwanzig Personen, das Buffet wurde klein gehalten, es wurde nicht gewurstet, nicht gebacken und nicht gekocht. Auch zu diesem Fest reisten die ersten Gäste bereits am Vorabend an, um mit mir in meinen Geburtstag hineinzufeiern. Der Zufall wollte es, dass einer unserer rheinhessischen Lieblingswinzer an diesem Wochenende sein großes Hoffest feierte; insofern stand der Austragungsort schnell fest. Um Mitternacht spielte die Hofkapelle »Happy Birthday«, wir ließen die Sektgläser klingen und feierten in die Nacht hinein. Am nächsten

Tag erkundeten meine Gäste die schöne Umgebung, während ich die letzten Vorbereitungen traf. Für das Buffet plante ich karamellisierte Tomaten auf Zucchinicarpaccio, von denen ich zuvor bereits im Blog berichtet hatte und die im Netz für viel Furore gesorgt hatten.

Karamellisierte Tomaten auf Zucchinicarpaccio

Für 4 normal hungrige Personen benötigst Du:
24 Kirschtomaten
125 g Kristallzucker
1 EL Pfeffer, grob geschrotet

Jede Tomate auf einen Zahnstocher spießen. Den Zucker mit 200 Milliliter Wasser in einem kleinen Topf aufkochen und dann bei geringer Hitze so lange weiterköcheln, bis ein hellbrauner Karamell entsteht. Das dauert! Nicht die Geduld verlieren! Den Topf vom Herd nehmen, die Tomaten einzeln hinein tauchen, mit dem Pfeffer bestreuen und zum Trocken auf Backpapier legen.

Zucchinicarpaccio
4 feste kleine Zucchini,
nach Möglichkeit gelbe und grüne gemischt
8 EL Olivenöl
4 EL weißer Aceto balsamico
1 EL fein gehackte Blattpetersilie
(von mir durch rotes Basilikum ersetzt!)

einige grob geriebene Chiliflocken
Salz, frisch gemahlener Pfeffer
frisch gehobelter Parmesan
frische Oreganoblättchen

Die Zucchini mit dem Sparschäler oder auf der Maschine längs in sehr dünne Scheiben schneiden. Auf einem Teller anrichten. Das Olivenöl mit dem Essig und der Petersilie verrühren. Mit den Chiliflocken, Salz und Pfeffer abschmecken. Das Dressing über die Zucchinischeiben geben und nach Belieben mit gehobeltem Parmesan und Oregano bestreuen.

▸•◂

Spektakulär einfach und spektakulär lecker! Diese karamellisierten Tomaten sind der Hit! Sie sehen zwar ein bisschen aus wie die Liebesäpfel auf der Kirmes – aber die haben wir doch alle geliebt, oder? Wenn Du so eine Tomate in den Mund nimmst, hast Du erst den Eindruck von Süße, dann knackt der Karamell, von innen läuft Dir die leichte Säure der Tomate an den Gaumen und dann kommt von hinten um die Ecke der Pfeffer hinterher. Toll! Für die Party habe ich jede Tomate einzeln auf jeweils zwei in Wellen gelegte Zucchinischeiben (immer eine grüne und eine gelbe) in kleinen Teelichtgläschen angerichtet. Das war nicht nur ein geschmackliches, sondern auch ein optisches Highlight. Es gab Brownies mit Kirsch-Koriander-Kompott, gegrillte Pimientos de Padron mit Maldon-Salz, viele kleine und große von den Gästen mitgebrachte Kleinigkeiten und als Inbegriff des Partyessens schlechthin ein Chili con carne. Allerdings nicht mit Hackfleisch, wie zu den Studentenpartys meiner Zeit, sondern mit sehr fein geschnittenem Fleisch vom Rinderhals.

Chili con carne mit Cola und Bier

Ein Kilo Rinderhals in kleine Stücke schneiden. In ganz kleine. Portionsweise anbraten, salzen, pfeffern, dabei etwas mit Mehl bestäuben. Das gleiche mit zwei Stangen Sellerie, Zwiebeln, Knoblauch und einer daumendicken Scheibe Bauchspeck tun. Am Ende wieder alles zusammen in einen großen Topf geben und kräftig durchrühren.

Dann kommt das Feintuning, die Chili. Ich verwende ca. 1 ½ Schoten mit Kernen. Das ist die Grenze des für P. erträglichen. Einzelportionen würze ich für mich dann nach. Meistens sind das die Schoten, die ich im Asiamarkt kaufe und immer im Tiefkühlvorrat habe. Leider haben sich die von mir auf der Terrasse herangezogenen »Pfefferköpfchen« als Lachnummer herausgestellt, und mein »Nymphenburger Knubbel« ist noch ein Baby. Dann kommt etwas Tomatenmark dazu und anschließend die Cola. Aber bitte nicht auf einmal. Immer fein im Wechsel mit dem Bier. Eine kleine Menge aufgießen, einkochen lassen, aufgießen, einkochen lassen. Und so fort, wobei die Menge der verkochten Flüssigkeit am Ende auch immer von der Kochhitze abhängt. Weniger Hitze, weniger Flüssigkeit, so einfach ist das. Am Ende sollte eine sehr sämige Masse im Topf entstehen, die, unter uns gesagt, schon zu diesem Zeitpunkt hervorragend schmeckt.

Dann gießt Du alles mit Rinderfond auf und gehst ins Kino. Oder machst sonst was, Hauptsache, Du bringst die nächsten Stunden gut rum. Am besten lässt Du dem Chili mindestens sechs Stunden reine Schmorzeit, stellst es dann aus und lässt es ziehen. Ca. eine Stunde vor Ende gibst Du gehackte Tomaten aus der Dose dazu, Kidneybohnen (abgegossen und abgespült) und klein geschnittene Paprikaschoten. Und nein, keinen Mais, der bringt keinerlei geschmackliche Verbesserung, sondern nur viel Stärke und unnütze Kalorien. Nachwürzen mit Salz und Pfeffer, dazu gemahlenen Kreuzkümmel. Und ja – bei uns gibt es immer noch diesen Klecks Crème fraîche dazu, ohne den geht's nicht. Jetzt legst Du schnell den Deckel auf den Topf, damit sich niemand von Deinen Gästen hineinlegt.

▸•◂

Während ich noch in den Vorbereitungen steckte, klingelte es an der Tür. Einer meiner Gäste stand unten, forderte P. an, mit der Bitte, ein Paket für den Nachmittag entgegenzunehmen. Er kam in die Wohnung mit einem sehr großen Karton, umhüllt von rosa Papier und einer übermächtigen, wunderschönen Schleife. Sein Grinsen bekam er kaum aus dem Gesicht, während ich um ihn herumtanzte und versuchte zu erraten, was sich wohl in diesem Überraschungspaket verbarg.

Ab sechzehn Uhr begann meine Geburtstagsparty; vor allem Arthur zuliebe begann ich früh, damit es für seine Rückfahrt nicht zu spät wurde. Das Wetter war herrlich, als hätte der Sommer bis dahin all seine Kraft aufgespart. Wir saßen mit den ersten Gästen auf der Dachterrasse. Viele von ihnen kannten Arthur noch nicht und freuten sich sehr, endlich den geheimnisvollen Namensgeber meines Blogs kennenzulernen. Er selbst saß strahlend unter dem großen Schirm und begrüßte jeden meiner Gäste leutselig mit: »Hallo, ich bin Arthur.« Er war großartig! Mitten im Wohnzimmer stand derweil der große Geschenkkarton vor einem Tisch voller schön verpackter Gaben und wartete auf seinen Moment. Dieser kam im Laufe des frühen Abends, als ich lautstark von meinen Gästen zum Auspacken aufgefordert wurde. Verlegen, weil alle im Kreis um mich herumstanden und mir zusahen, öffnete ich die ersten Geschenke. Irgendwann war das große Paket an der Reihe. Mir zitterten ein wenig die Hände vor Aufregung, als ich die große Schleife aufzog. Zu diesem Zeitpunkt war ich schon fassungslos, mit welch wunderbaren Dingen ich von meinen Freunden bedacht wurde, da ich bereits Champagner, Mörser, eine wunderbare handgeschmiedete Pfanne aus einer Jahrhunderte alten Allgäuer Eisenschmiede, seltene Gewürze und vieles mehr ausgepackt hatte. Als ich das Geschenkpapier vom Karton zog, war ich sprachlos und bekam Freudentränen in die Augen. Vor mir stand ein Traum von Eismaschine, genau so eine, wie ich sie mir schon lange wünschte. Begleitet von einem liebevoll gestalteten Handbuch, das die Lieblings-Eisrezepte der Schenkenden enthielt. Zusätzlich hatten einige Blogger Rezepte und Fotos für dieses Projekt zur Verfügung gestellt. Schon der Klappentext war einzigartig:

»Dieses Buch handelt von eiskalter Leidenschaft.

Eines Tages erhält Astrid zu ihrer großen Überraschung ein Zauberwerkzeug als Geschenk. Schon bald entdeckt die junge Heldin, welche Kräfte diesem Instrument innewohnen. Mit

Hilfe der sagenhaften Maschine kann Arthurs Tochter fortan nicht nur kühlen, sondern gleichzeitig auch noch rühren! So beginnt ein Abenteuer, von dem niemand weiß, wie es endet. Wird Astrid der zauberhaften Versuchung von süßer Cremigkeit widerstehen? Oder wird sie am Ende die frostigen Mächte auf ihre Seite ziehen?«

Seit dieser Zeit ist keine Zutat mehr vor mir sicher; ich vereise alles, was mir unter die Finger kommt. Eis selber zu machen, ist ein Riesenspaß und kein Hexenwerk. Am allerbesten schmeckt es übrigens ganz frisch und cremig direkt aus der Maschine, das heißt, dass Gäste bei mir manchmal das Dessert nicht an den Tisch bekommen, sondern es mit wachsender Begeisterung direkt aus dem Kühlbehälter der Maschine löffeln dürfen.

Diese Überraschung hatte mich so durcheinander gebracht, dass ich für den Rest des Abends relativ durch den Wind war und die ganze Zeit in mich hineingluckste vor lauter Freude. Wir saßen um halb drei morgens immer noch mit einem harten Kern von acht Menschen auf der Terrasse, als mir auf einmal siedend heiß einfiel, dass ich noch einen Salat im Kühlschrank stehen hatte. Und so saßen wir dann dort und aßen zu vorgerückter Stunde gemeinsam Salat mit Wassermelone, Gurke und Feta. Am nächsten Tag trafen wir uns mit den Gästen, die über Nacht geblieben waren, zum gemeinsamen Mittagessen im Mainzer Weinhaus und Restaurant *Hahnenhof*, das Freunden von uns gehört und in dessen Küche auch das Topfbild vom Buchumschlag entstanden ist. So feierten wir am Ende drei Tage lang meinen Geburtstag, was ja eigentlich nur noch vom Wesen einer orientalischen Hochzeit übertroffen wird.

Mit einem meiner Gäste, dem Blogger Alexander Hansen, verabredete ich mich noch an diesem Tag für ein Wiedersehen zum gemeinsamen Kochen. Geplant war das angeblich Unmögliche: ein Rezept aus dem neuen Buch von Sven Elverfeld. Dieses Prachtexemplar, das wohl eher in die Kategorie Kunst als Buch einzuordnen ist, faszinierte mich zu diesem Zeitpunkt bereits seit einigen Wochen. Ziemlich ehrfürchtig nahm ich es immer wieder zur Hand und berauschte mich allein an den Bildern. Meine Begeisterung tat ich laut kund, im Blog wie auch bei *Facebook*, und ich weiß von fast zehn Personen, die ich damit habe anstecken können und zum Buchkauf verleitet habe.

Einer davon war Alex. Auch er war angemessen ehrfürchtig vor diesem Werk, scheute aber genauso wenig wie ich davor zurück, es im kochenden Selbstversuch auf Herz und Nieren zu prüfen. Unsere Wahl fiel schnell auf das Rezept für »Jungschweinebauch mit Entenleber, Zwetschgenmus und Kaiserschmarrn«. Die Einkäufe und Vorbereitungen teilten wir uns auf. Da das Rezept das sanfte Vorgaren des Fleisches auf Jack-Daniels-Holzfass-Flakes im Kugelgrill vorsah und ich so ein Exemplar leider immer noch nicht besitze, hat Alex die Fleischvorbereitung übernommen. Vakuumiert, bereit für ein Sous-vide-Bad, kam der angegrillte Schweinebauch nach Rheinhessen. Ich machte mich derweil auf die Jagd nach der perfekten Entenleber und Feigen und Zwetschgen wie handgemalt. Setzte Vanilleessig an, kontrollierte meine Lecithinvorräte und scheiterte bei den Einkäufen lediglich am im Rezept geforderten geräucherten Olivenöl. So wurde auf dieses großzügig verzichtet.

Über Stunden hinweg bereiteten wir vor und zu, unter den wachsamen und interessierten Augen unserer Partner, die uns derweil mit Koch- und Köchinnenwein versorgten, fotografierten und das Zuschauen genossen. Am Ende wurden die Teller abgeleckt, so köstlich war alles und so gut war es uns gelungen. Als krönenden Abschluss weihten wir meine Eismaschine ein. Für Alex und seine Frau eine besondere Freude, weil sie mit zu den Schenkenden gehörten, für mich besonders aufregend, hatte ich doch bereits am Vortag die Masse für ein Lavendeleis zubereitet. Und das empfehle ich Dir in jedem Fall, egal wie es im Rezept angegeben ist: Wenn Du Eis machst, dann lass die Masse zwölf Stunden durchziehen, der Geschmack wird schmeckbar fülliger und intensiver. Zum Lavendeleis gab es ofengebackene Feigen in Pernod – ein deliziöser Traum.

Dieser Tag war etwas ganz wunderbar Besonderes! Ein Treffen von vier sich noch relativ fremden Personen; von der Geburtstagsparty mal abgesehen, hatte es bisher nur virtuelle Begegnungen gegeben. Und trotzdem swingten wir und alles um uns herum. Alex würde sagen: »groovy«. Und genau so war es. Vier Personen groovten gemeinsam voller Harmonie durch den Tag. P. stellte später am Abend fest, es sei schön gewesen, Alex und mich zu beobachten. Wie die kindliche Freude und das gemeinsame Herumkaspern immer mehr der Konzentration und Stille wichen. Wie harmonische Bewegungen und Töpfe- und Tellerrücken ohne Worte sich in ein großes Ganzes fügten. Wie beim Abschmecken Gesichter in Verzückung gerieten und Augen sich beim »Hmmmmm…« genussvoll schlossen. So ist das, wenn zwei Koch- und Sinnverrückte aufeinandertreffen.

Das nächste Eis machte ich nur wenige Tage später, als wir Besuch von sehr guten Freunden bekamen, die in Australien wohnen und daher nur etwa alle zwei Jahre ihre Familie und Freunde in Deutschland besuchen können. Wenn die beiden kommen, werden sie bekocht, dass die Tische sich biegen. Ich plante ein Basilikumeis, zu dem P. erst die Nase kräuselte, weil er sich das so gar nicht vorstellen konnte. Aber obwohl er bei jeder neuen Kreation bis heute immer wieder behauptet, genau diese sei nun sein Lieblingseis, vermute ich ganz stark, das Basilikumeis ist sein heimlicher Favorit. Du benötigst dazu nur wenige Zutaten, und kompliziert ist es auch nicht.

Basilikumeis mit marinierten Erdbeeren in grünem Pfeffer

Je nach Größe verwendest Du die Blätter von ein bis zwei Basilikumpflanzen, sodass Du auf 25 Gramm kommst. Dann noch
150 g Zucker
500 ml Sahne
250 ml Milch
5 große Eigelb
die fein geriebene Schale einer Zitrone
1 Prise Salz

Du zerkleinerst in einem Mixer oder mit dem Pürierstab die Basilikumblätter, den Zucker und 250 Milliliter der Sahne so fein wie möglich. Dabei musst Du allerdings aufpassen, dass Du die Sahne nicht schon steif schlägst, also besser mit kleinen Umdrehungen starten. Ich habe, anders als im Originalrezept angegeben, das Basilikum in etwas Milch zerkleinert, dann besteht die Gefahr des frühzeitigen Steifwerdens der Sahne nicht. Die Hälfte dieser Masse füllst Du zusammen mit der restlichen Sahne in eine Schüssel. Ich habe diese Hälfte durch ein kleines Sieb laufen lassen, damit ich nur ein paar Blattstückchen als Einsprengsel im fertigen Eis hatte.

Die andere Hälfte der Basilikummasse mit der Milch und dem Salz dann in einem Topf erwärmen. Die Eigelbe schaumig schlagen und die warme Basilikummasse langsam zu den Eigelb geben. Dabei immer schön weiterschlagen. Mittlerweile verzichte ich auf das Schlagen im Topf, sondern gebe die warme Masse in einen Blender (Standmixer) und schlage sie damit auf. Das spart ungemein Kraft und Zeit und macht überhaupt keinen Unterschied im Gesamtergebnis. Die warme Eimasse nun wieder zurück in den Topf füllen, die Zitronenschale dazugeben und vorsichtig auf 77 bis 79 Grad erhitzen. Dabei ständig rühren und großzügig über den Topfboden fahren. Die Einhaltung der Gradzahl ist wichtig, damit Dir die Masse nicht stockt. Allerdings verwende ich nie ein Thermometer, sondern fühle lediglich, wie warm der Topf wird. Solange ich diesen noch relativ angenehm anfassen kann, ist alles in Ordnung. Anschließend durch ein Sieb (um die Zitronenschale herauszufiltern) zu der übrigen Basilikummasse aus dem ersten Schritt geben, zügig abkühlen lassen (einfach in eine Schüssel mit Eiswürfeln stellen und kalt rühren). Mindestens zwölf Stunden im Kühlschrank durchziehen lassen und dann in der Eismaschine gefrieren. Dazu gab es marinierte Erdbeeren, die ca. drei Stunden in etwas Puderzucker, altem Balsamico (zwanzig Jahre), etwas Waldbeeren-

Likör und gestoßenem grünem Pfeffer (getrockneter!) gezogen haben. Grüner Pfeffer ist ein kongenialer Partner für Erdbeeren, ob mariniert oder frisch gepflückt und ganz pur genossen.

▸•◂

Irgendwann im Jahr 2011 las ich durch Zufall bei *Facebook* durch einen immer wieder weitergeteilten Link von einer Kampagne eines bekannten Unternehmens für Tiefkühlkost. Dort suchten sie Foodscouts, die sich jeweils eine Woche lang durch drei verschiedene Destinationen essen und schnuppern sollten, um am Ende aus den eingefangenen kulinarischen Impressionen ein vermarktbares Gericht zu entwickeln. Jetzt kann man zu Tiefkühlkost stehen, wie man will. Mir persönlich ist sie im Gemüsefall lieber als eine Konserve, und wenn ich etwas immer in der Truhe habe, dann sind es neben Fischstäbchen für die regelmäßige kulinarische Entgleisung Erbsen und Blattspinat. Die Frage nach tiefgefrorenen Fertiggerichten hat sich mir nie gestellt. Für meine Tochter war jahrelang immer eine Tiefkühlpizza für Notfälle vorrätig, wenn ich nichts für sie zum mittäglichen Aufwärmen vorgekocht hatte. Aber ansonsten? Ganze Gerichte tiefgefroren? Mir war die Zusammensetzung stets suspekt, auch ohne die Inhaltsstoffe zu studieren. Schon allein gesunder Menschenverstand genügt eigentlich, um wenigstens erahnen zu können, was vorab mit Lebensmitteln passieren muss, damit am Ende bei der Zubereitung alle beigefügten Komponenten gleichzeitig gar und einigermaßen essbar oder gar schmackhaft sind. Jetzt gehörte aber das besagte Unternehmen in meiner Vorstellung irgendwie zu den »Guten«. Ihr Verzicht auf geschmacksverstärkende Zusatzstoffe, verbunden mit dem guten Ruf des Unternehmens, ließ sie mir immerhin so sympathisch erscheinen, dass ich gedanklich sofort mein lachendes Gesicht auf ihren Tiefkühlpackungen sah und heimlich von sich durch Tiefkühlung konservierendem Ruhm träumte.

Eine winzige Hürde stand mir noch im Weg. Ich brauchte eine Partnerin oder einen Partner. Die Statuten sahen vor, dass immer zwei Personen sich gemeinsam für eines der Ziele bewerben sollten. Jetzt kam ich ins Grübeln. Mein persönlicher Ehrgeiz schloss eine Spaßbewerbung aus. Wenn ich dort teilnehmen würde, dann mit vollem Ernst und dem Ziel, zu gewinnen. Siehe ewiger, weil tiefgekühlter Ruhm. Also brauchte ich jemand Kongeniales. Ich dachte nach und strich in Gedanken einen Namen nach dem anderen von meiner imaginären Liste. An dieser Stelle bedauerte ich wieder leise, dass sich in meinem engeren Freundeskreis niemand befand, der sich in ähnlich obsessiver Art und Weise mit dem Thema Kochen beschäftigte wie ich. Ich fasste den Auswahlkreis also größer und erweiterte ihn auf meine Internetfreundschaften. Das Ergebnis war gleich Null. Ich wurde großzügig und schloss die »nur« Bekannten mit ein. Strich Namen für Namen ab. Am Ende blieb einer stehen. Widersetzte sich hartnäckig jedem Gegenargument meinerseits. Heike von Au. Ich dachte nach. Wer war diese Frau eigentlich und was wusste ich von ihr? Obsessiv kochend? Ja! Kulinarisch leidenschaftlich? Ebenfalls ein deutliches Ja! Leichte Anflüge von der auch mir eigenen Überheblichkeit im Falle deliziöser Betrachtungen? Unbedingt! Verrückt und waghalsig genug für ein Abenteuer? Ich war überzeugt: Ja!

Und so habe ich ihr geschrieben. Vom Wettbewerb und meinem Vorhaben. Und habe sie leise und vorsichtig gefragt, ob sie sich vorstellen könnte, nicht nur mit mir das Wagnis der Bewerbung einzugehen, sondern auch am Ende einen eventuellen Sieg in Kauf zu nehmen. Ob sie vielleicht Lust auf eine Reise nach Trinidad und Tobago hätte. Sie antwortete schnell und auf alle Fragen mit einem deutlichen »Ja!«. Ich war begeistert, ließ mir alle ihre persönlichen Daten samt einem Foto geben und füllte für uns beide online die Bewerbungsunterlagen aus. Jetzt hieß es abwarten. Wir zitterten ein paar Tage. Dann kam die erlösende Mail, dass wir in der engeren Auswahl seien. Jetzt trennte uns nur noch ein gemeinsames Telefoninterview von Ruhm, Ehre und Tiefkühlfoto.

Moment! Telefoninterview? Gemeinsam? Konferenzschaltung zwischen ihr, mir und einer unbekannten Auswahlkommission? Ich schluckte, sagte aber natürlich erst einmal den vom Unternehmen vorgeschlagenen Termin zu. Dann rief ich Heike an. Das war das erste Mal, dass wir miteinander sprachen. Wir lachten uns fast kaputt über unsere Tollkühnheit, waren aber doch realistisch genug, zu konstatieren, dass wir uns vielleicht wenigstens einmal persönlich getroffen haben sollten, bevor wir innige Verbundenheit in mehr als lukullischen Themen glaubwürdig nach außen würden vertreten könnten. Die Entfernung zwischen unseren Wohnorten beträgt ca. 140 Kilometer, also fast um die Ecke, aber doch zu weit für einen schnellen Nachmittagskaffee, außerdem ging es uns beiden hier um zu viel. Wir würden Stunden brauchen, um uns auch nur ansatzweise kennenzulernen und eine ordentliche Strategie für das anstehende Interview auszuarbeiten. Nach einigem Hin und

Her und der Frage, wo bzw. bei wem, stand fest: Ich würde zu ihr fahren und bei ihr übernachten. Rückblickend erscheint mir das alles noch viel verrückter, als ich es in der Situation selbst empfand, und ich glaube, es geht Heike bis heute genauso.

Sie empfing mich herzlich und mit einer Umarmung. Zeigte mir ihr wunderschönes Haus und den verwunschenen Garten, der in jedem Winter ihren Grill verschluckt und pünktlich zur Freiluftsaison wieder in irgendeiner Ecke ausspuckt. Abends gingen wir essen. Und redeten und redeten. Machten Pläne für das Interview und die Reise. Lachten viel und mochten uns. Der Abend war lang und führte uns bis in die Nacht. Sie opferte für mich ihr Schlafzimmer und baute sich eine Bettstatt auf dem großzügigen Sofa im Wohnzimmer. Wir nahmen unseren Frühstückskaffee am nächsten Morgen auf der sonnigen Terrasse und hatten Kribbeln im Bauch. Gegen zehn Uhr sollte der Anruf kommen.

Und dann ging es los, das Interview. Was da alles gefragt wurde! Wie wir uns kennengelernt hätten. Wie sollte man das jemandem erklären? Wir dehnten unsere Freundschaft zeitlich etwas in die Länge und sprachen leicht kryptisch von gelegentlichen Kochtreffen. Was wir von Tiefkühlkost hielten. Wir waren ehrlich. Erzählten beide, dass sie keine Rolle in unser beider Leben spielen würde, wir ihr aber nicht vollumfassend negativ gegenüberstünden. Kritisch, aber offen, sozusagen. Was wir aneinander schätzen würden. Wir liefen zur Höchstform auf. Völlig aus dem Stegreif und unabgesprochen bezichtigten wir uns wechselseitig der Verlässlichkeit, Experimentierfreude und dem Hang zur ständigen Heiterkeit. Dann sollten wir uns vorstellen, wir hätten gemeinsam mit dem Chefkoch einen

Empfang in der deutschen Botschaft unseres Wunschreiselandes auszurichten. Und würden den Gästen gemeinsam die Suppe versalzen. Was wir tun würden. Ich schlug spontan mehr Drinks für die Gäste vor. Heike musste lachen. Wir glucksten beide herum und bejahten schnell die Frage, ob wir dem Koch von unserem Missgeschick berichten würden. Es folgten einige Floskeln zum Wettbewerb und das Versprechen der Interviewer, sich bis achtzehn Uhr am gleichen Tag zu entscheiden. Bei Zusage würden wir einen Anruf erhalten. Ansonsten nichts.

Wir ließen das Interview etwas sacken, rekapitulierten Fragen und Antworten und waren uns fast sicher: Sie würden einfach nicht an uns vorbeikommen. Jedenfalls nicht, wenn sie auch nur ansatzweise mit so viel Spaß bei der Sache waren wie Heike und ich. Dann fuhr ich nach Hause mit dem wohligen Wissen, vielleicht bald nach Trinidad zu reisen. Aber was noch viel wichtiger war, ich hatte eine neue Freundin gefunden. Zu Hause zählten wir beide getrennt voneinander die Stunden. Gegen Abend kam die Mail. Leider waren wir nicht dazu auserkoren, Tiefkühlbotschafterinnen zu sein. Ich rief Heike an und erzählte ihr die betrübliche Nachricht. Allein – wie ich mit Erleichterung feststellte, nahm sie es genauso beschwingt auf wie ich. Wir waren beide noch viel zu sehr im Rausch unseres Kennenlernens und ahnten, dass zum Thema Freundschaft Großes auf uns zukommen würde. Ich machte mir auf der Stelle ein ausuferndes Abendessen, auf das ich sonst im Hinblick auf die demnächst nötige Bikinifigur aufopferungsvoll verzichtet hätte. Und seitdem sind Heike von Au und ich Freundinnen. Soweit man das erahnen kann, aber ich bin mir diesbezüglich unserer gemeinsamen Freundschaftszukunft ganz sicher. Es gibt nicht viele Menschen, die kompliziert und kapriziös genug sind, um gut zu mir zu passen, und die, die ich treffe, sind mir dann umso wertvoller. Ich werde Heike daher nicht mehr gehen lassen. Und wie schrieb sie mir kürzlich so schön ins virtuelle Poesiealbum – wer hat schon eine Freundschaft, die sich auf Tiefkühlkost gründet?

Anfang September war ich für *Port Culinaire* auf der *Chefsache* 2011 in Köln. Die Einladung war mit einer ehrenvollen Aufgabe verbunden, ich saß in der Jury für den »Bauknecht-Preis«, ein Wettbewerb für deutsche Nachwuchsköche. Ich war zutiefst beeindruckt von der Ernsthaftigkeit und dem Können dieser jungen Menschen, die sich für den Preis beworben hatten und von denen es drei ins Finale geschafft hatten, um sich und ihre Gerichte öffentlich zu präsentieren. Eine junge Frau und zwei junge Männer hatten exakt zwei Stunden Zeit, ihre vorab beschriebenen Gerichte zu kochen und im Anschluss durch die Jury bewerten zu lassen.

Die Nervosität und Angespanntheit der Teilnehmer war mit Händen zu greifen. Beim Herumlaufen um ihre Arbeitsplätze, bewaffnet mit Klemmbrett und Kugelschreiber für Notizen, kam ich mir fast wie ein Fremdkörper vor, so irritiert waren sie von meinen tiefen Blicken in ihre Töpfe und dem strengen Blick auf Feinarbeiten. Ich versuchte zu schweben und mich fast unsichtbar zu machen, was natürlich nicht gelang. Die junge Frau beeindruckte mich zutiefst. Sie nahm zum zweiten Mal an diesem Wettbewerb teil, mit dem unbändigen Willen zum Sieg, den sie im Vorjahr nicht erlangt hatte. Dieser Beruf ist so unglaublich hart, und für Frauen umso mehr. Zu der körperlichen Höchstleistung an Tagen voller 14-Stunden-

Hitze kommen die immer noch in vielen Küchen und Koch-Köpfen vorhandenen Ressentiments und die sexistischen Herabwürdigungen durch Kollegen. Nicht jeder Auszubildenden ist ein Platz im Himmel der von feinen Umgangstönen geprägten Küche gegeben, darum meine Hochachtung für jede junge Frau, die diesen Weg, noch dazu erfolgreich, beschreitet. Und aus diesen Gründen habe ich mir sehr gewünscht, dass sie in diesem Jahr gewinnt. Von ganzem Herzen habe ich die Daumen gehalten und musste doch gerecht in meiner Bewertung sein. Und ich weiß nicht, ob es die Nervosität war, die ihr selbst im Weg stand, oder ob ihre Konzentration nachließ – ich musste fair bleiben und ehrlich bewerten. So hat sie in meiner persönlichen Bewertung und am Ende auch für die komplette Jury dann doch »nur« den zweiten Platz erreicht. Und trotzdem – von Frau Laura Fischer werden wir in den nächsten Jahren noch hören, da bin ich mir ganz sicher. Und ich freue mich bereits auf mein erstes Essen bei ihr.

Viel Zeit zum Nachdenken blieb mir in diesen zwei Messetagen aber nicht. So vieles war zu entdecken, so viele nette Menschen wieder zu treffen, so viele neue kennenzulernen. Dazu kamen wunderbare Koch-Vorstellungen von den Koryphäen des Sternehimmels, eloquent moderiert von den verschiedensten kulinarischen Journalisten. Jonny Boer warf essbare Joints ins tobende Publikum, Massimo Bottura schmiss im Anschluss gleich noch ein paar Eier hinterher. Nils Henkel malte essbare Kräuter- und Blumengärten auf seine Teller, feinste Miniaturen, fast zu schön zum Essen. Ich lernte Thomas Bühner und Sven Elverfeld kennen, die ich einige Zeit später in ihren Restaurants besuchte. Herr Elverfeld begegnete mir auf der *Chefsache,* wie schon berichtet, mit den Worten: »Hallo Frau Paul, ich habe Ihren Löffel.« Der kleine Holzkerl hatte es mittlerweile bis ins Restaurant *Aqua* und, wie spätere Fotos bewiesen, sogar bis in seine Kochjackentasche geschafft. Im anschließenden Gespräch rekapitulierten wir meine verbloggte Geschichte vom Nachkochen eines seiner Gerichte aus seinem neuen Buch. Ich war wohl zu dem Zeitpunkt die erste und einzige Person, die vor diesem Werk der Schönheit und Unmöglichkeit nicht in Ehrfurcht erstarrt war, sondern sich behände ans Nachkochen gemacht hatte. Er gab mir seine Telefonnummer, damit ich mich bei Rückfragen jederzeit melden konnte, und lud mich ein, ihn zu besuchen. Ich traf die »Sternefresser«, ein Zusammenschluss von Restauranttestern, und ließ mich von ihnen buchstäblich auf Händen tragen. Das war der krönende Abschluss von zwei ereignisreichen Tagen, die mir immer in Erinnerung bleiben werden.

In jungen Jahren ist das Leben voller »Lieblings…«. Lieblingsfarbe: Blau. Lieblingstier: Pferd. Lieblingsband: Abba, Supertramp, Beatles, Police, Waterboys, The the. Nicht gleichzeitig, aber in dieser Reihenfolge. Lieblingsessen: Spinat, Auberginen, Ragout fin. Auch nicht gleichzeitig. Auch in dieser Reihenfolge. Lieblingsautomarke: Audi. Das hatte so zu sein. Heimlich: Rolls Royce, sorry, Paps. Lieblingsschauspieler: Gary Cooper. Ein bisschen später dann Tscheky Karyo forever. Na gut, nicht ganz forever. Vincent Cassel. Cate Blanchett. Wobei das bei Mrs. Blanchett nichts mit Lieblings- usw. zu tun hat, das ist Liebe, Verehrung und Ehrfurcht vor so viel Schönheit und Talent. Alles gleichzeitig!

Dann tut man dies und das und irgendwann ist es ein halbes Leben. Wo sind die Lieblinge geblieben? Auf der Strecke der Ereignisse dessen, was man Leben nennt. Keine Zeit mehr für Heldinnenverehrung. Musik wird konsumiert, nicht gehört. Lieblingsschauspieler kommen on demand. Kein Zittern für den Wunschfilm. Keine Zeit für Konzentration auf irgendwas. Nichts mit panta rhei. Alles reißt, nichts fließt. Schneller, höher, weiter, besser, schöner ...

Ich habe keine Lieblingsfarbe mehr. Kein Lieblingstier, obwohl ich Pinguine und Esel ganz reizend finde. Kein Lieblingsessen, keine Lieblingsmusik. Aber ich habe Lieblingsbücher. Lieblingssätze. Lieblingswörter. Das zerlesenste Buch in meinem Regal ist *Gottes Werk und Teufels Beitrag,* dicht gefolgt von *Wassermusik*. Beide lese ich fast jährlich. Aber ich habe auch den Film *Blues Brothers* einhundertdreiundzwanzigmal gesehen. Danach habe ich aufgehört zu zählen. Das ist nicht übertrieben, sondern ganz wahr. Da ich Listen ebenfalls liebe, wurde jedes Ansehen notiert. Ich liebe Wiederholungen. Ist es nicht beruhigend, zu wissen, was kommt? Mein Leben ist aufregend, Wiederholungen geben mir Halt. Dass ich einen Lieblingsverlag habe, hat sich herumgesprochen. Wie könnte ich auch nicht, schließlich machen wir gemeinsam dieses Buch, und so genieße ich mal wieder meine eigene Subjektivität. In der Vergangenheit hatte ich mit einigen Verlagen unaufgeforderte Berührungen. Nette Anfragen für Kochbuchrezensionen. Ungefragte Zusendung von Mängelexemplaren. Mangelhaft in Inhalt und Aufmachung. Mein Lieblingsverlag dagegen lädt mich auf die Buchmesse ein. Die Account-Managerin der Buchmesse auch. Das eine ist Spaß, das andere auch, aber ebenfalls verordnete Präsenz. Beides ist gut und nur ein ganz kleines bisschen anstrengend.

Zwei Einladungen, zwei Besuche. Am ersten Tag ein Interview mit Charles Schumann. Bei mir zu Hause liegen *Maximilianstraße 36* und *American Bar.* Die Serie *Mad Men* verleitet zu vielem. Ich will aussehen wie Christina Hendricks in Grün mit goldener Brosche und meinem Mann Drinks mixen wie Miss »Liebling, wie war dein Tag« Ellie in *Dallas.* Herr Schumann möchte die komplett überarbeitete Neuauflage von *American Bar* vorstellen. Das ist insofern gemein, als ich über einen ordentlichen Brandy-Drink noch nicht hinausgekommen bin und Grün mir nicht steht. Außerdem heiße ich nicht Moritz von Uslar und schreibe großartige Essays über den größten und grauhaarigsten Barmann unserer Zeit. Und so treffen Herr Schumann und ich aufeinander, geplant aber doch zufällig, da er einfach so anderthalb Stunden vor der vereinbarten Zeit eintrifft. Er ist fahrig. Ich bin ein wenig angespannt. Er ist gut angezogen, ich bin in Jeans, aber besser frisiert. Es gibt keinen Alkohol, obwohl ich genau an dieser Stelle einen Drink vertragen hätte. Er hat keine Ahnung, wer ich bin. Man platziert uns um einen Tisch und sagt: »Toll, redet jetzt mal.« Herr Schumann und ich schauen uns an und haben keine Ahnung, über was. Er denkt immer noch, wer ist sie?, und ich denke, Moritz, wo bist du?

Ich frage ihn, ob er weiß, was bloggen bedeutet. Er hat nicht die leiseste Ahnung. Ich tröste ihn damit, dass ich nicht weiß, was einen *Cosmopolitan* von einem *Gimlet* unterscheidet. Wir sind beide bei Null. Meine Unwissenheit entsetzt ihn, die seine mich auch, darum verzeihen wir uns gegenseitig. Und so lasse ich mir von ihm meine zukünftige Bar einrichten, während ich erkläre, was ein Blog ist. Am Ende lade ich ihn zwar nicht ein, einen Gast- bzw. Trinkbeitrag in meinem Blog zu schreiben, aber er mich, ihn für ein paar Tage zu besuchen, um die Feinheiten der Cocktailkultur zu lernen. Moritz, ätsch!

Ich schlendere den ganzen Tag herum, staunend wie ein kleines Kind. So viele Bücher, so viel Kreativität, so viel Selbstdarstellungskunst, unaufnehmbar in der Kürze der Zeit. Meine stetige Anlaufstelle ist immer wieder einmal der Stand meines Lieblingsverlages, Hort der Old School und Ruhe inmitten hektischer »Ich kaufe Deinen Verlag, kaufst Du dann meinen«-Betriebsamkeit. Vinyl oder CD. Stil oder Beliebigkeit. Ach, ich nehme Kaffee und beobachte. Sehe erstaunlich wenige Cordhosen, auf die ich so vorbereitet war, genieße die Atmosphäre. Treffe Cordula Eich, die ihre *Super Schoppen Shopper* vorstellt, begrüße Stevan Paul, Vijay Sapre, sehe Dieter Mohr und Peter Kraus, esse mit Karl-Josef Fuchs zu Mittag, lerne Verleger und Autoren kennen, umarme alte Bekannte und Freunde, treffe den Messe-Mayer, erscheine im Leitmedium *Buchmarkt.de* und kann kaum fassen, dass das alles mir passiert.

Am zweiten Tag der Messe bin ich so schlau, mit dem richtigen Bus an die richtige Halle zu fahren, so dass ich mir die zwanzig Minuten Fußmarsch erspare und ausgeruht meinen ersten Kaffee am Stand des Lieblingsverlages nehme. Dann stürze ich mich ins Getümmel. *Fröhlich macht Yoga* lese ich. Ich dachte immer, Yoga macht fröhlich. Was wohl Frau Yoga-Karven zur Konkurrenz im gleichen Haus sagt? In der Küche der Gourmet Gallery tobt Steffen Henssler, und gefühlte zweitausend Besucherinnen hängen an seinem Kochlöffel. Ich fand ihn schon immer ein bisschen »weiß nicht«, aber seitdem zwei meiner Freundinnen ihm in der Sendung Topfgeldjäger mal gezeigt haben, wo der Gurkenhobel hängt, könnte er mich noch nicht einmal mehr mit einer handgeklöppelten California Roll aus Fugu beeindrucken. Außerdem wirft er zum Schluss seines Auftrittes noch eine sprichwörtliche Bombe in die Küche, die daraufhin auch aussieht, als hätte sie eben genau so eine getroffen, und verabschiedet sich samt seinem weiblichen Publikum an den Stand seines Verlages.

Die ihm folgten, hatten keine Ahnung, was sie jetzt im Anschluss verpassten. Nämlich das Highlight des Tages, ach, was sag ich, der ganzen Messe! Denn jetzt kamen die Profis! Stevan Paul stellte gemeinsam mit Vijay Sapre, dem Herausgeber der *Effilee,* sein neues Buch *Schnelle Teller* vor. Gemeinsam mit einigen anderen Bloggern saß ich im Publikum, bewaffnet mit dem vorab versprochenen Riechsalz für Stevan, der vor Aufregung zu kollabieren drohte und dann so souverän agierte, als hätte er in seinem ganzen Leben noch nichts anderes gemacht als öffentlich zu kochen und sich dabei interviewen zu lassen.

Nach etwas Champagner, mit dem am Stand der *Effilee* auf dieses großartige Ereignis angestoßen wurde, war es Zeit für die geplante Podiumsdiskussion zum Thema »Buch trifft Blog«, zu der ich gemeinsam mit der Journalistin Katharina Seiser und Katharina Höhnk von *Valentinas Kochbuch* eingeladen war. Eine weitere Bloggerin war im Publikum und setzte sich uneingeladen und nicht geplant noch mit dazu, so dass wir gemeinsam mit der Pressedame vom Kosmos Verlag und dem Moderator eine recht bunte Truppe abgaben. Mir persönlich sträubten sich schon zu Beginn die Nackenhaare. Auch wenn von der Accountmanagerin der Messe alles sorgfältig vorbereitet war – leider war es der Moderator nicht. Er hatte keine Ahnung, mit wem er sich dort treffen und diskutieren sollte, hektisch forderte er von uns Visitenkarten an, die er vor sich legte, um von diesen immer wieder erst die Namen abzulesen, und dann seine Ansprache an die jeweilige Person richtete. So entwickelte sich leider die geplante Diskussion rasch zu einem drögen Frage-und-Antwort-Spiel ohne Aussagen zum Thema »Blogger als Marketinginstrumente«. Wahrscheinlich mussten wir deswegen auch unter dem großen Miele-Werbeschild sitzen. Nach ein paar Minuten jedenfalls fühlte ich mich abgegessen wie ein schneller Teller. Verschenkte Zeit und durch mangelhafte Diskussionsführung das eigentlich hoch interessante Thema völlig kaputtgefragt. Marketingtechnisch sicher auch für die Gourmet Gallery eine verpasste Chance, Zuhörer gab es zu diesem Zeitpunkt kaum noch, die letzten Besucher schlenderten bereits in Richtung der Ausgänge. Vielleicht sollte man Diskussionsrunden, von denen man bereits im Vorfeld ahnen kann, dass sie kaum zur Hysterie der Massen führen werden, nicht an das Ende eines für alle Besucher langen Tages legen.

Zum Glück traf ich hinter den Küchenkulissen im Anschluss Ronald Puls, der als Mietkoch arbeitet und davon übrigens auch manchmal in seinem eigenen Blog erzählt. Wir haben jedenfalls verabredet, demnächst mal gemeinsam die Küche zu rocken. Und da es hinter den Kulissen sowieso immer am schönsten ist, versorgte Ronald Katharina Seiser und mich im Anschluss noch mit Hummerespresso, feinstem Fleisch und Hummus, Würsten, Frankfurter Senf und vielen anderen Leckereien. Und so war es dann doch ein kulinarisch wundervoller Abschluss von für mich zwei unglaublich aufregenden Tagen.

Einige Wochen später fuhr ich für meinen Lieblingsverlag nach Hamburg ins Restaurant *Tschebull*. Dort traf sich die deutsche Sektion der Jeunes Restaurateurs anlässlich ihres zwanzigjährigen Bestehens und der damit einhergehenden Präsentation ihres neuen Buches.

Die Philosophie der Jeunes ist laut eigener Darstellung folgende:

»Damit wir auf dem Kontinent des Wohlgeschmacks, der Farben und der Düfte, im Reich der kulinarischen Fantasie eine Heimat finden, ist es unser Anliegen, Talent und Leidenschaft zu vereinen und uns der Welt zu zeigen. Wir, die Jeunes Restaurateurs d'Europe, haben den Wunsch, eine nie enden wollende Bewegung ins Leben zu rufen, die das großartige Erbe der Kochkunst und des Savoir-vivre hochachtet und danach strebt, es zu vervollkommnen und weiterzugeben. Wir, die Jeunes Restaurateurs d'Europe, verpflichten uns, mit unseren Mitarbeitern und allen Gleichgesinnten eine solidarische Gemeinschaft zu bilden, die hohe Ansprüche verfolgt, und unsere Kunst ständig zu erneuern, damit unsere Küche den künftigen Generationen als Beispiel dient und den Frauen und Männern unserer Zeit schon jetzt Genuss bereitet.«

Voraussetzung für die Aufnahme ist ein Höchstalter von siebenunddreißig Jahren und die Empfehlung durch mindestens zwei Mitglieder. Mit Erreichen des fünfundvierzigsten Lebensjahres scheidet ein Mitglied automatisch aus der aktiven Runde aus und wird zum Membre d'Honneur. Geführt werden die Jeunes Restaurateurs von ihren jeweiligen Präsidenten, die in der Vergangenheit folgende waren: Gründungspräsident Rainer Wolter, darauf folgend Otto Fehrenbacher, Hans Stefan Steinheuer, Harald Rüssel, Alexander Herrmann und seit 2010 Patrick Kimpel. Wenn ein Präsident in seiner Amtszeit die Vereinigung nachhaltig durch exzellente Führungsarbeit gefördert hat, kann er zum Ehrenpräsidenten ernannt werden, ebenso wie es Ehrenmitglieder gibt: besondere Meister ihres Metiers wie Jörg Müller und Eckart Witzigmann.

Als eine von acht Medienvertreterinnen durfte ich u.a. neben Bernd Matthies vom *Tagesspiegel*, Peter Wagner vom *Spiegel*, Vijay Sapre von der *Effilee* und anderen an diesem kulinarischen Spektakel teilnehmen. Es begann ganz gemütlich in kleinem Rahmen. Die ersten Bücher wurden ausgepackt und mit Argusaugen von den beteiligten Köchen begutachtet. Jeder von ihnen sah an diesem Tag das Buch zum ersten Mal. Patrick Kimpel gebührte selbstverständlich die Ehre, der Erste zu sein. Mit Spannung erwarteten die Anwesenden sein Urteil. Und es gefiel ihm, sogar sehr! Alle lachten, freuten sich, waren guter Dinge. Die Atmosphäre war entspannt und fröhlich, ich fühlte mich pudelwohl.

Und nachdem ich mich so gemütlich eingerichtet hatte, mit etwas Champagner und angenehmem Geplauder, hieß es auf einmal: *Ab in die Küche!* Darauf waren weder ich noch mein Schuhwerk an diesem Tag vorbereitet, aber Drücken galt nicht. Und so wurde gekocht. Jeder Journalist bekam einen der Jeunes Restaurateurs an die Seite gestellt, um mit diesem eines der drei Rezepte aus dem Buch nachzukochen, das dort jeder veröffentlicht hat. Ich traf auf Andreas Hillejan vom *Marktrestaurant* in Mittenwald oder er auf mich, das kann man sehen, wie man will. Jedenfalls hatte ich selbstverständlich den nettesten Koch aus der ganzen Runde (Subjektivität ist was Tolles!), und mit seiner klitzekleinen Unterstützung habe ich Hirsch im Gewürzbrotmantel mit Kornelkirschen und Rollgerste gemacht, was im Original eine Gams ist, die war aber an diesem Tag gerade verhindert. In meinem Blog findest Du viele schöne Bilder von dieser sagenhaften Küchensause, die nach einer nachmittäglichen Pause in ihre finale Runde ging. Ab neunzehn Uhr trafen alle wieder zusammen, prominent ergänzt durch eine ganze Riege weiterer Jeunes, Journalisten und Champagnerflaschen. Den ganzen Abend über riss die Flut der aus der Küche des *Tschebull* strömenden Köstlichkeiten nicht ab. Ich versank in leichten und in tiefschürfenden Gesprächen gleichermaßen, plauderte mit alten Freunden und neuen Bekannten, philosophierte mit Alexander Herrmann ausgiebig über geeignetes Küchenschuhwerk und konnte endlich Nils Henkel meine Verehrung persönlich kundtun. Mit ca. fünfhundert Fotos und Erinnerungen in unschätzbarer Menge und Wert verließ ich die Party gegen zwei Uhr morgens, glücklich und gleichermaßen müde-beschwingt, mal wieder fassungslos und voller Staunen konstatierend, dass das alles wirklich gerade mir passierte.

Und dann unternahm ich eine Reise, die auf ihre Art und Weise fast alles in diesem Jahr Erlebte in den Schatten stellte. Die Restaurants *la vie* (Thomas Bühner) in Osnabrück und *Aqua* (Sven Elverfeld) in Wolfsburg schlossen sich zum Gipfel der kulinarischen Sinnenfreuden zusammen und offerierten eine Fünf-Sterne-Reise. In der kurzen Variante beinhaltete sie ein Vier-Gänge-Mittagsmenü im *la vie,* die daran anschließende Weiterreise mit der Bahn oder dem eigenen Auto nach Wolfsburg ins Restaurant *Aqua,* um dort am Abend samt Weinreise das Menü zu speisen und am Ende eines spektakulären Tages das müde Haupt auf die Fünf-Sterne-Superior-Kissen des *Ritz Carlton* zu betten. Ich schob Termine hin und her, blätterte durch die nächsten Monate meines Terminkalenders und war endlich so weit. Ich fuhr zu den Sternen. Meine Terminschwierigkeiten zu Beginn meiner Planungen hatten sich schlussendlich als vorteilhaft herausgestellt, hatte doch derweil Herrn Bühner der dritte Stern ereilt. Und somit bewahrheitete sich mal wieder die alte Binsenwahrheit, dass alles kommt, sogar oft noch viel besser, wenn man es nur loslässt.

Aufgrund der doch großen Entfernung zwischen der rheinhessischen Kleinstadt und Osnabrück, nahm ich selbstlos die verschärfte Version der Reise auf mich. Eine gemütliche Anreise an Tag eins nach Osnabrück, entspanntes Treffen mit Thomas Bühner im Laufe des Mittags und abends das Menü im Restaurant. Ich fuhr entspannt mit der Bahn und kam um die Mittagszeit in Osnabrück an. Leider überschlugen sich die Termine für Herrn Bühner seit der Verleihung des dritten Sternes, so dass er tagsüber keine Zeit für mich hatte, mir aber für den Abend ausreichend gemeinsame Zeit zum »Löcher in den Bauch fragen« versprach. So bummelte ich durch Osnabrück, genoss die Atmosphäre in der Altstadt, stöberte durch kleine, feine Läden jeglicher Couleur und genoss die nachmittägliche Ruhe im schönen Hotel. Um neunzehn Uhr wurde ich im Restaurant erwartet; erwartungsfroh legte ich die wenigen Meter zwischen Hotel und dem Hort höchster Genüsse zurück. Tiefenentspannt nahm ich den Aperitif sowie die ersten Grüße aus der Küche in der schönen Lounge zu mir und ließ mich dann an meinen Tisch geleiten. Umsorgt mit liebevoller Aufmerksamkeit durch Sommelier Sven Oetzel, der mir jeden noch so kleinen Weinwunsch von den immer noch staunenden Augen ablas, alles unter den durch den Raum schwebenden Blicken von Thayarni Kanagaratnam, der Frau Thomas Bühners, genoss ich den Abend so sehr, dass ich es selbst kaum fassen konnte. Fein ziselierte Gemälde auf Tellern, schwebend in den Saal getragen, beständig ersetzte Wassergläser, gestärkte Servietten, fast so groß wie mein Tisch, eine winzige Kritik meinerseits, die sofort einen weiteren Gang nach sich zog. Ich lauschte laut vorgetragenen Geschäftsberichten am Nebentisch, fragte mich, ob diese Dinge nicht unter das Börsengeheimnis fallen, wunderte mich, wie nachlässig gekleidet manche Menschen solche Tempel der Genüsse besuchen, Ereignisse, die für mich einem besonderen Theaterabend entsprechen – mindestens. Den Ausklang samt Digestif nahm ich wieder in der Lounge, hatte Spaß mit einer Gruppe niederländisch/hamburgischer Geschäftsleute, ließ mich tief in den Sessel gleiten und wünschte mir, reich zu sein. Dann würde ich öfters kommen können. Gerne auch mal nur zum Lunch.

Dann kam Herr Bühner, müde, aber auch er schien glücklich. Wir unterhielten uns lange, geduldig beantwortete er mir meine Fragen, nahm mein ungläubiges Staunen mit einer charmanten Mischung von Verlegenheit und Geschmeicheltsein zur Kenntnis. Es folgte der gemeinsame Gang durch die Küche, die Erklärung der einzelnen Stationen. Ich war nicht nur angenehm satt vom Essen, sondern jetzt auch erfüllt vom Geist eines solchen Restaurants. Beschwingt trat ich den kurzen Rückweg ins Hotel an. Am nächsten Morgen nahm ich ein nur winziges Frühstück; immerhin stand mir ein weiterer Abend voller Geschmacksexplosionen bevor.

Meine Weiterreise nach Wolfsburg verlief planmäßig, ich hatte Glück und einen der wenigen perfekten Tage bei der Bahn erwischt. Wer will sich schon über zwanzig Minuten Zugverspätung mokieren, nur ein Klacks immerhin. Der Zug war da, er fuhr und war geheizt, man wird so dankbar für Kleinigkeiten. Ich schickte eine Mail ans Ritz, wo man für mich einen Transfer vom Bahnhof zum Hotel geplant hatte, und gab meine Verspätung bekannt. Am Bahnhof dann nur kurzes Warten, im VW-Werk war gerade Schichtwechsel, mein Fahrer stand im Stau. Dann fuhr ein schwarzer Phaeton vor, der Chauffeur öffnete den Wagenschlag und fuhr, nein schwebte mich in die Autostadt. Ich kniff mich. Das war ein Märchen, ein Traum, ich hatte Angst, vorzeitig aufzuwachen und den Traumanschluss nicht wiederzufinden. Vor dem Hotel und im Eingang Mitarbeiter, die mich begrüßten; der Verkaufsleiter, obwohl erkrankt, ließ es sich doch nicht nehmen, mich persönlich zu begrüßen und mir eine Kollegin vorzustellen, die mir statt seiner beim Dinner Gesellschaft leisten würde. Ich versank im Flor von dicken Teppichen, schwebte lautlos in Begleitung einer Mitarbeiterin nach oben zu meinem Zimmer. Mein kleiner Rollkoffer hinter mir fing ein bisschen an, sich zu schämen. Ich spürte, wie er rot wurde, keine Aluverschalung, nichts, was ihn mit Selbstverständlichkeit als Besucher des Hauses ausgezeichnet hätte. In Gedanken schalt ich ihn, er möge sich zusammenreißen, ich tat es schließlich auch. Auf dem Weg zum Fahrstuhl ein Blick auf die Tür zu den geheiligten Hallen. Ehrfürchtiger Blick. Vorfreude. Heute Abend würde ich Sven Elverfeld wiedersehen, das erste Mal seit unserem netten Gespräch auf der *Chefsache.* Der Fahrstuhl war ein Schwebstuhl, der Aufstieg unmerklich. Die Tür zum Zimmer öffnete sich. In dem Moment wurde ich vom Gast zur Prinzessin. Ein Bad. Ein Flur. Ein Wohnraum. Noch ein Bad, das sich bei näherer Betrachtung als kleiner Wellnesstempel herausstellte. Ein Ankleidezimmer. Ein Schlafsaal mit einem sich automatisch in meine Richtung drehenden Fernseher. Fenster bis zum Boden ringsherum. Blick auf die Autostadt, den Mittellandkanal, alte Heimat. Handschriftliche Willkommensgrüße der Direktion. Ich hüpfte innerlich und tanzte wirklich. Drehte mich wie ein Kreisel und schmiss mich aufs Bett, schrie laut.

Nachdem ich mich etwas beruhigt hatte, machte ich mich auf den Weg zur gebuchten Turmfahrt in der Autostadt. Hatte Führung und Fahrt hinauf ganz für mich allein, mittlerweile hatte dicke Nebelsuppe die Willkommenssonne verdrängt, keiner der gebuchten Gäste wollte wohl noch acht Euro bezahlen, um dafür oben nichts zu sehen. Mir war es recht so. Ich konnte die nette Dame, die die Fahrten begleitet, mit meinen Fragen löchern, staunte über die faszinierende Logistik, erfuhr viel Wissenswertes zur Geschichte von Volkswagen, ließ mich gefangen nehmen von dieser eigenartigen Atmosphäre zwischen Industriedenkmal und mobiler Zukunft. Wandelte durch meinen eigenen Science-Fiction-Film. Dann fiel ich für eine Stunde erschöpft ins Bett, versuchte zu schlafen, was mir nicht gelang. Völlig überdreht aß ich den Obstteller in einem Raum und die Petit Fours im anderen. Dann nahm ich ein Bad, hüllte mich in einen Traum von Bademantel und tanzte noch einmal mit mir selbst.

Ich musste zumindest versuchen, nicht wie ein kleines Kind vor mich hinhüpfend, sondern einigermaßen gemessenen Schrittes ebenso schwerelos hinabzugleiten, wie es mich in die Höhe getragen hatte. Es war kurz vor neunzehn Uhr, und Sven Elverfeld erwartete mich. Ich traf mich in der Lobby mit meiner reizenden Verabredung zum Abendessen. Vor lauter Aufregung erkannte ich sie nicht wieder und lief zuerst an ihr vorbei; sie nahm es mit einem herzlichen Lachen auf. Ich hatte derweil dieses Mantra im Kopf »Nicht hüpfen, nicht hüpfen, nicht hüpfen«, in Klammern: jedenfalls nicht sichtbar.

Der Maître des *Aqua* erwartete uns am Eingang, begrüßte mich herzlich, wir hatten uns ebenfalls bereits auf der *Chefsache* kennengelernt. Dann hieß es, Herr Elverfeld erwarte mich zum Champagner in der Küche. Hüpfte ich? Ich kniff mich zum wiederholten Male an diesem Tag, heimlich, zur Beruhigung, schon wieder erfolglos. Fast traute ich mich nicht über die Schwelle, ließ meine Blicke durch die Küche schweifen. Als der Champagner kam, war ich glücklich, konnten meine Hände sich doch am Glas festhalten. Wir plauderten. Herzlich, fröhlich, neugierig beide. Dann schwebte ich zum Tisch. Mit Blick auf die schon weihnachtlich beleuchteten Bäume der Autostadt »gewann« ich in einer Wette mit dem Maître sein Auto, weil ich den Wein im schwarzen Glas erschmeckte, und verbrachte den Rest des Abends in der gleichen beschwingten Hochstimmung, wie er begonnen hatte. Ich schwebte nach oben, tanzte ins Bett und schlief schwebend glücklich ein. Am nächsten Morgen genoss ich das bis dato beste Frühstück meines Lebens. Anschließend schwebte ich hin und her durch die Hotelgänge, ließ diese wunderbare Atmosphäre auf mich wirken. Ich liebe

Hotels. Ich übernachte nicht so gerne in ihnen, einfach weil ich immer und immer am liebsten zu Hause bin. Aber ich mag diese Orte, die Betriebsamkeit und Ruhe gleichzeitig ausstrahlen können. Man setze mich morgens in eine Hotellobby und hole mich abends wieder dort ab, ich verspreche, dass ich mich keinen Moment langweile. Vielleicht hat mein Wohnen im Hotel in jungen Jahren den Grundstein für diese Leidenschaft gelegt. Vielleicht mochte ich deswegen schon immer Vicki Baums Roman *Menschen im Hotel,* von dem mir die Verfilmung mit Greta Garbo und den Brüdern John und Lionel Barrymore von 1932 die liebste von bisher insgesamt dreien ist.

Ich nahm im Laufe des Tages schwebend Massagen, Saunagänge, schwebende Pools im Mittellandkanal entgegen und verabschiedete mich mit einer Träne im Knopfloch. Natürlich schwebend. Der Chauffeur entzückte mich damit, mir einige Zeitungen aus Hannover zu überreichen, die er mir als Gruß aus meiner Heimat hatte besorgen lassen. Vor lauter Aufregung öffnete ich mir selbst die Wagentür und ließ mich lachend in den Fond fallen.

Und mit Essen spielt man doch!

Punkt 1: »Was auf dem Teller liegt, wird auch gegessen«.
Punkt 2: »Denk an die hungernden Kinder in Afrika.«
Punkt 3: »Die Mama hat sich solche Mühe gegeben«.

Motivationshandbuch für kulinarische Erziehung: *Wie bringe ich mein Kind zum stillschweigenden Aufessen,* Seite 1. Die ungeschriebene Auflage, die nicht im Bücherregal, aber in den

Köpfen vieler Eltern steht. Die Methoden mögen sich im Vergleich zu meiner Kindheit geändert haben, vom drohenden Holzkochlöffel zur Moralkeule. Weniger Druck ist es sicher nicht.

Wenn das Kind an der Stelle von Punkt eins nach dem »Warum« fragt, werden gerne die Punkte zwei und drei in einen Satz gefügt. »Denk doch mal an die hungernden Kinder in Afrika, und außerdem hat die Mama sich solche Mühe gegeben!« Ich möchte Kopfnüsse verteilen für Aussagen wie diese.

Punkt eins ist das Dogma. Geprägt noch von der eigenen Erziehung durch Eltern, die zur Kriegsgeneration gehörten. Unreflektiert in die eigene Erwachsenen- und Elternwelt hinübergetragen. Unvorstellbar für jemanden, der dem Hungertod nur knapp entkommen ist, noch einmal im Leben ein Lebensmittel wegzuschmeißen. Meine Oma hat noch die Haut der aufgekochten Milch auf Brot gegessen. Dass sie sie nicht mochte, stand schon immer außer Frage, aber sie konnte das, was sie einst vor dem Verhungern gerettet hatte, nicht einfach so ablegen und entsorgen. Ein Verhalten, welches noch heute jeden betroffen machen sollte und mir noch dazu den allerhöchsten Respekt abnötigt. Aber sicher muss heute, drei Generationen weiter, niemand mehr ein schlechtes Gewissen haben, dass diese Zeit vorbei ist. Wir leben in einem solchen Überfluss, dass wir uns mittlerweile vom völlig anderen Ende der Skala Gedanken darüber machen müssen, was wir essen oder eben nicht.

Insofern ist Punkt zwei lediglich die moralinsaure Adaption von Punkt eins. Wir schämen uns jetzt für das, was wir zu viel haben. Hungernde Kinder in Afrika als Druckmittel für das sich dem heimischen (Auf-)essen verweigernde Kind zu verwenden, ist an Zynismus kaum noch zu überbieten. Essen soll schmecken durch die Erzeugung eines schlechten Gewissens. Wer soll denn da noch Spaß dran haben?

Meine Eltern sind selbst kriegsgeprägt aufgewachsen und dann im Erwachsenen- und Elternalter in die »Afrika-Generation« gerutscht. Schwierige Zeiten für diese Generation zwischen Punkt eins und Punkt drei, die sich aus so vielen Zwängen befreien musste. Die die politische Vergangenheit der Eltern verarbeitete, sich endlich sexuell emanzipierte und deren Frauen sich gerade das Recht erkämpft hatten, eine Arbeitsstelle ohne Einwilligung ihrer Ehemänner anzunehmen. Meine Eltern revolutionierten nicht mit. Sie waren mit Studium, Heirat und dem Aufbau einer bürgerlichen Existenz beschäftigt. Aber meine Mutter machte sich ab ihrer Zeit bei den Adventisten nicht nur Gedanken um die erlaubte Nahrung, sondern auch darum, wie man Kindern den Spaß am Essen erhält. Vermutlich eher begründet in ihrer eigenen Lust am Genuss und ihrem Stolz, dass Arthur stets beneidet wurde um das gute Essen, die vielen Torten und die ausufernden Party-Buffets. Nicht so sehr reflektiert auf kindliche Bedürfnisse und einen hohen Anspruch an pädagogisch richtiges Verhalten.

Aber in diesem Fall stimmte wenigstens das Endergebnis. Und das war, dass wir aufhören durften zu essen, wenn wir satt waren. Wir wurden als Kinder angehalten, uns nur so viel zu nehmen, wie wir wohl würden essen können. Aber uns wurde Zeit gegeben, dies zu lernen. Welches Kind kann schon so mir nichts, dir nichts die Mengen abschätzen, die es sich selbst im Eifer des hungrigen Gefechts auf seinen Teller schaufelt? Jedes

Kind muss lernen, was eigentlich Hunger ist, wie er sich äußert und wie groß er ist. Ob er schnell zu stillen sein wird, weil es sich nicht um Hunger, sondern nur um einen kleinen Appetit handelt. Oder gar um eine Fressattacke, die es auch einfach mal zu ignorieren gilt. Und sollte es dann mal daneben gehen, sollten wir uns verschätzt haben, dann wurden wir dafür wahrlich nicht gelobt, aber niemand machte uns ein schlechtes Gewissen. Allerdings wurden ungegessene Speisen auch ohne Hemmungen vom Teller wieder zurück in Schüssel oder Topf gegeben; wir waren eine Familie, da ekelte man sich nicht vor dem angetasteten Essen des anderen. Angst vor verhungernden Kindern in Afrika musste ich nicht mehr haben. Dass wir Kinder den Hunger in der Welt nicht bekämpfen konnten, indem wir aßen, bis uns selber schlecht war, war mir und meinen Eltern schnell klar. Vielmehr wurde darüber diskutiert, wie wir respektvoll mit Essen umgehen könnten, wie wir von vornherein vermeiden konnten, etwas wegzuschmeißen. Und zwar nicht erst Tellerreste, sondern schon bei Einkauf und Zubereitung.

Punkt drei resultiert wohl aus der Zeit, in der Kinder zu Partnern ihrer Eltern wurden. Wo auf einmal klar war, dass Erklärungen und Diskussionen der pädagogisch wertvollere Ansatz in der Erziehung waren. Aber jetzt fehlten die Mittel, um am Ende doch durchsetzen zu können, was früher mit einer schicken Drohung am Mittagstisch schnell abzuhandeln gewesen war. Moralinsauer vorgetragenes »Aber die Mama hat sich doch solche Mühe gegeben« sollte genau wie in der Vergangenheit lediglich an das schlechte Gewissen appellieren. Politisch korrekter als die Geschichte mit den armen Kindern und mutmaßlich wirkungsvoller, denn welches Kind will schon bewusst die eigene Mutter enttäuschen? Und so stopfen sich Kinder kreuz und quer in den vom Wohlstand gebeutelten Ländern dieser Erde mit schlechtem Gewissen das Essen hinein. Das Ergebnis ist in allen drei Verfahrensweisen gleich: Der Spaß am Essen geht schnell vorbei.

Dabei ist es so einfach, ihn zu bewahren. Es sind ja nur die wenigsten Kinder, die mit einer nicht nachvollziehbaren Abneigung gegen eine Vielzahl von Lebensmitteln geboren werden. Meistens werden sie fast unmerklich durch das Verhalten in ihrer nächsten Umgebung geprägt, im Idealfall die eigene Familie. Als meine Tochter anfing, vom Brei auf feste Nahrung umzusteigen, wurde alles gleich zu einem großen Spiel. Sie durfte sich selbst ausprobieren, mit einer großen Decke unter ihrem Hochstuhl wurde der Teppich geschützt, so dass ohne Hemmungen danebengehen konnte, was eben danebengeht, wenn Kinder anfangen, das selbstständige Essen und den Umgang mit Besteck zu lernen. Sie piekste sich die Marmeladenbrotstücke auf ihren kleinen Finger. Staunte über das Gefühl, das Butter und klebrig auf die Hand hinabfließende Marmelade macht. Wie schön es ist, sich Marmeladenfinger ausgiebig abzulecken. Dass man darüber lachen kann, wenn bei den ersten Versuchen der Mund gar nicht getroffen wird, sondern das Brot an der Nase landet. Dass Suppe spritzt, wenn man den Löffel in den Teller fallen lässt. Dass es aber nicht schlimm ist, solange es nicht zur Gewohnheit wird. Sie erzählte mir erst kürzlich, dass sie sich noch an meine Worte von damals erinnere: »Wenn du gerne erst die Marmelade vom Brot lecken möchtest, ist das in Ordnung, aber das Brot isst du trotzdem noch hinterher.« Das hat sie als kleines Kind beeindruckt, und sicher wird sie diese Einstellung weitertragen, wenn sie selbst mal Kinder hat. Wenn ich kochte, saß sie neben dem Herd auf der Arbeitsplatte. Hatte selbst einen Topf neben sich stehen, in dem »kochte« sie Hülsenfrüchte, die machten so schönen Krach, wenn man sie auf den Topfboden prasseln ließ und beständig durchrührte. Als sie etwas älter und ausreichend sorgfältig war, durfte sie auf einem Stuhl stehend auch richtig mit an den Herd. In einem kleinen Topf mit nur wenig Hitze war immer eine Portion Essen nur für sie, die sie selbst rühren und mitkochen konnte. Von meinem Arm herab gab sie Salzprisen ins Essen, durfte direkt danach probieren und feststellen, wie Geschmack sich verändert. Ich bin innerlich so manches Mal von einer Ohnmacht in die nächste gefallen, wenn sie Suppenterrinen zum Tisch jonglierte, teures Porzellan eindeckte oder mit einem Bündel Gabeln in der Hand zum Esstisch raste. Es hat mich viel Zeit gekostet und viel Geduld, aber heute ist sie gleich nach mir der wohl lustvollst essende Mensch auf diesem Erdboden. Es gibt ein paar Dinge, die mag sie nicht. Sie isst keine Schalentiere (wie die Mama) und mag zwar den Geschmack von Krustentieren, aber nicht das Mundgefühl, das sie verursachen. Also könnte man ihr Spaghetti in Hummersauce servieren und hätte den Hummer für sich allein. Schon in der Grundschule kam sie voller Entsetzen von einem Besuch bei einer Klassenkameradin zurück, deren Mutter die Pfannkuchen fertig gebacken und abgepackt im Kühlregal kaufte. Bis heute isst sie am liebsten zu Hause oder in wirklich guten Restaurants.

Interessanterweise hat es sehr lange gedauert, bis sie, dem Teenageralter entwachsen, selbst anfing zu kochen. Sie hat es über die Jahre meiner Berufstätigkeit, in denen sie in der Zeit zwischen Schule und Hort und meinem Feierabend alleine war, zur Meisterschaft im Pfannkuchenbacken gebracht. Ich kenne bis heute niemanden, dem Pfannkuchen so gut gelingen wie ihr. Aber selber richtig kochen, das interessierte sie nicht. Jetzt ist sie vor einiger Zeit zu Hause ausgezogen und versorgt sich selbst. Und kocht, und zwar richtig. Da landen keine Fertigpizzen im Tiefkühlfach. Kein begastes Fleisch vom Discounter. Sie isst lieber keines, weil sie das Geld eher in Clubeintritte investiert, als auf billige Qualität zurückzugreifen. Ich bin dann sehr stolz. Auf sie und auch ein bisschen auf mich selbst. Und ich bin jedes Mal froh, wenn ich heute in meiner beruflichen Tätigkeit Kochkurse für Kinder geben kann. Vor allem dann, wenn kleine Skeptiker sich am Ende des Tages voller Begeisterung auf bisher stets Verschmähtes stürzen. Einfach, weil sie ihren Spaß am Essen wiedergefunden haben und entdecken, wie aufregend es sein kann, selbst zu kochen.

Vor einigen Monaten beschäftigte sich der Hessische Rundfunk (HR1) in seinem nachmittäglichen Topthema genau mit dieser Problematik. Was tun mit Kindern, die immer nur sagen: »Bäh, das mag ich nicht«? Also eine meiner persönlichen Herzensangelegenheiten. Über die *Facebook*-Seite des Senders gab ich ein kurzes Statement ab, eben genau mit dem Tenor, dass den Kindern so oft die Freude am Essen genommen würde und dass es mein Credo sei, immer zu vermitteln: Mit Essen spielt man *doch!* Das erschien wohl immer noch revolutionär genug in den Ohren vieler anderer, denn über *Facebook* meldete sich im Anschluss die Redaktion bei mir mit einer Telefonnummer, sie würden mich gerne kurzfristig zu diesem Thema interviewen und live zu Marco Schreyl ins Studio schalten. Nur zehn Minuten später war ich auf Sendung.

In Auszügen:

M. Schreyl: Nudeln, Pizza, Pommes, bei Kindern ist das ja der absolute Renner. Gemüse, Salate, Vollkornbrot und all das, was Erwachsene unter gesundem Essen verstehen, das macht bei Kindern so richtig lange Gesichter. Das muss aber nicht sein, hat uns Arthurs Tochter bei *Facebook* geschrieben. Unter diesem Namen gibt Astrid Paul unter anderem Kochkurse für Kinder.

Hallo Frau Paul! Wie stellen Sie es denn an, dass Sie Kinder zum Essen und zum gesunden Essen bewegen?

Ich: Der Grundgedanke war, dass Kinder nicht nur den Bezug zum Essen, sondern auch zum Lebensmittel an sich verloren haben. Es gibt Kinder, die denken, der Spinat wächst in Klötzen. Ich gebe mir Mühe, mit den Kindern wieder den Ursprung des Nahrungsmittels zu ergründen. Das heißt, wir gehen auch schon mal zum Bauern, pflücken uns dort selbst die Äpfel oder buddeln uns die Möhren aus. Oder wir gehen zum Fischhändler, kaufen uns einen ganzen Fisch und schneiden ihm selbst den Kopf ab. Durch den Bezug, den die Kinder auf diese Art und Weise wieder zum Lebensmittel bekommen, durch das Anfassen, das Riechen und das Schmecken und durch Beherzigen dessen, was ich eingangs schrieb: Mit Essen muss man spielen! ... Kinder sind wahnsinnig neugierig, große Entdecker und sind dann voller Spannung unterwegs, um Lebensmittel für sich zu entdecken.

…

M. Schreyl: Also ist der Spruch »Mit Essen spielt man nicht« genau der verkehrte?

Ich: (mit Nachdruck) Absolut!

M. Schreyl: Wann immer ich mit meinen Freunden und deren Kindern in Restaurants unterwegs bin, dann essen die Kinder beispielsweise unglaublich gerne die Nudeln und die Pommes und lassen das Gemüse liegen. Wie schaffen wir es denn, die Kinder dazu zu bewegen, es doch zu essen?

Ich: Ach wissen Sie was, Herr Schreyl: Sollen die Kinder im Restaurant doch das Gemüse daneben liegen lassen. Ich sehe das ganz undogmatisch. Wenn man grundsätzlich den Kindern den Spaß am Essen vermittelt, dann kann man auch mal locker sagen, du musst nicht immer alles zu dem Zeitpunkt essen, wo ich es dir vorsetze. Wenn man einfach den Zwang und den Druck aus der Geschichte herausnimmt, dann ist meine Erfahrung, dass es im Alltag wunderbar funktioniert, wenn Kinder auch einfach mal sagen können: »Och nö. Heute nicht.« Ich habe auch nicht jeden Tag Lust auf ein Stück Fleisch oder Fisch oder Gemüse. Und das muss man Kindern ebenso zugestehen.

…

Das gesamte Interview findet sich zum Nachhören im Blog.

Eines der erklärten Lieblingsessen meiner Tochter sind gefüllte Auberginen, wie ich sie bereits früher in diesem Buch beschrieben habe. Schon vor einigen Jahren hat das renommierte King's College unter der wissenschaftlichen Leitung von Professor Tim Spector die Essgewohnheiten von 3262 weiblichen Zwillingen untersucht. Dabei wurden einmal die Essgewohnheiten der eineiigen Zwillinge mit ihrem identischen Erbgut und die der zweieiigen Zwillinge mit der Erbgutübereinstimmung von 50 Prozent ausgewertet. Anhand dieser Daten wurde der Einfluss der Gene auf Essgewohnheiten beurteilt. Die Wissenschaftler kamen dabei zu dem Schluss, dass soziale Faktoren eine weitaus geringere Rolle spielen, als bisher angenommen wird. Die den Eltern ähnliche Ernährungsweise von Kindern wird also eher von den Genen bestimmt. Auf diese Weise ist die Auberginenliebe meiner Tochter genauso gut zu erklären wie die meiner Schwester. Ein anderes Essen, was bei meiner Tochter hoch im Kurs steht, sind »Arme Ritter«. Ob es sich hierbei auch um die Gene oder um einen Fall von klassischer Konditionierung handelt, weiß ich nicht sicher. Für mich waren die »Armen Ritter« das Stärkungsessen meiner Mutter. Es gab sie frisch und köstlich im Krankheitsfall ans Bett serviert. Eine Tradition, die ich fortgeführt habe. Schon von klein auf bekommt meine Tochter »Arme Ritter«, wenn sie krank darnieder liegt. Trotz allen Leidens bei entzündeten Mandeln oder anderem Ungemach freut sie sich auf eine Lieblingsköstlichkeit, die ich sonst nur sehr selten zubereite. Bei den letzten beiden Malen, als sie sich malad fühlte, kam ich nicht dazu, ihr welche zu backen. Ich liege also mit zwei Portionen zurück, die sie jederzeit bei mir einfordern kann.

Meine Mutter hat sie noch viel einfacher zubereitet, da wurde nur Toastbrot in Eiermilch getränkt und dann in der Pfanne ausgebacken. Mit der Nummer komme ich schon lange nicht mehr durch. Ich bereite die »Armen Ritter« nach einem Rezept, dass ich aus dem *Großen Teubner* entnommen habe. Je nach Alter und Zustand des zu behandelnden Kranken empfiehlt es sich, den im Rezept angegebenen Obstler ersatzlos zu streichen.

Arme Ritter

200 ml Milch
2 EL Zucker
1 Messerspitze gemahlener Zimt
8 Scheiben Weißbrot oder Brioche
2 Eier
50 g Sahne
2 EL Preiselbeer- oder Johannisbeermarmelade
oder auch Hagebuttenmark
2 cl Obstler
2 TL Puderzucker
50 g gesalzene Butter
Puderzucker zum Bestäuben

Die Milch mit Zucker und Zimt in einem Topf erwärmen. Von den Weißbrotscheiben mit einem Messer dünn die Rinde abschneiden. Die Rinde mit den Eiern und der Sahne in einen hohen Mixbecher geben und mit dem Pürierstab in eine feine Masse zerkleinern.

Die Marmelade mit dem Obstler und dem Puderzucker verrühren.

Die Butter in einer beschichteten Pfanne aufschäumen lassen. Inzwischen zwei Brotscheiben in der warmen Milch kurz einweichen. Mit einem Schaumlöffel herausnehmen und mit der Marmeladenmasse bestreichen. Die Scheiben aufeinanderlegen, so dass die Marmelade in der Mitte ist.

Die gefüllten Brotscheiben in der Eier-Sahne-Masse wenden und sofort in die Pfanne geben. So nach und nach alle »Armen Ritter« auf jeder Seite ca. 3 bis 5 Minuten goldgelb und knusprig braten. Diagonal teilen, mit Puderzucker bestäuben und dem Kranken, ob eingebildet oder nicht, ans Bett servieren.

Zusammenbruch

Ich habe immer viel gearbeitet in meinem Leben. Mir macht Arbeiten Spaß, ganz ehrlich. Zumal wenn ich etwas gerne tue, und nach langen Kämpfen gegen meine Familie und auch gegen mich selbst habe ich fast nur noch das getan, was mir Spaß gemacht hat. Selbstverständlich unterlag ich zwischendurch immer wieder Zwängen, in denen ich mich der Notwendigkeit beugen musste, das Geldverdienen in den Vordergrund zu stellen und die eigentliche Tätigkeit hintenan. Ich war einige Jahre in meinem Leben alleinerziehend; das war nie besonders einfach, die Umstände unserer Arbeitswelt machen es Alleinerziehenden und ihren Kindern so schwer wie nur irgend möglich. Manchmal frage ich mich selbst, woher ich die Kraft genommen habe, mein Leben trotzdem weitestgehend ohne Hilfe von außen zu meistern.

Aber irgendwie ging es immer weiter. Obwohl meine Tochter damals gerade erst fünf Jahre alt war, habe ich Vollzeit gearbeitet. Ich habe jongliert mit unfähigen Tagesmüttern, Kindergärten und deren welt- und berufsfremden Öffnungszeiten, mit Wochenendbesuchen meiner Tochter bei ihren Großeltern, damit ich in diesen Tagen noch nebenbei kellnern konnte, und mit Arbeitgebern, die ab einer gewissen Karrierestufe nur noch bedingt Verständnis für ein krankes Kind aufbrachten. Irgendwann musste ich von heute auf morgen meinen Job kündigen, weil der Vater meiner Tochter versuchte, mir das Sorgerecht streitig zu machen, um Unterhaltszahlungen zu sparen. Sein Argument war damals, ich würde arbeiten. Er tat das zwar auch, aber im eigenen Betrieb, und seine Eltern könnten in der Zeit auf das Kind aufpassen, so dass es nicht von Fremden betreut werden müsste. So kündigte ich umgehend meinen Job, bekam kein Arbeitslosengeld, weil ich durch die Betreuung eines Kindes dem Arbeitsmarkt nicht zur Verfügung stand, und musste Sozialhilfe beantragen.

Mein gesellschaftlicher Abstieg vollzog sich auf diese Art und Weise innerhalb von drei Wochen von ziemlich okay auf ganz schön arm. Trotz einer guten Arbeitsstelle, eines Gehaltes, das mir und meiner Tochter ein ordentliches Auskommen sicherte, sowie Teilhabe an allen gesellschaftlichen Vorgängen. Auf einmal war ich in die Sozialhilfe gezwungen, um mein Kind und mich zu schützen. Ich saß stundenlang in langen Gängen diverser Ämter, beantragte sämtliche Hilfen, kämpfte um mein Recht, verzweifelte am Staat, der so etwas zulässt. So konnte ich mir rechtlichen Beistand nur noch mit Prozesskostenhilfe leisten, und was dabei herauskommt, ist von anwaltlicher Seite nicht unbedingt das größte Engagement. Das alles nur, weil jemand es erreichen wollte, seinen ohnehin nur mit Pfändungsbefehl gezahlten Kindes-Unterhalt in der Höhe der Zahlungsverpflichtung eines Sozialhilfeempfängers zu sparen.

Mit dem nötigen unmoralischen inneren Antrieb sind für einen Selbstständigen Tricksereien zum Thema Einkommen und Unterhaltsverpflichtung kein schweres Spiel. Unterstützt wird er dabei von allen Seiten, nicht zuletzt von Behörden, die die Verschleierung von Einkommen sehr einfach machen. Mir wurde von gerichtlicher Seite geraten, wider besseres Wissen nicht gegen die offengelegten Einkünfte anzugehen, weil mir das, solange die Ehe auf dem Papier noch bestand, als Heimtücke dem Noch-Ehepartner gegenüber ausgelegt werden könnte und ich so meine Verhandlungsposition schwächen würde. Selbst eine Geldschenkung, die Arthur mir gemacht hatte, war für immer für mich verloren. Wegen der Zugewinngemeinschaft konnte ich das Geld nicht mehr für mich beanspruchen, ohne dass Arthur vor Gericht eine Aussage zu meinen Gunsten hätte machen müssen. Und selbstverständlich war das Geld innerhalb der Zugewinngemeinschaft auf einmal verschwunden.

Es waren harte Zeiten für mein Kind und mich. Aber wir haben uns zu keiner Zeit unterkriegen lassen, haben zusammengehalten, wo es nur ging, und so ist es bis heute geblieben. Meine Tochter ist bereits im Alter von sechs Jahren kreuz und quer durch das öffentliche Verkehrsnetz der Landeshauptstadt gefahren, konnte Busfahrpläne lesen, Fahrkartenautomaten bedienen, sogar kleinere Einkäufe hat sie erledigt. Wir sind bis heute ein Bombenteam. Und ganz ehrlich, ich war zwar auf einmal arm wie eine Kirchenmaus und verstand auch die Welt nicht mehr – aber ich war frei. Diese Freiheit konnte mir niemand mehr nehmen. Ich glaube heute, dass es dieses Gefühl der Freiheit war, das mir die nötige Stärke zum Durchhalten gegeben hat.

Nachdem der Sorgerechtsstreit beendet war und nichts und niemand mir mehr mein Kind wegnehmen konnte, kehrte ich umgehend in meine alte Firma zurück und versuchte, unser Leben weiter neu aufzubauen. Einfach war das alles nicht, aber ich habe mich gefreut wie ein Schneekönig, als ich meine vielen Weinkisten gegen ein richtiges Regal austauschen konnte, wieder mal in Urlaub fuhr und meinem Kind Weihnachten wieder etwas unter den Baum legen konnte. Und so arbeitete ich immer und immer weiter. Je älter meine Tochter wurde, umso mehr. Währenddessen wurde ich sehr krank, musste eine Vielzahl von Operationen über mich ergehen lassen, bekam unaufgefordert von der Krankenkasse den Rentenantrag zugeschickt, habe diesen lachend zerrissen und einfach weitergemacht. Manches Mal sicher über meine Kräfte hinaus. Sogar viel Geld versenkt habe ich, bei einem Geschäft, das leider nicht so lief wie gedacht. Aber wer nicht wagt, der nicht gewinnt, und nur wer nichts tut, kann auch keine Fehler machen.

Zwischenzeitlich bin ich während der Pubertät meiner Tochter etwas kürzer getreten. Ich lebte da bereits mit meinem geliebten P. zusammen, der mich zu jeder Zeit unbeschreiblich unterstützt, und so habe ich knapp drei Jahre durchgeatmet mit nicht mehr als vier Arbeitstagen in der Woche. Die

Position nicht mehr so verantwortungsvoll, weniger Geld, aber mehr Ruhe. Dann bekam ich plötzlich die Kündigung. Ausgetauscht gegen jemanden, der nur etwas jünger, aber vor allem sehr viel billiger war als ich. Für mich die Initialzündung, meinem Leben auch beruflich noch einmal eine neue Richtung zu geben. Ich habe mich kurz geschüttelt, ein wenig orientiert, und bin dann schlussendlich als Bezirksmanagerin in der Lebensmittelbranche gelandet, konzentriert auf den Bereich Bäckereien und Cafés. Hier konnte ich alles einbringen, was ich gelernt hatte, die betriebswirtschaftliche Steuerung verschiedener Profit-Center, die Personalverantwortung für ca. hundertdreißig Mitarbeiter und die Budgetverantwortung im mehrstelligen Millionenbereich. Ich ging in meiner neuen Aufgabe vollkommen auf. Strukturierte mein Verkaufsgebiet nach meinen Vorstellungen komplett um, machte Standortanalysen für zukünftige Filialen, entwickelte Schulungsprogramme für Mitarbeiter und neue Snacks für die »heißen Theken«, brachte Bäckern das Anrichten von Essen bei, organisierte Pre-Opening-Phasen und rannte und rannte und rannte. Irgendwann fast nur noch im Kreis. Mein Arbeitstag begann um spätestens fünf Uhr, oft früher. Manchmal auch mitten in der Nacht, wenn ich zu Einbrüchen gerufen wurde, um mit der Polizei vor Ort die Schäden zu begutachten. Die Woche fing nie an und hörte nie auf, Bäckereien haben sieben Tage in der Woche geöffnet, und wenn Du in dieser Tätigkeit viel Verantwortungsgefühl hast, dann bist Du immer erreichbar. Rund um die Uhr. Sieben Tage in der Woche. Das Gehalt entwickelte sich in der Betrachtung zum Schmerzensgeld, von Firmenwagen und freier Tankkarte hatte ich nichts, wann hätte ich irgendwohin fahren sollen? Ich nahm Urlaub nur hektisch, in kleinen Stücken, nie länger als acht Tage nicht erreichbar.

Aber meine Mitarbeiter waren viel schlimmer dran als ich. An deren Leib habe ich erfahren, wie schlimm es mittlerweile in unserer Arbeitswelt zugehen kann und wie groß der Irrsinn ist, dem unsere Politik nicht nur tatenlos zusieht, sondern den sie zu verantworten hat. Ich selbst habe weit über meine körperlichen Kräfte hinaus gearbeitet, war aber nicht den gleichen Ängsten unterworfen wie meine Mitarbeiter.

Um Missverständnissen vorzubeugen: Ich berichte lediglich aus meinem eigenen Erfahrungshorizont, stelle keine allgemeingültigen Behauptungen auf und nenne selbstverständlich keine Namen. Inwieweit sich die beschriebenen Vorgänge mit Deinen eigenen Erlebnissen oder denen aus Deinem Freundes- und Bekanntenkreis decken, kannst nur Du beurteilen. Dass das System nicht nur auf eine Branche beschränkt ist, steht zu vermuten. Und ich berichte ganz klar nur aus der Filialbäcker-Branche, wohlgemerkt aber aus großen, solventen Unternehmen, nicht aus dem kleinen Handwerksbetrieb, der unter schwächelnder Auftragslage ächzt und am Ende des Monats kaum weiß, wie er seine Mitarbeiter bezahlen soll. Ich spreche von gesunden Unternehmen, weit jenseits der Fünfhundert-Mitarbeiter-Grenze.

Im Prinzip fängt es bei der Personalauswahl bereits an. Da die Mitarbeiter nur relativ einfache Tätigkeiten verrichten, die wiederum auch nur sehr niedrig entlohnt werden, werden sie auch nur auf dem einfachsten Weg gesucht. Der einfachste Weg ist erst einmal, gar nichts zu machen. Mitarbeitersuche kostet Zeit und Geld, und einfacher ist es, den bereits vorhandenen Beschäftigten mit leichtem oder mittelschwerem Druck einfach noch mehr Arbeit aufzugeben. Die meisten sind nur in Teilzeit beschäftigt, zwischen achtzig und hundertzwanzig Stunden im Monat. Man geht als Vorgesetzter davon aus, dass sie sowieso dann mehr arbeiten, wenn man sie braucht, hat aber in auftrags- oder verkaufsschwachen Monaten besseren Spielraum, um die Personalkosten im Griff zu behalten. Erst wenn das gar nicht mehr geht und bereits alle Beteiligten an ihre Grenzen stoßen, wenn Mitarbeiter im Sommer bei fast 50 °C Innentemperatur vor glühenden Backöfen in kleinen Vorkassenbereichen Doppelschichten fahren müssen – erst dann ist die Personalabteilung bereit, Stellenanzeigen aufzugeben.

Diese Anzeigen werden in irgendwelchen »Blättchen« geschaltet, diesem kostenlosen Werbemist, der allwöchentlich in den Briefkästen der Nation landet, sofern man sich nicht wehrt. Man bekommt nur die Menschen, in deren Kreis man nachfragt, so einfach ist das. Anstatt sich zu überlegen, wer diese Zeitungen liest und sich daraufhin vielleicht auch bewirbt, wird schon bei der Suche jeder verfügbare Menschenverstand eingespart. Dann kamen katastrophale Bewerbungen auf den Tisch, mit denen ich mich auseinanderzusetzen hatte. Von Qualifikation keine Spur. Im Vorstellungsgespräch selber bekamen die Bewerber von Firmenseite noch nicht einmal etwas zu trinken angeboten, es sei denn, ich habe es selbst bezahlt. Das muss man sich vorstellen: Man führt Vorstellungsgespräche in Bäckereien oder Cafés, aber für einen Kaffee reicht es dann nicht mehr. Ich habe Getränke für Bewerber oft aus meiner eigenen Tasche bezahlt, weil ich mich für meinen Arbeitgeber in Grund und Boden geschämt habe.

Meine Mitarbeiter drängelten, die Krankheitsquoten stiegen, alle waren an den Grenzen ihrer Belastbarkeit angelangt. Teilzeitbeschäftigte Frauen, die sich auf Stellen mit sechzig oder achtzig Stunden im Monat beworben hatten, mussten auf einmal für ganze Tage bzw. fünfundvierzig Stunden in der Woche ran, weil sonst die Geschäfte nicht besetzt gewesen wären. Oft standen sie mit Tränen in den Augen vor mir, weil sie den miesen Kinderbetreuungszeiten, schimpfenden Ehemännern und dem Arbeitgeberdruck kaum noch standhalten konnten. Dabei musste ich Mitarbeiter kreuz und quer durch mein gesamtes Verkaufsgebiet schicken, um andere Filialen zu besetzen. Mitarbeiter wohlgemerkt, die sich teilweise ein Auto im Bekanntenkreis geliehen hatten, um die neu verordnete Arbeitsstelle überhaupt erreichen zu können. Ich habe gekämpft wie eine Löwin, damit Spritkosten erstattet wurden, denn eigentlich wurde erwartet, dass diese von dem Mitarbeiter aus eigener Tasche getragen wurden. Unter Zwang 50 Kilometer weiter eingesetzt als geplant und die Fahrtkosten dafür aus eigener Tasche begleichen oder die Kündigung – das war der Deal. Viele meiner Mitarbeiter haben diese Anstrengungen nur mir zuliebe auf sich genommen, und ich bin ihnen bis heute dankbar dafür. Manches Mal habe ich sie selbst durch die Gegend gefahren, nur um Filialen besetzen zu können, und abends spät um halb elf nach einer Abendschicht wieder abgeholt und nach Hause gebracht. Dass ich selbst auch bereits seit fünf Uhr morgens unterwegs war, fiel dabei kaum noch ins Gewicht.

Diese Mitarbeiter werden selbstverständlich nur mit befristeten Verträgen eingestellt. Auch eine einfache Verkaufshilfe erhält einen Vertrag mit sechs Monaten Probezeit; dazu kommt eine gleichzeitige Befristung auf zwölf Monate. Im Anschluss an die erste Befristung erfolgt eine weitere um zwölf Monate, so dass der Mitarbeiter am Ende zwei volle Jahre beschäftigt sein kann, ohne dass der Betrieb sich große Sorgen darum machen muss, ihm im Bedarfsfall schnell und unkompliziert wieder kündigen zu können. An Arbeit mangelt es auch langfristig nicht, aber man stelle sich vor, der Mitarbeiter würde krank! Am Ende hätte man als Arbeitgeber noch Verantwortung zu tragen, wo kämen wir denn da hin? Die Einarbeitungszeiten sind kurz, was soll man sich herumschlagen mit einem Menschen von geringer beruflicher Qualifikation? Du nicht? Der nächste bitte!

Nach Ablauf der ersten neun Monate, also drei Monate nach erfolgreich absolvierter Probezeit, drei Monate vor Ablauf der ersten Befristung, muss der Mitarbeiter sich beim Arbeitsamt als arbeitssuchend melden. Er muss eine Nummer ziehen und wird zur Nummer gemacht. Er sitzt in einer großen Halle und wartet, dann bekommt er einen Stapel Papiere zum Ausfüllen in die Hand gedrückt. Wohlgemerkt – er hat noch Arbeit, und wahrscheinlich wird er sogar übernommen, aber man kann ja nie wissen. Vorsichtshalber behandelt man ihn schon mal wie einen Arbeitslosen. Mit diesem Gefühl der Demütigung und des Kleinseins kommt der Mitarbeiter wieder in den Betrieb zurück und soll motiviert weitere drei Monate seine Arbeit verrichten. Langsam fängt er an zu beben: Wird er seine Arbeit behalten können oder nicht? Dann kommt er zu mir. Fragt zaghaft und mit gesenktem Blick, ob ich ihn nach der Befristung weiter beschäftigen würde. Und was sage ich? Ich rede mich auf

Firmenanweisung heraus. Fasel etwas von »Abstimmung mit der Personalabteilung«, »nochmal ein Blick in die Unterlagen werfen« und so weiter.

Einem guten Mitarbeiter habe ich die Angst oft genommen, was soll ich ihn quälend im Ungewissen lassen? Aber einen Mitarbeiter, den ich nicht behalten wollte? Immer noch besser, als niemanden zu haben, die Überstundenkonten der anderen waren stets übervoll. Also wurde weiter beschwichtigt. Bis zum letzten Tag. Nur nichts tun, um eine vorzeitige Krankmeldung herbeizuführen. Manchmal standen die Menschen mit Tränen in den Augen vor mir und baten mich, ihnen zu sagen, wie es weitergehen würde. Wenn Du nicht ein Herz aus Stahl hast, dann trifft Dich diese Verzweiflung bis ins Mark. Mich traf sie jedenfalls, von Tag zu Tag mehr. Ich habe mir manches Mal gewünscht, dass das Arbeitsamt schneller reagieren würde. Dass es Jobangebote machte. Dass Mitarbeiter ihrem Arbeitgeber sagen könnten: »Tut mir echt leid jetzt, so mitten in der umsatzstärksten Zeit des Tages, aber das Arbeitsamt hat mir einen Vorstellungstermin für eine neue Arbeitsstelle vermittelt. Ich muss da jetzt hin, weil mein Vertrag hier bei Ihnen nur befristet ist und ich sonst nicht weiß, wie es weitergeht für mich.« Und das war ja stets nur die erste Runde. Wenn der Mitarbeiter nach der ersten Befristung übernommen wurde, ging die nächste Runde des gleichen Spiels neun Monate später wieder los. Wieder der Gang zum Arbeitsamt, wieder die Meldung als nicht arbeitslos, aber arbeitssuchend. Wieder die Demütigung des Daseins als Nummer, die gleichen Formulare, die gleichen Fragen, die gleichen Antworten. Dieses Mal in dem Bewusstsein, dass es eine weitere Verlängerung der Befristung nicht geben würde. Sogar der Gesetzgeber sagt an dieser Stelle endlich Stopp. Hop oder top, bleib oder geh, das war die einzige Devise. Aber bitte motiviert sein, immer lächeln, stets dem Kunden noch ein Brötchen mehr anbieten.

Motivation durch Angsterzeugung kann nicht funktionieren. Angst macht Menschen krank. Sie verhindert gute Leistungen geradezu vorsätzlich. Wie soll ein Mensch sein Leben sicher und frei gestalten, der nicht weiß, ob er morgen oder übermorgen noch eine Arbeitsstelle haben wird? Wie soll jemand in einer solchen Situation, in einem Leben voller Befristungen, zum Beispiel einen Kredit bekommen, um ein Haus zu bauen, ein Auto zu finanzieren etc.? Unserer Gesellschaft werden nicht nur glückliche Menschen entzogen, sondern auch Konsum im Wirtschaftskreislauf.

Ich glaube, die Gefängnisse sind voll von wütenden Menschen. Menschen, die irgendwann zum Schlag ausgeholt haben gegen Demütigungen und Ängste. Die Kinderzimmer voll von traurigen Kindern, deren Eltern vor lauter Angst und Existenznöten keinen Raum mehr für sie haben. Die Schulen voll von wütenden Jugendlichen, kämpfend um einen kleinen Rest Ehre, die ihnen nirgendwo mehr entgegengebracht wird. Unsere Gesellschaft ist krank an ihrer Seele, und unsere Politiker verschließen die gesättigten Augen vor dem selbst verschuldeten Schlamassel, dem sie schon lange nichts mehr entgegenzusetzen haben. Shame on you!, möchte man rufen, durchschütteln möchte man die Menschen, die, gekleidet im Habitus der Selbstgerechtigkeit, auf hohen Rössern an der Lebenswirklichkeit so vieler anderer vorbeireiten. Wir brauchen mutige Mitarbeiter. Selbstbewusste Mitarbeiter, egal, wie hoch deren berufliche

Qualifikation ist. Wer Angst sät, wird auf Dauer nur Verluste ernten, menschlich und finanziell. Ich frage mich, warum nicht endlich eine Formel festgesetzt wird, mit der Mitarbeiterzufriedenheit in Euro umgerechnet werden kann. Diesen Betrag könnte man dann in Monats-, Quartals-, oder Jahresauswertungen einrechnen. Und am Ende stände vielleicht ein Betrieb erst einmal auf dem Papier gut da, weil seine »Zufriedenheitsumsätze« sämtliche Planzahlen sprengen, und am Ende sogar in barer Münze, weil sich diese Zufriedenheit eben doch in steigenden Umsätzen bemerkbar macht. Leider nicht von heute auf morgen. Oft noch nicht einmal im gleichen Geschäftsjahr oder in den Drei-Jahres-Rhythmen der Unternehmensberater. Aber müssen wir alle nicht längeren Atem verlangen, wenn es um die respektvolle und nicht zuletzt dadurch auch monetär erfolgreiche Zusammenarbeit mit anderen geht?

Damit die Motivation im Betrieb hoch blieb, wurden Schulungen abgehalten. Für einfache Verkaufskräfte im Drei-Monats-Rhythmus. Teilweise waren zwischen Heimat- und Schulungsort über 50 Kilometer einfache Strecke zurückzulegen. Für jemand, der einen Stundenlohn von € 6,50 hat, ist die kostenmäßige Überwindung einer solchen Strecke schier unmöglich, egal ob per Auto (meistens nicht vorhanden) oder per Fahrt mit der Bahn. Der Arbeitgeber aber sagt, wir sind doch toll, wir schulen, sie sollen dankbar sein! Die Mitarbeiter sind aber nicht dankbar, sie sind verzweifelt. Stehen unter Umständen kurz vor einer erhofften Verlängerung ihres Vertrags und wollen sich nichts verscherzen. Leihen sich Geld von den Freunden, um die Fahrtkosten zum Schulungsort zu tragen.

Dann werden ihnen drei Stunden lang ohne Sinn und Verstand Verkaufs-Rollenspiele aufgenötigt, die keinerlei Nachhaltigkeit im Arbeitsalltag haben werden. Schulungen im Verständnis von Zusammenhängen finden nicht statt. Vielleicht, weil die Schulenden selbst den Überblick schon lange verloren haben.

Getröstet werden leitende Mitarbeiter, die das alles aushalten müssen, mit Prämiensystemen. Systemimmanent ist, dass die Prämien nie die Höhe der zuvor versprochenen Summen erreichen werden. Wo bliebe denn da die Motivation zum Immermehr? Die Filialleiterin hat ein kaum durchschaubares Prämiensystem für ihre Filiale. Sie bekommt eine Prämie für geringen Krankenstand, eine Prämie für die Erreichung der vorgeschriebenen Stundenproduktivität, eine auf die Höhe des Durchschnittsbons, auf den erreichten Planumsatz, auf gute Inventurergebnisse. Erreicht sie ihre Prämie in einer der vorgegebenen Kategorien nicht, verfallen alle angesammelten übrigen Prämien, so dass sie gar nichts bekommt. Die Verkaufsleiter bekommen Prämien auf die Prämien ihrer Filialen. Haben die Filialen nicht ausreichend Prämien zusammengetragen, verfallen alle anderen angesammelten, und die Verkaufsleiter bekommen gar nichts. Die Bezirksmanager der Supermärkte bekommen Prämien auf die Umsätze der Bäckereien. Haben die Bäckereien keine Umsatzprämien erzielt, bekommen die Manager was? Genau. Auch nichts. Am Ende sieht es also so aus, dass man vielen Menschen relativ hohe Prämien verspricht, die aber kaum jemand erhält. Da dann aber durch die geringen Kosten des Unternehmens die Gewinne fast durch die Decke gehen, erhält der Geschäftsführer am Ende des Jahres eine fette Prämie. Um die zu feiern, geht er gut essen und haut in einem Sternetempel seiner Wahl an einem Abend locker das Monatsgehalt einer seiner Verkäuferinnen auf den Kopf. Mit der Prämie in Ergänzung zu seinem hohen Jahresgehalt kann er seinen Kindern eine gute Ausbildung ermöglichen und seiner Frau die Zeit schenken, sich um die Kinder zu kümmern. So bleiben dann am Ende alle wieder fein unter sich.

Und wenn Du denkst, Du willst auch einmal viel Geld haben, um dieses dann für Dich arbeiten zu lassen: Sei gewarnt! Geld arbeitet nicht. Es sind immer die Menschen! Natürlich kannst Du jetzt einwenden, dass es jedem Menschen frei steht, eine bessere Ausbildung zu machen, verantwortungsvollere Aufgaben zu übernehmen und mehr Geld zu verdienen. Aus einer Vielzahl von Gründen geht genau das nicht, wie wir alle wissen. Zum einen ist unsere Gesellschaft eben nicht so aufgebaut, dass jeder die gleichen Bildungschancen hat. Und zum anderen ist sie so aufgebaut, dass wir immer jemanden brauchen werden, der niedriger gestellte Aufgaben übernimmt. Oder wir haben demnächst Roboter für fast alles, und alle Menschen haben ein bedingungsloses Grundeinkommen, unabhängig davon, ob sie überhaupt arbeiten oder nicht. Zum anderen müssten die Regeln für unsere Gesellschaft durch den Schleier des Nichtwissens betrachtet werden. Das heißt, ab der Geburt, wenn noch niemand weiß, was aus ihm einmal werden kann oder wird, muss jeder Mensch gleich sein. Vor und mit allen anderen.

Die kräftezehrende Arbeit, ihre ausufernden Zeiten, die Sorge um meine Mitarbeiter, der ewige Spagat zwischen Kenntnissen um die Nicht-Durchführbarkeit von Unternehmensregeln im Arbeitsalltag sowie die Verpflichtung meiner Firma gegenüber, die mit meiner Position einherging, machte mich krank. Und wahnsinnig. Deprimierte mich. Ließ mich vollkommen ausbrennen. Ich fuhr irgendwann mit Herzrasen auf den Parkplatz zu meinem Büro und konnte nicht mehr aussteigen. Fuhr von der Autobahn ab und musste rechts ranfahren, weil ich nicht mehr wusste, wo ich war. Ich befand mich in der Stadt, in der ich zehn Jahre gelebt habe. Und trotzdem habe ich sie nicht erkannt. Ich hielt an Kreiseln ohne Beschilderung und wusste die Fahrtrichtung nicht mehr. Ich habe auf offener Straße Weinkrämpfe bekommen. Ich habe die Namen meiner Mitarbeiter vergessen. Ich wusste auf einmal nicht mehr, wo ich wohne. Ich habe mich selbst nicht mehr erkannt. Ich war am Ende meiner Kraft.

Neuanfang

Neu anfangen ist nicht leicht. Zumindest habe ich das Gefühl, es wird schwerer, je älter man wird. Ich für meinen Teil bin zwar stärker als noch vor fünfzehn Jahren, aber auch ängstlicher. Wohlüberlegter klingt schöner, aber eigentlich ist es Angst. Angst vor dem Schwinden meiner Kräfte. Angst vor der Vielzahl der Verpflichtungen, die mich umgeben. Ich war früher nicht verantwortungsloser, aber mutiger. Vielleicht ist Mut ein Privileg der Jugend. Besonnenheit kommt dann später.

Ideal sind die Jahre in der Schnittmenge aus beiden. Ich bin wohl gerade in dieser Zeit und hoffe sehr, dass sie noch lange anhalten möge. Wobei ich hoffe und glaube, dass im Alter der Mut wieder in gleichem Maße zunimmt wie die Gelassenheit. Ich bin viel gelassener geworden. Ruhiger. Stiller. Neulich hat mir eine Kursteilnehmerin gesagt, ich sei eine wahrhaft mächtige Frau, weil ich es mir leisten könne, alle Anweisungen so leise auszusprechen. Ist das so? Bin ich leise, weil mächtig? Oder wird umgekehrt ein Schuh daraus? In jedem Fall bin ich gelassen und stets die Ruhe selbst. Und das war eigentlich schon immer so, jedenfalls seitdem ich aufgehört habe, Zuckertoast zum Frühstück zu essen.

Mit einer unglaublichen Klarheit wusste ich, dass es so nicht weitergehen könnte. Niemals wieder. Diese Art der Arbeit ist nichts mehr für mich. Ich wünsche mir eine Tätigkeit, die in vollem Umfang meine Stärken nutzt und meine Schwächen aushält. Ich möchte Fehler machen dürfen, weil ich aus ihnen lerne und weiterkomme. Ich möchte aufrichtig sein können, nicht herumreden, ich möchte Versprechen, die ich gebe, halten können und dürfen. Mir ist das Geld nicht mehr so wichtig. Wichtig sind mir ganz andere Dinge. Glücklich und zufrieden sein können vor allem. Auf diesen Zustand hatte für mich persönlich Geld noch nie besonders große Auswirkungen. Ich habe mit dem wenigsten Geld die tollsten Urlaube gemacht. Ich war mit dem wenigsten Geld in Phasen meines Lebens beschwingt und frei wie nie zuvor. Und ich habe schmerzhaft erfahren, wie unglücklich ich mit Geld sein kann. Und so war es eigentlich ein vollkommen logischer Schritt, dass ich in Vollbesinnung auf meine Stärken beschlossen habe, mich wieder selbstständig zu machen. Erst war da nur so ein zögerlicher Gedanke. In der Vergangenheit war ich immer öfter von Lesern meines Blogs gefragt worden, ob ich für sie kochen würde. Die Familienfeier organisieren könnte. In kleinerem oder größerem Rahmen.

Ihnen vielleicht in einem kleinen Kurs das eine oder andere zeigen könnte. Und mit jeder Anfrage wuchs mein Selbstbewusstsein und das Erstaunen, dass Arthurs Tochter sich schon lange verselbstständigt hatte, ich musste ihr nur noch folgen.

Ich schlug einen dicken Nagel in die Wand und an diesen hängte ich meinen Job. Anschließend beantragte ich einen Gründungszuschuss bei der Agentur für Arbeit. Das heißt, Du erhältst bei dessen Bewilligung für 9 Monate Geld in Höhe Deines Arbeitslosengeldes plus € 300,00 für Deine Sozialversicherung (bis zum 30.11.2011, ab da wurde das System von der Regierung komplett umgestellt, faktisch gibt es den Gründungszuschuss seitdem nicht mehr). Der Witz daran ist, dass die Agentur für Arbeit auf diese Weise Leute aus der Arbeitslosigkeit (und aus der Statistik) rauskriegt in die Selbstständigkeit. Also musst Du logischerweise vor Antragstellung einen Tag arbeitslos gemeldet sein.

Noch etwas, was vielleicht einige nicht wissen im Fall einer dauerhaften Krankheit, bei der davon auszugehen ist, dass Deine Arbeitskraft unter den gegebenen Bedingungen nicht mehr hergestellt werden kann, kannst Du Deine Arbeitsstelle mit einem entsprechenden Attest Deines behandelnden Arztes kündigen, ohne Sperrfristen von der Agentur für Arbeit befürchten zu müssen. Wohlgemerkt ist dies kein Freifahrtschein, das Krankheitsbild muss umfangreich und entsprechend dramatisch sein und gut dokumentiert werden. Im Antrag zum Gründungszuschuss musst Du neben vielen kleineren Auskünften vor allem Deine Geschäftsidee darlegen und die wirtschaftliche Tragfähigkeit dieser von einer dafür befähigten Stelle bescheinigen lassen. Das können die Industrie-

und Handelskammern sein, aber auch ein Steuerberater. Auf Anraten meiner Kundenbetreuerin bei der Agentur für Arbeit wollte ich mich von einem Büro für Unternehmens- und Existenzgründungsberatung bei Ausarbeitung der nötigen Unterlagen unterstützen lassen. Diese Beratung bezahlt ebenfalls der Staat, und trotz einer genauen Vorstellung darüber, was ich vorhatte und wie ich damit erfolgreich sein würde, nahm ich das Angebot gerne an. Schließlich lernt man nie aus, und fachliche Unterstützung gerade im Umgang mit Behörden kann nicht verkehrt sein.

Also ließ ich mir einen Termin geben. Eine kahle kleine Büroetage mit dem Charme der Achtzigerjahre. Ein winziger Flur mit zwei Plastikstühlen direkt an der Eingangstür. Das war der Wartebereich. Einen Empfang gab es nicht; als ich auf der Suche nach einem Mitarbeiter, bei dem ich mein Kommen bekanntgeben könnte, in eines der Büros hereinschneite, wurde ich gebeten, vorne am Eingang Platz zu nehmen. Mein Vertrauen in die Professionalität der Anwesenden schwand umgehend. Kurze Zeit später holte mich ein Mitarbeiter ab und führte mich in sein Büro. Kahl, Linoleumboden, wie im Eingang auch Behördenschick und Charme der Achtziger. Der Unternehmensberater trug Beamtenschuhe mit dicken Gummisohlen und ein lila gestreiftes kurzärmeliges Hemd mit seltsamer Krawatte, an der eine unfassbare Nadel befestigt war. Die Unternehmensberater, die ich kenne, sehen irgendwie anders aus. Mein Vertrauen war am Tiefpunkt. Ich schalt mich in Gedanken als voreingenommen und stellte mich vor. Meinen Werdegang und mein Vorhaben. Der Berater verstand mich nicht, ihn schien das aber nicht zu beunruhigen. Mich irgendwie schon. Ich fragte, ob es einen Kollegen von ihm gebe, der Hotelbetriebswirt oder Ähnliches sei. Leider nicht. Als hätte er meine zuvor gemachten Erklärungen nicht gehört, nahm er die seinen vor. Unbeeindruckt von meinen Fragen und Vorhaben unterstrich er jeden fünften seiner Sätze mit einem Blatt Papier, das er aus einem Pultordner in der Reihenfolge 1 bis 20 hervorzog. Zwischenfragen meinerseits wurden mit Stirnrunzeln ignoriert. Wenn draußen auf der Straße Schüsse gefallen wären, hätte er sicher auch dafür stirnrunzelnd lediglich ein weiteres Blatt aus seiner Mappe gezogen. Ich denke, nein, ich bin mir sogar ziemlich sicher, dass er dafür auch ein Formular hat. Nach ca. dreißig Minuten war ich nicht schlauer als vorher, aber zwanzig Blätter schwerer und um die paar Euro wohlhabender, die mir der Staat für meine Fahrtkosten bereit war zu erstatten.

Ich meldete mich beim Arbeitsamt, dass ich gerne entweder das Beratungsbüro wechseln würde – von einem Freund hatte ich in der Nachbarstadt von einem mit sehr kompetenten Beratern erfahren – oder aber auf die weitere Beratung großzügig verzichten würde. Dann würde ich den Antrag wie eingangs geplant selbst fertigstellen und zu gegebener Zeit einreichen. Aber aus der Nummer kam ich nicht mehr heraus. Ein Wechsel in eine andere Stadt, sprich in einen anderen Zuständigkeitsbereich, war ausgeschlossen. Ich war im System, und der Abbruch der Beratung mit der darauf wahrscheinlich folgenden Stellungnahme des Existenzberaters hätte die Bewilligung meines Antrages gefährdet. Ich schrieb also meinen Businessplan, machte Rentabilitätsrechnungen und -vorschauen auf die nächsten zwei Jahre. Nebenbei entwickelte ich mit Unterstützung eines Webdesigners meine Homepage. Natürlich nicht offiziell, denn noch war ich arbeitslos gemeldet, und das Arbeiten an meiner Homepage unterlag den Bestimmungen über Ausübung einer Nebentätigkeit, die meldepflichtig war und nicht mehr als fünfzehn Stunden wöchentlich beanspruchen durfte. Ich hätte mir selbst dann bescheinigen müssen, dass ich nicht mehr als fünfzehn Stunden wöchentlich vorbereitend für meine zukünftige Selbständigkeit tätig war und dafür auch kein Geld bekam. Dieses »kein Geld bekommen« sieht das entsprechende Formular aber gar nicht vor, insofern sind entsprechende Probleme vorgezeichnet.

Den fertigen Plan durfte ich dann allerdings nicht mehr selbst bei der Agentur für Arbeit einreichen, sondern musste dies beim Beratungsbüro tun. Die schickten mich noch einmal wieder nach Hause, weil ich kein Deckblatt beigefügt hatte, auf dem mein Name und meine Adresse standen. Dass beides auf allen anderen Blättern vorhanden war, im Lebenslauf auch, spielte keine Rolle. Was tat jetzt mein exklusiver Existenzberater? Er kontrollierte die Vollständigkeit der eingereichten Unterlagen – siehe Deckblatt – entnahm sie der Mappe, in der ich alles sorgfältig und ordentlich zusammengefügt hatte, und schickte den Antrag nebst beigefügter Unterlagen (Deckblatt nicht vergessen!) als Lose-Blatt-Sammlung an meine Beraterin bei der Agentur für Arbeit. Ich fuhr nach Hause, selbst wieder um ein paar Euro wohlhabender, weil mir auch hierfür großzügig die Fahrtkosten erstattet wurde. Der Steuerzahler, also Du, war um einige tausend Euro ärmer, nämlich um das Honorar des sogenannten Beraters. Aber dafür habe ich immerhin, ja, was eigentlich bekommen? Nichts! Sind wir mal ehrlich. Ich weiß ja nicht, was für eine Lobby da am Werk war, als die Existenz und Förderung von Existenzberatungsbüros für Existenzgründer beschlossen wurde, aber sie muss besoffen gewesen sein. Oder Inhaber einer Kette von kurz vor der Pleite stehenden Unternehmensberaterbüros. Dann lachen die Lobbyisten sich noch heute in den Schlaf.

Dann ging aber alles sehr schnell. In Windeseile wurde der Antrag bewilligt. Hilfreich war dabei sicher, dass ich während der ganzen Zeit der Vorbereitung stets den Kontakt zum Kundenbetreuer bei der Agentur für Arbeit gehalten habe. Die Unterlagen wurden mit dem Bewilligungsstempel versehen, zwei Tage später an die Leistungsabteilung weitergeleitet, und seitdem ist alles im Fluss.

Nachdem ich diesen großen Schritt im Blog bekannt gegeben habe, überschlugen sich die Anfragen in kurzer Zeit. Sehr viele Leser waren froh, mich jetzt offiziell buchen zu können, und so kamen die ersten Aufträge von Lesern meines Blogs und erstaunlicherweise auch von Bloggern selbst. Und das ist wohl so etwas wie mein ganz eigener Standortvorteil. Da meine Leser so nah an mir dran sind und so sehr an meinem Leben teilhaben können, haben sie nicht das Gefühl, sich für ihre Veranstaltungen eine »Fremde« zu buchen. Sie wissen eigentlich schon vorher, was sie erwartet. Nicht nur ein Business, sondern eine große Portion Humor und Herz, die ich bei jedem meiner Engagements im Gepäck habe. Und so reise ich kreuz und quer durch Deutschland, berate meine Kunden, koche in kleinen und in großen Küchen, gebe Unterricht im Fach »Lustvolles Genießen« und sage meinen kleinen *und* den großen Kunden stets: »Und mit Essen spielt man doch!«

Und jetzt befindet sich ein großer Teil meines bisherigen Lebens also zwischen zwei Buchdeckeln. Die von mir in den letzten Monaten unternommene Reise in meine eigene Vergangenheit war für mich selbst oft so spannend wie unterhaltsam. Erstaunlich, an was man sich alles erinnert, wenn man erst einmal damit anfängt. Wie Gedanken kreisen können, oft auch nur um sich selbst, um dann vom berühmten Stöckchen auf das nächste Hölzchen zu springen. Ein Ende ist kaum in Sicht, denn das Leben geht unermüdlich weiter seinen aufregenden Gang. Ich bin froh, dass ich in all den Jahren stets so starrköpfig gewesen bin. So mutig war, mich nie ganz aus dem eigenen Fokus zu verlieren, und humorvoll und eigensinnig genug, gegen viele Wände zu rennen und dabei so manche niederzureißen. Und ich bin froh, dass alles so ist, wie es ist.

Nein, ich bereue nicht. Irgendwann blickt wohl jeder einmal zurück auf vergangene Zeiten und überlegt, an welchem Punkt im Leben man besser den anderen Weg der Gabelung eingeschlagen hätte. Aber wie in fast allen Bewertungen in meinem Leben, stelle ich auch für meine eigenen Erlebnisse fest: Es wäre selten besser. Meistens wäre es wohl nur anders. Und mal ehrlich – es gibt so viele Geschichten und Filme, in denen Menschen die Chance haben, rückwirkend ihr Leben zu verändern. Und Du weißt, wie alle diese Geschichten enden. Immer dort, wo sie begonnen haben. Und darum werde ich jetzt einfach etwas kochen, vielleicht mit einer Prise Zucker.

Nenn mich Arthurs Tochter. Das bin ich.

www.collection-rolf-heyne.de

1. Auflage 2012

Umschlagfoto: Roman Knie / www.romanknie.de
Aufgenommen im Weinhaus und
Restaurant *Hahnenhof*, Mainz

Lektorat: Dr. Ulrike Strerath-Bolz, Friedberg/Bayern
Druck und Bindung: Ebner & Spiegel, Ulm
Printed in Germany

ISBN 978-3-89910-532-2